回り道

文化と教育の陶治論的考察

クラウス・モレンハウアー
眞壁宏幹　今井康雄　野平慎二　訳

UMWEGE
Über Bildung, Kunst und Interaktion

玉川大学出版部

Klaus Mollenhauer

UMWEGE

Über Bildung, Kunst und Interaktion

日本語版へのまえがき

本書に収められたクラウス・モレンハウアーの諸論文は、後に教育学の「ポストモダンの時代」と名づけられた時期に発表されたものである。[1] 著者自身が一九八六年の「まえがき」で記しているように、モレンハウアーはこれらのテクストによって、ある学問史上の議論に応答したのだった。すなわち、それは、明確な教育学内部の反響を引き起こしたもので、近代理解に関する教育学の「将来の可能性」に対し根本的な疑念を表明した議論だった。かつて哲学や文化科学の領域で明確に示された理性批判の反映ともいうべき、教育や子ども期や教育学の終焉についての予言は、当時かなりのセンセーションを引き起こした。あれからほぼ三〇年が経つ。今日でも、当時の問題が消え去ったわけではない（たとえば、教育や陶冶の過程における意図的なコントロールの失敗、世代間の境界が経験的にみてますます不明瞭になっていること、子どもに関する経験的な諸問題に対して多くの教育学理論の効力が薄れていること、同様に理論が取り組む体系的な問いに対して多くの経験的な陶冶研究の効力が薄れていることなど）。しかしながら、こうした問題への取り組みは、この間、教育学の通常の仕事となった。[2] ポストモダン的な原理論争に惑わされることなく、教育学の下位領域における教育研究や、教育的な行為領野における研究実践は、とりわけ（旧）東ドイツにおける政治的転換後の社会文化的な断絶や、九〇年代以降の新自由主義的な改革志向や、ここ一〇年間の過剰ともいえる経験的な陶冶研究との関連をもちながら、さらに発展し細分化した。同様に、新しいテーマが今日の教育科学の理論論争からポストモダン的な根本批判を押し退けた。社会科学や人文科学からの理論的な提供――システム理論、構成主義、歴史的人類学、時折あいまいさに揺れる美学議論など――は、たとえば人生の方向づけや生活形式の「多元化」や「個別化」、生活条件の「グローバル化」や「脱国家化」、工業社会から「情報社会」への転換にともなう社会的に重要な知識のさらなる増大、といった標題のもとで、教育学的な問題設定を早急に新しく秩序立て直す試みへと誘惑する。このような道具立てを用いて描き出された社会文化的な変化のシナリオは、個々人の「生活の克服」を関心の中心に置き、それに対応する教育学的な構想や行為の方向づけを試みる。教育的サービスの提供や顧客優先主義、生涯学習や癒しを与えるような生活サポート、変化の激しい生活状況とのかかわりに関する流動性や柔軟性や創造性の向上などはその例である。

このような発展を目の当たりにするならば、かつて三〇年前に「回り道」として有効であった分析や問題意識を、今日も引き続いて取り上げることはほとんどできず、それはせいぜいのところ学問史家の興味しか引かないと思われるかもしれない。しかし事情は反対である。ここで論じられている「陶冶、芸術、そして相互行為」〔訳註：原書のサブタイトル〕の間に横たわる主題や論証は、息の短い理論の流行や偶発的な関心の揺れを追うのでなく、近代の教育学の中核へと、その深層構造へと、確実に通じるものなのである。それはまた、近代の教育学的な問題設定に対する眼差しを、拡大すると同時に凝集させるのである。

（1）「拡大」が意味するものは、まず、今日的な問題設定を歴史のそのつどの時代の過程に置く、観察者の視点を取ることである。このことはまず、近代の教育学が属する歴史的な過程のなかで、今日の状況がそこから生じている連続性と不連続性について問う平静さを、思考に与える。五〇〇年にわたる近代教育学の伝統が将来においてそもそも、そしていかに継続されうるのかはまったく疑わしいが、さまざまに異なる歴史的な外観の向こう側にある、主題にかかわる根本構造のようなものを発掘すべく、モレンハウアーはつねに新しいアプローチを用いて、私たちの教育学的な実践や確信の問題史的な根源を探る。そこでは歴史的かつ体系的な全体構想ではなく、相互に関係しあう一連の個別研究が問題となるため、その試みは、特定の箇所を際立たせるスポットライトのような仕方でのみ可能となる。しかしたとえば、シュライアマハーの『アテネーウム断章』におけるアフォリズムの分析を読むことで、人間相互の関係における個人の脆弱性――専門的に構造化されたすべての社会教育的な支援のなかに、相互行為の問題として内在する、あの脆弱性――に対していかに私たちがはからずも敏感にさせられるか、あるいは一六世紀の学校規則や救貧法のなかに、外部からコントロールされる自己コントロールという文化的ハビトゥス――私たちがたとえ望んだとしてもそう簡単に破棄できないような仕方で、現在の教育実践や理論構想のなかにまで保持され、洗練され、完成されているそれ――をいかに著者が見出すかを目の当たりにするのは、驚き以外の何物でもない。

（2）「拡大」が意味しているのは、あまりに狭く、教育的意図をともなう行為に直接属するものに対してのみ、分析的な眼差しを向けるのではない、ということでもある。一人の人間が社会文化的な生活形式とのかかわりのなかで得る経験や、それに接するなかで自己を「陶冶」していく経験は、結果として教育的行為に分類されるものや、そうでない別のものに、単純に分類できない。成長の過程や伝承された文化の習得の過程を教育学的、教育政策的に制御することは、きわめて限定的にしかできない――このような認識は、一九七〇年代半ば以降、教育テクノロジーの論者のあいだにも解放理論の論者のあいだにも浸透し、さらには、理性的な主体に対するポストモダン的な批判が教育学のさまざまな領域で進んで受け入れられる理由となった。このことは、今日では時として忘れ去られているようにみえる――たとえば、教育機関における「質のスタンダード」、「質の保障」、信頼のおける「評価」等々への、あまりにも素朴な要求が掲げられている。しかし、教育の過程は意図されていない効果によってつねに妨げられるという認識から、いかなる帰結が導き出されるべきだろうか？　ここで教育的－倫理的な義務の情熱を根気強く継続することは、現実離れしているように思われる。それは、次世代とその教育の問題とのかかわりを意のままにしようとすることがシニカルであるのと同様である。なぜなら、社会システムの効果、微細な権力構造、メディアがもつ社会化効果に対しては、いずれにせよ歯が立たないからである。モレンハウアーは自らの論証のなかで、このような見せかけの代替手段から逃れようと試みる。もっとも、彼は中庸的な妥協を探しているのでもない。彼の論考ではむしろ、物事への別の見方が主張されている。彼は、教育と陶冶の問題を歴史的－文化的な形成のコンテクスト——そこでその問題が生じ、またそこからその問題が歴史的に形づくられるような——に置き、その問題の解釈に耳を傾けるが、同時にカテゴリー的な接近——社会と後継世代との関係を、システム機能性や支配の確実化という観点から解明するだけでなく、そのつど可能なあるいは限られた文化経験のなかにある陶冶論的意味をも問うようなもの——に固執する。

そのつど個別な教育、陶冶、教育的相互行為、そして歴史的な生活形式がもつ世代間のハビトゥスのなかに、何を理解すべきか——これが彼の文化理論的、文化史的な分析の主題である。それゆえ、彼のテクストには抽象的に定義された概念は見出せない。その意味は、文化史的なドキュメントと具体的に、そして陶冶論的な関心をもって取り組むなかで初めて、著者にも読者にも明らかになる。そのため、用いられている言葉は時として、体系的というよりも簡潔的確となる。つまり、馴染みのある教育学的論証の道を離れ、新しいものを探索する期待をもって「回り道」をする場合でも、理論的に根拠づけられた思考の歩みを可能にする、一定の濃密な意味を獲得するのである。

教育学的な思考と行為の問題設定に対する視野を最初から狭めておかないためには、この広く拡張された地平は重要である。しかし、モレンハウアーは正反対の動きも勧める。すなわち、他よりも重要とみなされるテーマや対象に関心が集中しない場合、果てしない広がりは際限のなさにつながりうるからである。本書に収められた七つの研究はそれぞれ単独で執筆され、前提とする知識なしでも理解できるものであるが、私の見解によると、その根底には、全体をあたかも赤い糸のように貫く三つの重点的な主題が存在している。

（3）　第一の重点は、文化が産み出す美的な作品への特別な関心にある（この関心は後に、生涯最後の一〇年間において、モレンハウアーの学問的な活動にとって決定的なものとなった）。芸術や美的な経験を取り上げることは、一見すると、芸術に関心をもつ高学歴の中間層のエリート的な教育経験がもっぱら対象とされたり、あるいは家庭や学校や社会教育施設における教育の日常とほとんど関係のない、少なくとも非常に個人的な関心が対象とされるのではないか、という懸念を呼び起こすかもしれない。しかし、そのような先入観は事柄の核心から外れてしまう。個人的な「芸術鑑賞」、ましてや美的教養をもつ人ともたない人の「細かな相違（Feine Unterschiede）」［訳註：『ディスタンクシオン』のドイツ語版タイトル］（ブルデュー）を教育学研究の水準において確認することが問題なのではない。挿絵とその解説を多用した教育史の研究書にみられるような、教育科学の対象となる事態の単なる説明に対して、モレンハウアーは強く異議を唱えている。彼にとってはむしろ、文化史のなかで産み出された芸術作品を、独自の性格を備えた資料として、個々人に教育問題として現れる、時代の中心的で文化的な問題設定が表現されたドキュメントとして解釈すること――しかも、このような問題との一般にはありえないような取り組みへと読者を促すような方法、つまりは美学的な方法によって――が重要なのである。ここでは、日常において文化的に馴染みの意味を素早く割り振られるもの――ある研究では社会関係の「意味論的素材」と呼ばれているもの［本書七九頁、原書五七頁］――が、美的に凝縮された、感覚にも悟性にも訴えかける提示のなかに、さらには受容者の個人的な省察のなかに現れることになる。文化の美的な作品に対する研究は、これまでの教育学でほとんど注目されなかった、陶冶にとって重要な、生活形式の全体に関係する意味の布置の表現形態を解明することを目指している。

これによって、モレンハウアーは同時に、陶冶の身体的構成を研究関心の地平に引き入れる。美的な作品は、認知的な立場のみならず、身体の反応性や、(3) さらには文化的な対象の解釈の過程をつねにまた自己解釈の過程にもしてしまうような、意味論的、文法的にまだ規定されていない感覚や気分をも解明するよう挑発する。このことによって、芸術の外部では、そして教育学研究からはほとんど注目されることのない、主体形成にかかわる経験、およびそれに関連する文化の蓄積や問題設定を形づくるものもまた、主題化されるようになる。こうした研究によって敏感にさせられるならば、たとえば子どもの遊び、家庭内の環境、そして大都市のショッピングセンターを歩く若者のなかにも、刺激的な研究分野を見つけることができるだろう。

(4) 個々の研究を相互に結びつける第二の重点的主題を、私は、モレンハウアーが社会的、文化的な一般性との関係のなかで陶冶過程を歩む主体に認める、難しい位置に見て取る。伝承された秩序に対する反省的な構えのなかで自己自身を規定することができ、かつ規定しなければならない主体、という近代的概念は、進歩に対する数多くの素朴な称賛とは裏腹に、その矛盾する二重性がテーマとなる。すなわち、解放された理性の力によって生活の諸関係を合理的に組織しようと努力する主体と、無限の解釈が可能な世界に係留された、身体的な、そして文化の合理的な秩序に毀損なく単純に包含されることのない主体という二重性である。ここにモレンハウアーは、表向き「ポストモダン的な」現代において初めて私たちを驚かしたわけではなく、最初期から近代に同伴している、根本的な陶冶問題を見ている。彼の言葉で言えば、すべての陶冶過程において克服されるべき、「プログラム化されていない「主体」と、程度の差はあれ言語および行為の能力を獲得した構成員としての社会能力ある「個人」とのあいだの」差異が問題なのである（本書一六三頁、原書一二三頁）。この問題はつねに、「正常」と「逸脱」の差異の後ろに姿を消す危険に置かれているが、もし私たちが子どもや若者を教育学的‐心理学的な診断あるいは社会文化的な発展予想にしたがって評価し扱う場合には、モレンハウアーの研究のなかで文化理論的な深層の次元を取り戻すことになる。このことはたとえば、ルネサンス時代の画家ピエロ・デッラ・フランチェスカの絵画の解釈のなかに、前近代の秩序と開花し始めた近代との間に陥った主体に対する、独自の反省の力を働かせよという要請として、現れてくる。あるいはそれは、一七世紀の解剖画――モレンハウアーはその絵画を例に、客観的な自然科学と主観的な身体経験という競合する意味の領域のなかでひとつの場所を求める自我の探索を再構成してみせる――の中心的テーマとなる。あるいはそれは、初期ロマン派の文学作品や社交形式のなかに、啓蒙主義の合理的な形式とのかかわりにおける主体の困窮として現れている。さらにそれは、現代の教育的領野における相互行為、組織、そして主体性の連関に対する理論的な分析のなかに再び浮かび上がる。

（5）　第三の観点は科学と生の現実との関係にかかわるものである。教育学は、近代の初期に始まり今日まで継続する、私たちの生活形式の科学化に、二重の仕方で関係している。一方で、モレンハウアーの研究は、人間の世界理解と自己理解を問う科学の発展が、自己自身とその理性を指し示された人間を、歴史的に新しい種類の陶冶問題にどのように直面させたかを示している。科学的な方法で解明された法則――その法則にしたがって外的世界（そこには人間の本性も含まれる）が機能し、またその法則が技術的な支配戦略のアプローチを示すのだが――、そして科学的‐客観的な知識は、主観的な現実体験に基づいた、科学的に定式化された自然法則に容易に屈しない、別種の知識と競合する。たとえば、人間の身体、その構成や器官の機能についての解剖学的、生理学的な知識は、身体をもつ人間が自己の感覚、感情、気分、習慣づけられた感覚や悟性の活動、身体と結びついた内外の運動形式に基づいて感覚に産み出すものとは別種の知識である。個々人の陶冶過程において、客観的な知識は個々人の主観的な体験と緊張関係にある。主体は、思考と行為のなかで相互に一致させることなしに調整しなければならないさまざまな知識の類型に直面するのである。しかし他方では、教育学自身も科学化の過程に巻き込まれている。教育学の教育科学への発展――モレンハウアー自身が深く関与した過程――を後になって誤った発展であったと拒否することを避けつつ、モレンハウアーは教育学における科学主義に対して、固有の学問的な志向と実践に対する反省的距離を念頭に置いた批判的な立場をとっている。この間、教育と陶冶過程に対する科学的な解明（およびそれに対応する教育者の職業活動の科学的な専門化）が不可欠のものになったように、教育の過程の把握に関して、科学的な知識と教育現実および主体の経験とのあいだの原理的な境界を絶えず意識し続けることが――しかも、単に教育学的‐科学的な理論構成とその彼方にある未到の現実との対応関係に関する理論的な問題としてのみならず、すべての教育学的認識や教育的行為において考慮に入れられるべき事実として――モレンハウアーにとっては不可欠に思われるのである。「語りうること」と「語りえないこと」とのあいだの境界、概念論理的な学問用語に無理なく移されうるものと、そのような置き換えから逃れるものとのあいだの境界を尊重することは、基本的に前述の二つの観点のなかに、すなわち重要性の高い、科学的な概念からは距離のある、美的な文化的作品への彼の関心と、陶冶過程における主体への彼の関心のなかに、感じ取ることができた。ここではこのモチーフが学問の自己理解の問題として再度現れる。彼は、教育学の対象領域に対する科学的‐分析的な把握を、解釈学的理解の努力と組み合わせる。その際、解釈学は、教育科学的研究方法のレパートリーのなかで任意に利用できる方法へと後退するのではない。解釈学はむしろ、学問や日常言語や文学や絵画や、あるいはそれ以外のどこにおいてであれ、教育学的な知識やその産物とのかかわりにおける（批判的－自己批判的な）姿勢のようなものである。もっとも、他者理解を認識主体の自己理解と結びつける解釈学的な意味理解への関心は、矛盾なく存在しつづけるわけではない。科学論の視点からみると、このような立場はおそらく多くの人にとって、近代科学と教育学的エッセイのあいだの危険な越境と、それどころか解釈学的な主観主義への逃避と思われるかもしれない。しかし、客観主義と主観主義の単純な対立は、モレンハウアーが選択した解釈という方法の緻密な運動のはるか後ろに退いたといってよいだろう。彼にとって重要なのは、教育と陶冶過程の尽きることのない意味の深みを、科学の概念システムに閉じ込めることでも、主観的な解釈の恣意性に委ねることでもなく、主観的経験と学問としての教育学の客観化を目指す認識手続きとのあいだの転換過程を生き生きと保つことなのである。

この分野に関心をもつ日本の読者が今こうして本書に接することができるのは、訳者である今井康雄氏、眞壁宏幹氏、野平慎二氏のおかげである。その労に感謝したい。

オスナブリュック、二〇一二年六月五日

ハンス＝リューディガー・ミュラー

注

（1） Lenzen, D.: Reflexive Erziehungswissenschaft am Ausgang des postmodernen Jahrzehnts oder Why should anybody be afraid of red, yellow and blue? In: Benner, D./ Lenzen, D./ Otto, H.-U.（Hrsg.）: Erziehungswissenschaft zwischen Modernisierung und Modernitätskrise, 29. Beiheft der Zeitschrift für Pädagogik, Weinheim/ Basel 1992, S. 75-91.

(2) Tenorth, H. -E.: Kritische Erziehungswissenschaft oder: von der Notwendigkeit der Übertreibung bei der Erneuerung der Pädagogik. In: Dietrich, C./Müller, H. -R. (Hrsg.): Bildung und Emanzipation. Klaus Mollenhauer weiterdenken, Weinheim/München 2000, S. 17–25; ders.: „Bildung" — ein Thema im Dissens der Disziplinen. In: Zeitschrift für Erziehungswissenschaft, 14. Jg. (2011) H. 3, S. 351–362.

(3) Vgl. Meyer-Drawe, K.: Leiblichkeit und Sozialität. Phänomenologische Beiträge zu einer pädagogischen Theorie der Inter-Subjektivität. 3. Aufl., München: Fink 2001; dies.: Herausforderungen durch die Dinge. Das Andere im Bildungsprozeß. In: Zeitschrift für Pädagogik, 45 (1999) 3, S. 329–336; Waldenfels, B.: Das leibliche Selbst. Vorlesungen zur Phänomenologie des Leibes, Frankfurt a. M. 2000.

まえがき

教育と陶冶について深く考えることは難しくなってしまった。過去の数世紀と比較してというだけでなく、過去数十年と比較してもそうである。私たち、つまり教育と陶冶を研究対象とする領域の研究者や大学教師たちが産み出しているものは消費材である。もし、実践が要求してくるアクチュアルな問題について語ろうとすれば、私たちの思考がすぐ古くなってしまうことを覚悟して臨まねばならない。議論を持続可能な水準にもたらそうとするならば、私たちは実践との関係を犠牲にする危険を冒すことになる。こうしたことについて、この一〇年間、多くのことが書かれてきた。フランクフルト・アルゲマイネ紙も容赦なく意地悪いコメントを出している。しかし、この新聞はそのことで決してなにか全く間違ったことをしているわけではない。事実、教育学の絶頂期がとりあえず終息したかのような様相を呈しているからである。一七世紀のコメニウスで始まり、ヨーロッパにおける学校設立、ルソーや啓蒙主義の教育者たち、フランス革命期のコンドルセや一九世紀初頭のプロイセン学校改革（フンボルト、ジュフェルン、シュライアマハー）、『子どもの世紀』（E・ケイ、一九〇〇）、ヴァイマル共和国期の改革運動や一九六〇年代の教育改革、ドイツ全国教育審議会まで継続してきた教育学の絶頂期が終わろうとしているからである。このヨーロッパ近代的な運動は行き詰まってしまったかのように見えるのだ。教育学的熱狂は消えてしまった。この熱狂といまだ自分を同一化したいと思う者は立場的に難しい。そうした者には「子ども期の消滅」や、あろうことか「教育の終焉」が突きつけられるからである。啓蒙主義教育学が想定した、解放が教育過程で産み出されるという想定にいまだこだわっているのかと問われるのである。結局のところ、社会を支配している子ども期と教育という「神話」に直面するとき、メディア、広告、歩行者道路、家族、学校におけるそうした神話の代表的事例を目にするとき、啓蒙主義以来、教育学理論が実行できたことがいかに少なかったかという事実が突きつけられることになる。

ディーター・レンツェンは、だから、『子ども期の神話学』という著作を次のような推測で締めくくっている。「ポストモダンへ入ろうとしている現時点で提出されている将来の子ども期、将来の教育のための解決策は、画期的性格をもつことはないだろう」。発達理論、社会化理論、教授‐学習理論、こうしたものはすべて、近代のプロジェクトであるところの「教育学」の継続を試みている。たとえすでにそれらの理論が「幻影」であり、現実はそこから離反してしまっていることを認識できているとしても、である。この主張はかなり議論の余地のあるものだろうが、しかし、この主張で言われている近代の歴史のなかで蓄積されてきた教育の原理原則への疑念は、ただ流行しているというだけでなく、説得力をもつのである。

さて、この疑念に耳を閉ざしてしまわないとすれば、人は教育学者という地位にあって何を成すことができるのだろうか。私は『忘れられた連関』(Weinheim/München 1983 ＝みすず書房、一九八七年)で一つの道を提案することを試みた。それは明らかにポストモダンの理論家にとっては疑わしく思われるに違いないものではあったのだが。私は、提示、代表的提示、陶冶可能性、自己活動、アイデンティティというキーワードの下で、近代の教育理論の、将来でも適用可能と思われたそうした問題設定の要点を、歴史的‐理論的スケッチという形をとって描くことを試みた。だが、ディーター・レンツェンやカタリーナ・リュチュキー［反教育(学)の代表的論者の一人］だったらきっとこう疑問を呈することだろう。私たちの伝統在庫にある言辞を、お経よろしく相も変わらず「理論」として繰り返し唱える意味はどこにあるのか、と。しかも「忘れられてしまった」素材など使って。教育学は、きっと、哲学などとまったく違う状況にあるのだ。たとえば、認識はいかにして可能かという問いは、プラトンやアリストテレスや、ニコラス・クザーヌスやデカルト、カントやヘーゲル、その他多くの者において、人類という概念と結びつく問題設定にその参照点をもっている。教育学はこの点が弱い。たしかに、人類の歴史において、すなわち、古代エジプトでもマンハッタンと同じように、南太平洋でもベルリン・クロイツベルク地区と同じように、「教育」はいつもなされてきたと言えるかもしれない。しかし、認識はいかにして可能かという問いに比べると、それはかなり抽象的な言い方になってしまっている。私たち教育学者が具体的に語るのは、つねに、私たち大人が子どもに行っている歴史的限定をもつプロジェクトについてだけである。そしてそれはすぐ過ぎ去ってしまうものだ。すくなくとも私たちが思うよりも早く過ぎ去ってしまうものである。さらに「将来的にも妥当する」問題設定を歴史的に再構成してみようなどと試みることは、結局、近代教育のなかで構築されてきた、専門家としての、責任を負った教育者、つまり子どもの将来を前にいわゆる説明責任を果たさねばならない教育者としての、その役割を再確認することにしか役立たない。

こうした疑念に対し、教育科学研究において「回り道」を取ること、すなわち伝統的な問題設定を直接論じるのではなく、ビリヤードのようにいわば「縁を利用して」玉を当てるような仕方で述べる方法を採用することが得策のように思われる。ここに上梓された研究は、この三年間（ただひとつの研究だけがもっと早い時期の研究であるが）のもので、このやり方を試みたものだ。これらの研究を導いた関心は上でその概略を示したポストモダン側からの疑念をひとまず脇に置いた形ではあるが、以下のような特徴をもっている。

——現在、必要なことは、教育学（Pädagogik）についての熟考を、私たちが「教育（Erziehung）」と呼ぶ計画的意図的な子どもへの働きかけへ結びつけるよりも「陶冶＝人間形成、自己形成（Bildung）」と呼ぶものへ強力に結びつけることであるように思われる。教育という働きかけがその目的に、意図された効果に本当に達するのかどうか、これはかなり疑わしい。方向づけをもっているおかげで成功に導かれるような、目的手段的かつ教育学的に計画された行為というものは存在しない。たとえこの行為が成功に至ったとしても、それは、子どもが問題のない環境で、そして「文化的に形成された」生活形式のなかで育つからなのである。このことは、社会化研究からくる経験的データの知識が役立たないということを意味してはいない。私たちは、いささか皮肉を込めて言えば、今日、子どもを神経症にするため何をしなければならないかについてはかなり確かな知識をもっている。しかし、同じ確実性をもって、子どもたちが神経症に**ならない**ためすべきことの知識を挙げることはできないのである。ここで、ならないことを決定づけているもの、それは私たちの生活形式全体なのだ、という推測が当然生じてくる。

―ここに上梓した研究を進めた第二の動機は、それゆえ、大人とその生活形式との関係にかかわる。私は冒険的で思い切った経験的仮説を立てている。すなわち、この関係が「うまくいっている」場合にだけ、子どもの陶冶過程もまた成就するという仮説である（この問題が論じられねばならないのであり、そしてここに多くの誤解が待ち構えているのだが）。この「うまくいっている」状態を、今日、家庭も学校も施設も教育相談所も単独では保証できなくなってしまっている。こうした機関は、社会‐文化生活で壊れてしまったものを「正常に戻す」ことはできないのだ。青少年の犯罪件数、失業率、行動障害、児童虐待、痛ましいほどのキャリア志向、事故死、外国人犯罪、こうした問題の地域分布や社会経済的分布は私たちにこの事態の客観的側面を教えてくれはする。しかし個々の家庭や学校はこの事態を正常に戻すことはできない。新保守主義的価値のアピールはこの問題において問題を解決するどころか、問題を産み出してしまう。だが、私たちは大人として自分に次のように問うことだろう。外的脅威と私的独自空間のあいだで、子どもへの目的志向的働きかけと非強制的な生活形式の提示とのあいだで、優勢な生き残り戦略への社会適応と責任をもって提示できる生きる意味の構想（Sinnentwürfe）とのあいだで、適切な道をうまく見つけ出すためにはいったいどうしたらよいのかと。「子ども期について語ることができるのは、大人について語れるときだけである」（D. Lenzen）。私はこの言葉に端的に同意する。つまり、「陶冶」が「教育」より重要であり、「文化的に形成された生活形式」の方が合理的に計算された目的手段的行為より教育学的にみて先行き見込みがあると私が述べるとき、このことで言わんとしていることは、ニーチェによって決定的に批判された「教養市民」の態度ではなく、以下のような事柄だ。すなわち、子どもをもち、その子どもが私の責任に委ねられているという条件のもと、私自身が文化の主題全般と取り組みつつ、子どもの将来を前にして責任ある生活を営むこと、である。

――この問題と対決するため、人はこれまでボイスの環境作品やクレーやマネやレンブラントの絵を、当然のことではあるが、見てこなかったに違いないし、リルケやボードレールの言語作品、フリードリヒ・シュレーゲルの『アテネーウム断章』やナタリー・サロートの自伝を読んでこなかったに違いない。しかし第三の動機として、私の「回り道」への関心は、こうした作品と関係する。美的作品は、それが良いものであれば、二重の仕方で卓越しているのだ。すなわち、それは、鑑賞者／読者／聴衆の理性活動だけでなく、同時に感性活動をも産出する。いわばそれは文化状態を示す震度計である。言わずもがなの確認でしかないが、もし、そこから教育学研究のため、文化理論的分析を教育学研究のカノンに受容するという結論が得られるのであれば、今後の研究に実り豊かな影響を及ぼすのではないだろうか。芸術作品と取り組むことは、この関連においてとくに傑出している。そうした作品は徴候であり同時に批判でもあるからだし、しかもそれは、非理論的言説の形を取って行うからだ。芸術作品の分析は、私たちの解釈学的能力を活性化するし、またそのことで、何が生活形式において「陶冶的作用」をもつのか、もちうるのかを考える際、批判的な視点に生命を与えてくれる。

以下の研究は、検証されたり確証されたりする一定の「理論」を最後にもつことはない。もっとも、一番目の論稿はまだ理論的アクセントが強いが、これは当時（一九七六年）広く行われた、相互行為概念の教育学における有意義性に関する議論のまっただなかで書かれたもので、教育行為についての相互行為論的問題を三つの問題次元に分類することを試みたものだからである。私がこの論稿をここに一緒に載せ最初に置いた理由は、相互行為論的問題設定はどんな教育学においても中心問題であると今も考えるからである。他の研究においてもこのことは繰り返し問題になるだろうが、それはたいていの場合、間接的に、しかもかなり変わった資料を対象になされる。たとえば、ピエロ・デッラ・フランチェスカとレンブラントの絵画、シュライアマハーの初期のまだまったく「教育学的ではない」アフォリズムや著作、デューラーの書簡などを通して。こうした類いの「回り道」は、すでに指摘したことだが、私にとって探索行動である。教育学的関心とこうした私たちの文化の資料を結びつけることで私が望んでいるのは、私たちの研究領域の問題設定を少しずつ拡大していくことである。したがって、当然ながら、しばしば立証困難に陥るのではないかという批判はもちろんのこと、実践から遠いという、おそらく私たちの研究分野ではもっとも最悪と思われる批判をあえて引き受ける覚悟で臨むことにする。まずは、試みるのみ、である。

回り道――文化と教育の陶冶論的考察 ＊ 目次

第一章　教育的領野における相互行為と組織

「教育する権限を与えられた人々の願いにしたがいながら、しかし自身の意志には逆らってこの町で育った者、すなわち、ごく小さい子どものころからこれ以上ないほどの思いやりと理解をこの町にもちながらも、この町の世界的名声を裁く公開法廷のなかへ、そして倒錯した金銭マシンと金銭憎悪を産み出す虚言マシンにすぎないこれまた倒錯した審美マシンのなかへと監禁された者、またその一方では抜け道もなく救いもなく護ってくれる者とて誰ひとりとない子ども期と青年期のなかに、したがって要塞のなかでの不安や威嚇のなかに監禁された者、すなわちこの町を人格発達と精神発達の町とすべしと判決を下された者は、こういっても決して粗雑でも軽率でもあるまい、痛ましく、そして最初のころの自分の発達をむしろ鈍らせ曇らせてしまうような、いずれにしても不吉で彼の生存全体を次第々々に決定づけていくような恐るべき回想を、この町とこの町での生活に関してもっているのであって、それ以外に何ももってはいないのだと」（Th. Bernhard, Die Ursache, S. 8.［モレンハウアー『忘れられた連関』今井康雄訳、みすず書房、一九八七年、七頁の訳文を参照。一部改変］）。

このトーマス・ベルンハルトからの引用には、私に課せられたテーマ、[*1]「相互行為」と「組織」というキーワードを援用して考察されるべき問題が、それを科学の名のもとで解明しようとするテクストにおけるよりも、より正確に示されているように思われる。少なくとも、**私の**見方にとっては、そのテーマについて**私が**重要と考えるものに関しては、すなわちそのテーマが扱われるべき仕方だと**私が**考えるものに関してはそうである。トーマス・ベルンハルトの場合、何が問題となっているのだろうか。

1　まず、これは自伝的なテクスト、すなわち主観的経験の叙述である。ひとりの人間が「教育」の名のもとで自らに施されたことを伝えている。そして私たちは、彼がこの経験をいかなる言語（認知）形式で叙述しているのかを見て取る。おそらくより正確には、次のように言うべきだろう。私たちは、トーマス・ベルンハルトの経験——ここでは彼の言葉づかいで表現された叙述以外の何ものでもないが——を観察しているのだ、と。

2　ベルンハルトにとっても「教育」と呼ばれる相互行為の総体は、制度的規則にしたがって進行するものとして叙述されている。彼の両親という具体的な人物ではなく、彼を「教育する権限をもつ人々」すなわち両親と子どもとの間で生じる相互行為の法的形式が語られている。言い換えると、他人のものと区別される**彼の**教育だけでなく、どの子どもにも一般に生じうる事柄が語られてもいる。

3　この制度化された相互行為は、支配という次元で叙述されている。そこでは、行為の理由によって関係者が区別される。ベルンハルトは、「彼を教育する権限をもつ人々の願いにしたがいながら」、しかしながら「自分自身の意志には逆らって」、その町で育つ。「思いやりと理解」は、「要塞のような威嚇のなかに」でもいるかのように、「護ってくれる者とて誰ひとりない子ども期、青年期のなかへ」幽閉されたままである。

4　出来事の全体は、より広い社会的状況——ザルツブルクの町がここではその象徴であるが——に、ベルンハルトの語りによれば「この町での生活」に、はめ込まれている。そしてこれは、象徴にそもそもそれが可能な限りにおいてではあるが、一種の疑念に満ちた縮減法で概念化され、そこで経験された現実——それは明らかに「社会」の経験である——は感覚的に追体験できるものに変えられる。子どもは、「この町の世界的名声を裁く公開法廷のなかへ、そして倒錯した金銭マシンと、金銭憎悪を産み出す虚言マシンにすぎないこれまた倒錯した審美マシンのなかへ」引き込まれたのだった。

5　そしてこれらはすべて、複雑な従属文の構造をとりながら、ひとつの文章で描写されている。これには十分な理由がある。すなわち、語られている事柄の主題は、明らかに、複雑にからみあった出来事であり、個別に描写しようとすればその本来の意味——すべての要素が同時に存在している場合にのみ同一であり続けるような意味——が失われてしまうような出来事だからである。明らかにベルンハルトにとって、具体的な経験は、そのような同時性——少なくとも一文で示すという同時性——を通してのみ描写されえた。個々の要素へと分析的に解体することは、あの意味の描写がもつ意味を誤らせるに違いない——私はそう解釈したい。

冒頭で私は、トーマス・ベルンハルトからの引用のなかに、本論のテーマが他のどこにもまして正確に示されているようにみえると述べた。けれどもその正確さとは、世界の科学的な描写の正確さではなく、美的な描写の正確さである。描写された経験の相互主観的な妥当性の検証に関心を寄せる場合には、好むと好まざるとにかかわらず、その描写の複雑性を——しかも私たちがもつ科学的な手段によって解明可能な問題設定上で——解体ないしは縮減しなければならない。対象領域を分類することが、この方向への第一歩となる。トーマス・ベルンハルトも分類している。しかも——非常に大雑把に示すならば——次のような出来事ないしは現象のカテゴリーに。

—主体の記述にかかわるカテゴリー　「願い」や「意志」、「思いやり」と「理解」、「抜け道」や「救い」のなさ、「人格発達」と「精神発達」、「回想」。

—「生活」の記述にかかわるカテゴリー　「金銭マシン」と「金銭憎悪」、「審美マシン」と「虚言マシン」、

「教育する権限を与えられた人々」、「威嚇の要塞」、「監禁されてきた者」、「罰せられてきた者」。

ドイツ教育学会の理事会は、本論のテーマを設定した際、別の仕方で分類を行っている。

—教育的領野、および——もちろんまた——非教育的領野。ベルンハルトのいう「生活」や金銭の流通や「虚言マシン」としてのザルツブルクの市民文化はこの教育的領野に属するのだろうか？

—組織。「教育する権限を与えられた人々」もまた、その役割の点では組織と呼べるのだろうか？　それとも、この概念で［理事会が］考えていたのは、むしろマックス・ヴェーバーや、行政や階層秩序や専門職化や決定能力や資格のことだったのだろうか？

—相互行為。これは、トーマス・ベルンハルトがみていたような、主体の記述にかかわるカテゴリーでないことは明らかである。行為、伝達様態、合意形成、解釈、シェーマなどが、このカテゴリーで描写されるべきものである。

—主体と環境を結びつけるものの記述にかかわるカテゴリー

このテーマに関して私にできることは、いくつかの仮説を考えることだけかもしれない。すなわち、「相互行為」や「組織」や「教育的領野」といった表現が、あるいはそれらの同義語が、論理的であり経験的にも意味ある形で関連づけられる名辞となっているような、そのようないくつかの仮説を考えることだけかもしれない。たとえば、フレルマンによる次のような定式を挙げることができる。

「私たちの学校を特徴づけている相互行為の構造とコミュニケーションの構造、階層秩序的で成績に固く結びつけられ、個々人の欲求や感情に対してどちらかといえば抑圧的に作用するその構造を変える余地は、きわめてわずかである」（HURRELMANN 1975, S. 203）。

より具体的に確定された、少なくともより具体的に確定されうる相互行為の諸要素は、ここでは「構造」という語に統合される。この構造は、「欲求や感情」に対して特殊な影響を及ぼすものの、他方では組織のシステム特徴（階層秩序や能力への期待）からは独立的と想定されている――そしてこれは「学校」という教育的領野に当てはまらなければならない。トーマス・ベルンハルトが複雑な同時性として、むしろ意味論的な領野として描き出したものが、ここでは独立変数ないしは従属変数にしたがって区分され、いわば社会科学における支配的ハビトゥスを基準に分類される。この方法がもたらす成果、すなわちこの方法によって得られる認識は争う余地のないものと思われるし、またとりわけ次の二つの観点から問題のないように思われる。

―実際、社会は部分システムに首尾よく分類できる。教育システムもそのひとつである。そのような部分システムの本質をなすのは「組織のまとまり」である。それは、所定の目標を追求し、「基本的にその目的の助けを借りて相互行為の過程が構成され、相互行為の連関と行為の連関が構造化」される（HURRELMANN 1975, S. 31）のである。

―他方、社会科学において「組織」として分類される社会的構築物は、（再生産の問題をフェイス・トゥー・フェイスの関係に基づいて解決することができず、解決のためには抽象的制御手段を必要とするような社会を「近代的」と呼ぶとすれば）近代社会に特徴的なものである、とする見方ももっともらしく思われる。この意味において、たとえばルーマンは、古代文化の扶助システムと比較しながら現代的な社会扶助システムを記述している（Luhmann 1975）。

このような社会的事象の分類にしたがうならば、フレルマンが構想したひとつのモデルが説得力をもつように思われてくる。このモデルでは、家族や学校や仕事は「教育」という社会の部分システムの構成要素として現れ、その部分システムの内部では、相互行為は、特殊な組織的条件のもと、目標と手段選択の観点から社会システム全体の再生産を危険にさらすことのないよう調整される。

組織と相互行為について、このような仕方で語る**ことはできる**。しかし、そう**しなければならない**というわけでもない。**私自身は**以下で、組織と相互行為を、程度の差はあれ、変奏しあう二つの変数としてではなく、主体間の行為といいうる対象が示すさまざまな側面と規定するような仕方でこのテーマに取り組みたい。トーマス・ベルンハルトは、テーマのこのような理解を、すべての出来事を一つの文章にまとめ、対象がみせる諸側面をいわば文法規則にしたがいつつ結びつけることによって象徴的に示している。私は、ベルンハルトの分類にしたがいながら、主体間の行為に対する三つの分析レベルを提案し、このテーマについて私が理解していることを説明したい。すなわち、(1)主体間の相互作用の**可能条件**のレベル、(2)そうした相互行為に歴史的意味と方向性を付与する**状況**のレベル、そして(3)特殊な**制度的**条件下で相互行為が組織的に規定されるレベルである。

けれどもその前に、あまり意味のないことかもしれないが、ここで持ち出されるかもしれない異論を簡単に検討しておきたい。教育プロセスの研究をマクロ社会的なテーマないしは問題設定で始めるべきか、それともミクロ社会的なそれで始めるべきかという議論、教育の諸事象が位置づけられる社会的連関の概念をまずは確立するべきではないのかという議論（まさにこの点でもうすでに私のこの論文は非難されるかもしれない）、人間の相互関係が備えている性格についての正確なイメージ、あるいは主体間の行為の単純で日常的な形式のなかで主体ないしは私たちが用いている手段やその本質ついての正確なイメージを最初に手に入れるべきではないかという議論は、すでに伝統的といってよい論争である。[*2]これらの問題は**原則的な**議論の対象とされるにはおよそ不適切なものである。具体的な歴史的状況における教育について語る者は、二つの点で非難される可能性がある。まず、教育的な出来事の個々の要素の意味を解明しようとするのならば、ないしは目的達成を目指すその理由にしたがって教育的な出来事を説明しようとするのならば、そのつど特殊な教育的出来事がいかなる社会的機能を果たすのかを知らなければならないと非難されるだろう。あるいは、教育的な出来事とは当事者にとってそもそもいったい何であるのか、その出来事のなかでいかなる手段が用いられ、何が生じているのか、当事者が教え、学び、理解し、自己像を展開しようとするとき、そもそも何がなされているのか、等々を知らなければならない、と非難されるだろう。これらの非難はたしかに考慮に値するが、個々の具体的な研究プロセスにとっては重要ではない。なぜならそれらの非難は明らかに、今日論争を展開している諸派がなしうることをはるかに超え出ているからである。たとえばそれは、「唯物論的な」行為科学ないしは社会科学と、「相互行為論的な」行為科学ないしは社会科学という、明確にレッテルが貼られた二つの理論的立場のなかにみることができる。唯物論的、マクロ社会的アプローチをとる研究では、主体間の教育状況の規定は、マクロ分析的に前提とされた事態ないしは分析された事柄の例示にすぎない。その方法はもっともらしさのみを頼りにした類推であり、選択された事例に関する構造的類似性の立証であることが多い。他方、相互行為論的なアプローチをとる研究では、たしかに主体間の諸事象の詳細な分析が多くなされ、比較的、内容豊かな分析の道具立てさえみられる。けれども、特殊な歴史的‐社会的コンテクストに対する関係、社会的機能やその条件に対する関係は、わずかに暗示や示唆という形をとってしかみられない。あるいはせいぜい、その点について忘れているわけではなく、将来さらに解明されるべき問題であると証するのみである。この二つの立場の相互批判——その対決の仕方をそもそも批判と呼ぶとすればだが——は、私の見方が正しければ、これまでなんら認識上の進展をもたらしてはいない。逆に進展がみられたのは、いわば中間的な領域で研究が進められた場合、すなわち、研究対象が主体間の行為とされ、その記述のための分析概念が特殊で具体的な相互行為から取ってこられたものではなく、一般的な範型や構造によって提案され試された場合においてであった。私の状況認識によれば、たとえばブルデュー／パスロンの研究、シクレルの研究、エスノメソドロジーの名で今日知られるようになった研究動向や構造主義的民族学、そしてとりわけオットマイヤーのマルクス主義的研究がそうである。私はこれらの研究と同じ問題領域のなかで論を進めたいと思っている。

1　組織化された相互行為とその基本形態

「生成的意味論と社会的相互行為の構造」というタイトルをもつ論文で、シクレルは次のデ・マウロの文章を引用し、それをあらゆる場合の主体間の行為に妥当する基本構造の記述と解釈する。

「きみが私と同じ共同体に属するその程度に応じて、きみは私と同じような言葉と文化の訓練のもとに置かれてきた。それゆえ、その程度に応じて、きみの発言が私たち二人にとって似たような意味をもつことを想定する十分な理由を私はもっているといえる。そしてきみが話すのを聞くときに私が立てる「仮説」は、きみが私と話すときに立てる場合と同じように、私たちの行動の総体を通して確証されるのである」（Cicourel 1975 からの引用）。

この引用で重要なのは次の三点であると私には思える。

1　主体間の行為が生じるのは、相互行為のパートナーに共有された意味が存在する場合、すなわちすべての参加者に関して同じ操作の表象と結びつくシンボルが存在する場合だけである。先の文章をひとつの定義の構成要素と理解し、「主体間の行為」とは、もっぱら……のような状況を意味するなどと定式化することも可能である。

2　パートナー相互の行動は組織化され、秩序づけられている。しかもそれは、両者がひとつの認知構造に結びつけられることによってである。彼らは、用いられたシンボルの意味に基づく相互的な行動について仮説を用いる（付言すれば、これは、科学的方法とは、日常行為を支える基盤でもあるが、その一種の完成化にほかならないことを示している）。すなわち、パートナーの行動が相互に「組織化される」ということで意味していることは、この場合、両者が意図した事柄をコード化する際の規則や、主体間のやりとりを適切に操作するためそのコード（ないしはそのシンボル）を当てはめるときの規則にしたがっている事態以外のなにものでもない。

3　引用されているテクストにおける「共同体」という表現（「きみが私と同じ共同体に属するその程度に応じて」）の使用は、誤解されるべきではない。この表現にはたしかに歴史的限定が含まれている。けれどもこの限定は、階級や階層の形をとって社会や文化のなかに存在している関係の総体と同じではない。この「共同体」は、そもそも意味ある相互行為が可能であるところであればどこにでも――たとえ統合失調症との関連で問題となるようなケースでも――存在している。とはいえ、この説明もやはり誤解――しかも別の側面への――を招きかねない。主体間の状況では、関係するパートナーの属する複雑な社会的連関のなかの**ひとコマ**だけがそのつど提示されるのではないからだ。この状況自体は、次のように捉えられなければならない。すなわち、状況の主題につねにつきまとう相対的多様性が**限定されるような仕方**で現実化される。しかも、あの仮説、すなわち「きみの発言が私たち二人にとって似たような意味をもつという想定」が立証されるその確率に応じて現実化されてくるのだ。

主体間の状況は、「有効な合意（working consensus）」が確立される（実際に生じている主体間の手続きを表す相互行為論的な表現）その程度に応じて、いくつかの次元であの「共同体」を創り出し立証し、別の次元では否定し対応する仮説の誤りを明示する。これを考慮に入れることは明らかに意味のあることである。——日常の相互行為の理想化された通常事例においては、このような事態は人を不安にする。一義的と考えられていた記号の多義性や、それまで知られていなかった新しい記号や、相互行為のパートナーとのあいだでの記号の解読不可能性が表面化するからである。社会的な制度、とりわけ教育制度は、（理想化された事例ではなく経験的な）通常事例においては、そうした不安を解消し、一義性を確立し、例外を排除することによってシンボルの世界ひいては生活世界の「共同体」を安定させるはたらきをもつ[1]。

さて、組織化された状況の、すなわち相互行為のパートナーにとって意味のある、主体間の秩序づけられた状況の、不可欠の基礎となりうる事柄に戻ると、シクレルは、その基礎について最初の一覧表を作成しようと試みている。それは次のようなものである。

1　**パースペクティヴの互換性**　すなわち、立場が替わっても経験の内容は同じであることを双方が互いに前提としていること。

2　**標準的形式の利用**　すなわち、「あらゆるコミュニケーションは共通の知識あるいは「誰でも知っていること」という入れ物に入れられている」(S. 34) という想定で相互行為がなされること。

3　**他《エトセトラ》の可能性の想定**　ふつうどのようなコミュニケーションにも齟齬は生じる。言語的な、あるいは非言語的な表現は過度に曖昧であったり、多義的であったり、意味不明でありうる。そのため相互行為のパートナーは、了解に至ることを断念しようとしない限り、意味を「満たすこと」をしなければならない。しかしこれは、以前の状況でその表現を適用した際すでに立証された規則にしたがう場合にだけ可能となる。

4　**インデックスとなる表現**　発展した形式で互換性の仮説や標準的形式の利用や他《エトセトラ》の可能性の想定が可能となるのは、相互行為のパートナーのあいだに共通経験の最小限のストックが存在する場合である。これはシンボルの形でコード化されていることでコミュニケーション可能となっている。そのようなシンボルないしは「語彙」は、経験のインデックスであり、経験された世界の分類である。そこには、個人的ないしは集合的な生活世界の内容とともに、形式的な規定、抽象化の原則、重要度の基準などが表現されている。

5　シクレルの挙げたこの四つの解釈次元に、私は——同じ抽象度のレベルで歴史的に特殊なものに基づきながら——もうひとつ別な次元をつけ加えたい。インデックスとなる表現——たとえばトーマス・ベルンハルトのテクストでは「教育する権限を与えられた人々」、「金銭マシン」、「救いのなさ」、「要塞のような威嚇」など——は、個々別々に現れてくるのではなく、プラグマティックなものが表現される認知的コンテクストのなかで現れる。パースペクティヴは、**そもそも**互換的であるのみならず、内容的に規定された特殊な社会的経験とも関連している。「共通の知識という入れ物」も秩序づけられ、その要素の結合の範型にしたがって統語論的-論理的に関連づけられている。すなわち、すべての相互行為の「テクスト」(言語的および非言語的シンボル) は、行為の展開にその特殊な認知的構造を付与する**解釈範型**によって必然的に構造化されてもいる。

この解釈次元で考えられていることを解説するため、いくつかの例を示そう。

「南エチオピアはドルゼ族のもとで、私はかれらの象徴表現を調べている。かれらが私に畑の耕作方法について説明する。私は上の空だ。かれらが私に言う。家長が一番に手ずから種を播かないときは、収穫が思わしくないだろう、と。さっそく私はノートをとる。

私は市場の人の往来をながめている。その光景は快いものだ。私はムフタール街に立つ市を夢想する。商人たちに無頓着なふつうの偉方の一団がやってくる。かれらはその広場で、時計の針と反対むきの巡回にとりかかる。巡回はこういう向きでなければならないのか、どうしてなのか、と私は尋ねる。「そうするのが仕来りです」。「ほかに理由は？」「かれらは太陽と同じ向きにまわるんです」。「いったいどんな風に？」「ええっと、そうですね、右から左へ」。私は次から次へ質問して私の情報提供者をうるさがらす。

午後の盛り時分、もう疲れたと宣言して、私の助手が寝に行く。なんという時間の無駄か。かれは目をさます。しかし気分が悪いのをおぼえて、邪眼のせいかもしれないと疑っている。このくらいの損失はまだ序の口なのだ。

［中略］

もう一例をあげよう。ドルゼ族の友人が私に妊婦の妊娠期間が九ケ月つづくと告げるときのことである。「おや、かれらも知っているのだな」と私は思う。かれが言葉を継いで「ところがこれこれのクランでは八ケ月だったり十ケ月だったりする」と言うとき私は考える、「こいつは象徴表現だ」と。なぜだろうか。それが間違いだからだ」（D. Sperber 1975, S. 14f.［邦訳一七頁以下］）。

既知の事柄と未知の事柄を組み合わせることで、ダン・スペルベルは、問題をわかりやすく描き出している。著者の解釈範型は、出来事を因果的に経験に照らし論駁可能な形で結びつけたものである。彼は対応する問いを立て、この範型に収まらない観察結果を「さっそく」書きとめ、話を「間違い」だとみなす。しかしそうなのだろうか?「間違い」という表現は、経験科学的な解釈範型と結びつく場合には、それ自体がある文化的なシンボル‐組織の構成要素であり、しかも重要な点でドルゼ族のそれとは異なっている。あるいは、著者は「市場の人の往来をながめ」、その事象を美的範型にしたがって、「その光景は快いものだ」と解釈する。けれども、その光景が彼に想起させる「ムフタール街に立つ市」はパリにある――それにパリにおいてさえ、すなわちエチオピアにおいてだけではなく、市場の行為者たちは自らの行為を美的定理で表現されるのとはまったく異なったかたちで解釈することだろう。

このように、解釈範型をめぐっては、「理論」と呼ばれるものが、しかも日常行為のレベルで問題となる。日常行為とはすなわち、シンボル的な構築物の秩序づけられた連関であり、そのなかで過去が理解可能となり、未来の行為が基礎づけ可能となる。この意味で、ガラス職人ヨーゼフ・ポイカートの以下の自己解釈にはさまざまな解釈範型が組み合わされ、かなり練り上げられた理論が含まれている。

「私がもっとも若かった頃の思い出は、現代社会のいたるところでさまざまな形をとって現れているような、悲しいプロレタリア階級の貧困のイメージである。このうえない貧困と窮乏のため、母はひどいプロレタリア階級特有の病を患い、早世した。私の郷里は、地域全体がイーザー山脈とリーゼン山脈の支脈に囲まれ、結核患者にとってはまさしく自然の保養地のはずであったにもかかわらず、その病は郷里の五分の二の人々の命を奪った。その山あいに住む人々の九割がガラス工場で生計をたてているのだが、その工場だけが、とりわけ「研磨工」や「送風工」の間に、絶え間なく犠牲者を生み出している。その生産品は、世界中の男女や子どもによって、真珠や結晶やボタンやブローチやイヤリングやその他の装飾品として消費されるが、際限のない苦しみと困窮と日々の生活がそのなかに結晶して輝いているとは認識されない。なかでも不況のとき、ガラス職人が生活に最低限必要なものさえ稼いで手に入れることができないときには、まさに私の幼い子ども時代がそうであったのだが、結核は最悪のものとなる」（EMMERICH 1974, S. 103）。

伝達の形式として自伝を選択することがすでに、出来事の**時間的な**配列についての態度決定を表しており、「回想」という要素を経験に導かれた時系列の連関に組み込むことを意味する。物質的な貧しさ、病気、そして死はひとつの**因果的な**解釈範型のなかで解釈されており、統計的な数値の提示は**証拠だての手段**としての規定をもつ。そして最後に——学問的な理論の形で表現するならば——自らの実存は、「生産品は、世界中で……真珠や結晶やボタンや……その他の装飾品として消費されるが、際限のない苦しみ……がそのなかに結晶して輝いている」という印象深い文章において、疎外と神秘化と商品交換という**連関における一契機**と解釈される。ある青少年局の報告書はこれとはまったく異なっている。

「Aは六人きょうだいの三番目の子どもで、きょうだいのなかでただひとりの女子である。誕生の過程には問題はなかったようである。一九七二年のはじめまで、Aは家庭では問題を起こす気配は何もなかったようである。彼女は両親からの溺愛を受けた。Aは一九七二年に喫煙を始め、学校を休むようになり、放課後も家には戻らず、時には一晩中帰宅しないこともあった。○月○日に行ったY校のX校長との面会では、校長は次のように述べた。Aはすでに、調理やスポーツといった一部の教科ではもはや授業に出席していない。やがて彼女が学校に姿をみせる時間はわずかになった。Aは数年前から○○少年保護施設の世話になっている。彼女には在学中から、求職支援として、その施設から二カ所での短期の実習が紹介された。美容院の仕事では、Aはまったく口をきかなかった。個人営業の商店では、二日働いた後で姿をみせなくなった。彼女は自分の感情的な欲求を、周りの少年たちと入れ替わり立ち替わりかかわるなかで満足させようとし、少年保護施設はもはや、その欲求を制御し浄化することはできなかった」（A. Kirchherr 1975, S. 43ff.）。

たしかにこの報告のなかでも、出来事は時系列の範型にしたがって解釈されている。しかしながら時間的順序は、明らかにある仮説によって構造化された出来事で構成されている。この仮説では、家族内の位置、逸脱と規定された行動、そして施設とのかかわりが重要な変数である（「きょうだい」のなかでの立場、「両親からの溺愛」、「問題を起こす気配は何もなかった」、「時には一晩中帰宅しないこともあった」、「喫煙を始めた」、「学校を休むようになった」、「授業」、「少年保護施設」、「求職」など）。最後に、興味深いのは、読者が知ら**ない**こと、すなわち少女の動機や意図、テクストのなかではごく簡単にしか暗示されていない社会的関係が彼女自身にとってもつ意味、彼女がそのなかで成長し、生活している、社会経済的な環境のコンテクストなどである。この少女にインフォーマルなインタビューを行うならば、そこから青少年局の報告書に含まれているものとは異なる解釈範型が現れることはかなり確実だろう。もっとも、「ラベリング論」、「スティグマ」の概念、「レッテル貼り」などが基礎的研究過程における概念上の道具立てとなっている事実を考慮するなら、これはとるにたらない確認でしかない。ともあれ、ここで私にとって問題なのは以下の点だけである。

―インデックスとなる表現やパースペクティヴの互換性といった解釈範型は、有意味な行為の基盤に属している、というテーゼ。

―インデックス、さらにパースペクティヴの互換性、標準的形式、他の可能性《エトセトラ》の想定などもそうだが、それらがそのつどその特殊な規定性において記述可能となるには、まずもって私がそのインデックスが分節化されてくるところの解釈範型をも記述する必要がある、というテーゼ。
―私たちがある問題の「科学的」定義と呼ぶものは、そうした解釈範型を内容とするか、実現している、とするテーゼ。

私はこのアプローチを、近年我が国においてもさかんに議論されている社会科学的な研究方向との関連で、「教育学のエスノメソドロジー的関心」の表れと呼びたい。アメリカ社会が若者に対して取り結んだ関わりをフリーデンバーグ[*3]が「植民地的」と呼んで以来、教育科学はその対象認識においてエスノメソドロジー的方法の異化するまなざしを用いるべきだとする主張を新しいとはもはやいえないかもしれない。民族学者にとって自民族中心主義が意味するもの、それは教育学者にとっては科学的理論の文化中心主義を意味する。その科学的理論は、自分が対象としている生活世界の光のなかで自らを省察することをもはやしない。子ども時代への旅――こう語ることが許されるとすれば――、そしてまた青年時代への旅、ギムナジウム生徒の余暇世界への旅、囚人の生活世界への旅、労働者家庭の日常への旅、こうした旅は、想像するに、私たちにとって異国への旅と同じようなものなのだ(2)。

2　制度レベルで組織化された相互行為

ここで用いられている概念的道具立てとそこに含まれている理論には、容易に異論が向けられるだろう。それらは「非歴史的」なものではないか、と。このような非難が用いられる場合、それによって何が意味されているのかは必ずしもつねに明確ではない。とりわけその非難が強くなされる場合にはそうである。その考えうる多様な意味のなかから、私は次の二つだけ取り上げてみる。

1　概念や理論に適用される「非歴史的」という性格づけは、まず次のことを意味しうる。すなわちその理論や概念の使用者がその起源について考慮を払っておらず、その結果少なくとも、自分自身の思考が位置する歴史的場所を知らないかのような外見を抱かせる、ということである。この異論を真剣に受け止めるならば、この点について十分に考慮したと宣言することにはほとんど意味がない。同様に、たとえば多くの社会心理学的な相互行為理論で用いられる「損失‐利益」という表現や、その他の理論で用いられる「象徴交換」や「アイデンティティのバランス」といった表現が占める中心的な位置を考えると、こうした固有概念の歴史的規定性を一般的定式のなかで指摘しようとすることは、やはり意味のないことだろう。この問題の解明はおそらく、社会的な日常実践のインデックスとなる表現が、ある理論の専門用語に対していかなる関係に立つのか、という問題に向かわねばならないのかもしれない。しかしこれには別の問題も関係してくる。すなわち、定理に用いられる概念で表現されている事態は、その事態がインデックスの表現と解釈されることを可能とする歴史的枠組みのなかにしか存在しないのかどうか、という問題である。要するに、この課題に向かおうとする者は、認識批判的であると同時に歴史的な議論をする決心を固めなくてはならなくなる。けれどもそれは、今ここで私のなしうる範囲を超えている。

2　だがそれ以上に、理論や概念に「非歴史的」という表現が適用される場合、その理論や概念では認識対象の歴史的生成がもはや記述できないかたちで構成されてしまっていることをいっている可能性が考えられる。そうなると、これは必ずしも異論とはいえず、さしあたり、こう批判する者が明らかに認識の別の対象に関心があることを表明しているだけに過ぎなくなる。しかし、教育科学にとって相応しいと思えるのは、必ずそうしなければならないわけではないものの、対象の変化が概念上‐構成上の特徴という形をとって構築物へ受け入れられるような対象構成の仕方である。「相互行為と組織」というテーマは、まさにこの関心を表現するものであるようにみえる。すなわち、「組織」とは、今日の社会科学においても、日常行為においても、相互行為の歴史的に固有な条件に関連するある一定クラスの変数にとってインデックスとなる表現である。第一節での考察に続いて、いくつかの問題を提起したい。

教育的な出来事を一方では「組織」の面で、他方では「相互行為」の面で分類することは、近年の研究では比較的成果を収めてきた。私たちは、学校では学習が行われるだけでなく選別や正当化が行われること、あるいは——フレルマンの言葉を借りれば——適切な資格付与への準備がなされること、社会構造が再生産され、規範的忠誠さが強化されることを学んできた（Hurrelmann 1975, S. 149）。私たちはさらに、そのような性格と広がりをもつ課題の達成は、階層秩序、決定能力、役割規則、分業、生活時間、差異化などの特徴——すなわち、空間的に位置づけることのできる社会的構築物の名称としての「組織」という表現に包摂されうる特徴——に依存していることを学んできた。またフレルマンは、ヴェレンドルフを援用しつつ、結論に着目しながら、今日の知の状況を次のような一般的仮説にまとめている。「すべての参加者は、学校システムのなかではいかなる条件のもとで行為すべきか、いかなる価値を受け入れるべきか、いかなる支配的構造に適応すべきかをシンボル的な表象を手段として理解する」（Hurrelmann 1975, S. 155）。別の「教育的領野」についても類似したことが主張できる。

―**ソーシャル・ワーカー**の行為空間や、クライエントに対するその関係、相互性の仮説を仮想的に想定するだけでなく具体化するその能力は、おそらく、**青少年局**における権限の配分や、実施されている分業や、規定された事例の法的形式などに応じて変化する。

―**施設における子どもや青少年**の集団関係は、集団の大きさ、職員の役割規定、施設の大きさ、計画的ないしは非計画的な環境などに左右される。

―**療法的**カウンセリングは、おそらく、カウンセラーがどの程度専門性を備えているか、いかなる経済的形式のなかでカウンセリングがなされるか、外来でのカウンセリングかそれとも入院してのカウンセリングか、クライエントの選択について制度上の規則はあるか、もしあるとすればどのような規則か、などに応じて変化する。

―同様のことは明らかに**家族**についてもいえる。市民的小家族という組織の成立は、その相互行為の連関にきわめて大きな影響を及ぼし、また場合によってはむしろ固有の病理なども生み出した。

もっとも、少なくとも最後の事例［訳注：家族］については「組織」という表現の使用は問題があるようにみえるかもしれない。私にとって納得のいく、また目的にもかなった規定であると思えるのは、ルーマン（1975）がかつて社会的扶助システムとの関係で暗示的に用いた規定である。それにしたがえば、組織とは社会的な規則なのであり、援助が感覚的－感情移入的に促されない場合でさえ――たとえば、扶助の必要性が具体的直観的にはある点からみて大変に大きくなってはいるものの、具体的事例が意味する**かもしれない**扶助要請を個人的には拒否することを許すような認知シェーマが生じるような場合でさえ――、継続的な象徴交換や物質交換が可能となるような規則のことなのである。上のような状況では、動機とは無関係に扶助の実施が保障されなければならないのである。

つまり、一見するとこの規定は、家族やカウンセリングの会話や療法を目的とした生活共同体とは一致しないようにみえる――しかしそれは最初の一瞥**だけ**である。私には、「組織」と呼ばれる空間的に位置づけ可能な社会的構築物は、あらゆる相互行為の本質的要素がとりわけ明確に固定されたもの、いわば「凍結した」構成要素――社会的に重要とみなされた相互行為が、特殊な状況や動機とは無関係に、その形式を保持することをより確実に支える要素――にほかならないように思われる。私にとって興味深いのは、イメージを用いて語り続けるならば、「凍結」ないしは「解凍」という出来事である。こうした理由から、私は、**「組織」という表現を相互行為のある次元を特徴づけるために用いること**を提案する。

たとえ語源学的な再構成が歴史的証明力を備えていないとしても——それは歴史的な過程の原因ではなくむしろ帰結を示すからなのだが——、起源となった言葉の意味を想起することには役立つものである。「組織(Organisation)」という言葉は、「装置、道具」を意味するギリシア語の「オルガノン(organon)」に由来し、この語はさらに「働く、活動する、道具を用いる」を意味する「エルガトソマイ(ergatsomai = *εργαζομαι*)」にさかのぼる。この意味は——繰り返すが、これによっては何も証明されないのだが——私には親近感が感じられるもので、まさに私が言わんとすることを表してくれている。道具はそれに固有の二重の意味をもつ。一方で道具は、何ごとかを引き起こし、加工し、仕上げるための手段である。他方でそれは、そのような活動のみならず、相互行為のプラグマティックなコンテクストを、しかも特殊な状況や動機とは無関係に、象徴的に示す。織機の台座、手機織、自動織機、制御盤、プラトン的対話、スコラ学の討論、ペン軸、振り子、社会科学的方法などはその例である。

ここで実例をひとつ挙げよう。ある障害児教育施設が、新しい構想の展開と実現を試みるにあたり、私たちに協力してもらえるかどうか打診してきた。一八カ月以上にわたって続いたカウンセリングの過程は、次のような段階を経ながら進行した。

1　私たちは定期的に職員と会議を開き、職員による状況判断、情報と決定の規則、表面化しているコンフリクトなどの図表を作り、職員は新しい構想を提案する議論に参加した。

2　私たちは職員に対し、非指示的な対話療法の規則にしたがいつつ、非構造化インタビューを実施した。その評価からは、施設の状況に対する職員の解釈の、きわめてコンフリクトに満ちたイメージが明らかになった。

すべての解釈に共通していたのは、子どもや青少年がすべてにおいて世話されていると感じながら生活していないという批判、役割の専門化に対する批判、意欲と能力との乖離が切実に体験されていること、問題がしばしば主観的に規定されてしまうこと、主観的解釈は期待される行為目標に導かないという事実に直面したときの罪悪感などであった。

3　施設の職員と議論しながらなされたインタビューの評価をもとに、私たちは施設の組織改革を提案した。その提案は職員自身が決定した行為目標すべてに関連するものであった。給与基準で定められた財源枠の条件のもとで私たちは次のような提案をした（ここでは簡略化して示す）。

—子どもと青少年の数を三八人から二一人に減らすこと。

—職員グループの数を五つに減らすこと。

—グループは給与基準について全権を握り、あらゆる再生産の機能において主権をもつという意味で会計単位となること。

—事務職員と専門的資格をもつ療法職員はそれぞれのグループに組み込まれ、その職務の遂行のため配置されること。

—それぞれの世話役割（調理員、清掃要員、教育係、療法士等）への専門化は可能な限り統合されること。教育者の役割は統合的なものと捉えること。

—教育者の総労働時間（調理等を含む）はそれ以前と同じとすること。

4　この「組織的な中間目標」——それらは、子どもや青年との満足のいく相互行為のために必要ないくつかの前提にすぎないものであった——の実現は、職員の間に目標への合意が存在していたにもかかわらず、大きな困難に直面した。決定的な障壁となったのは、私の見方が正しければ、教育者の職務上の行為に関する新しい定義であった。明らかに私たちの計画は、たとえそれがどれほどささいなものであったとしても、ある「教育的な構想の実現」が個人とは無関係な形式的条件の再編にとどまるものではなく、施設職員の行為と解釈のレパートリーの再編も同時に問題となることを白日の下にさらしたのであった。

これらの経験から、私は次のような結論を導き出す。まず、教育行為の領野の変化に関心をもつ場合、「状況」が個々人の行為レパートリーとして「存在する」という事態を言葉にすることなく、「状況」について語ることは意味がない。もっとも、個々の主体から独立した（「相互主体的な」）存在様式と意味を考慮することなしに、そのような行為レパートリーについて議論することも、同じように意味があることとは思われない。私は、マルクスがフォイエルバッハに関する第三テーゼで述べていることを、この意味で解釈する。「環境と教育の変化に関する唯物論的教説は、環境が人間によって変えられ、そして教育者自身が教育されねばならぬことを忘れている」（Marx 1958, S. 5f.〔邦訳三頁〕）。同様のことが『ドイツ・イデオロギー』でも述べられている。「諸個人の諸関係はいかなる事情のもとでも彼らの相互のふるまい以外のなにものでもあり**えない**」（a. a. O., S. 423〔邦訳四七四頁〕）。もっとも、この相互の行動は、次のようにも考えられなければならない。すなわち、その行動は、相互に行為しあう個人の相互性から帰結するのみならず、いわば客観的に具体化されており、後続の行動に対して社会的状況の形をとった先行条件として機能し、「われわれの手におえず……われわれ以上のなにか物的な力」（a. a. O., S. 33〔邦訳二九頁〕）にさえなるのだ、と。ただ、これがどれほど説得力のあるものであるとしても、ここには、「唯物論的な」社会化理論や相互行為論の可能性についての、今日の議論においてさえ記述されるだけで決して解決されていない理論的ジレンマを超えるものが示されているわけではない。(4) しかしおそらく次のことは確認できる。すなわち、個人の相互的な交通の特殊事例としての教育的行為は、教育者が自身の行為に確実性と継続性と有効性を与える、ないしは与えようとする要素によってつねに道具化されるのだ、と。それを行う道具、すなわち「状況」の構成要素とは、彼の依拠する行為範型、彼の採る方法であり、彼の用いる対象と関係の定義——したがってまた彼の「カリキュラム」、織機、下げ振り、電子計算機、さらには彼の労働時間、彼の言葉、自分自身の身体に対する彼の関係——である。「組織」概念の変化、社会学におけるこの概念の一般的な理解の後に生じた変化は、少なくともこの行為範型と定義という点での変化である。問題領域を、二つの変数クラスとしての組織と相互行為——一方は他方の条件として仮定される——という基準にしたがって理論的に構成することは、たしかに多くの問題設定にとって——もちろん教育システムの分野においても——有用である。しかしながら私は、フレルマンが語っているあの「相互行為の範型」の「シンボル的表現」は、もし人が「相互行為の範型」の変化に関心をもつのであれば、別の理論構成を必要とするのではないかと推測する。すなわち、求められているのは少なくとも次のような理論、すなわち教育的相互行為の組織性を、その行為遂行の際の道具使用や、そこでシンボル化されている行為範型で記述することによって、歴史の物的プロセスを発見できるような理論である。

3　「交通形態」のレベルで組織によって規定された相互行為

ブルデューは、主体間の教育的行為の規則性を解明するには「ハビトゥス」という概念がふさわしいとする分析的仮説を提示している。この規則性は、相互行為一般の基礎的諸条件からも、この（ないしはあの）制度がもつ歴史的に特殊な諸条件からも説明されることができず、それぞれ歴史的に特殊な社会がもつ、再生産への関心からのみ説明されるものである。これによってブルデューは、相互行為の組織規定性の第三のレベル、教育システムのアルゴリズムのようなものが定式可能となるに違いない、そのようなレベルについて論じている（Bourdieu 1973, S. 125ff.〔邦訳一二六頁以下〕）。ブルデューにとって「ハビトゥス」とは、「個人のただなかにこそ存在する集団を発見する」試みを象徴的に表現したものであり（Bourdieu 1973, S. 132〔邦訳一三一頁〕）、個々人を――私たちの言い方でしたがえば、個々の教育的な相互行為を――「自分の集団や時代」と結びつけ、「外面的にはもっとも独特に見える彼の創造行為を……方向づけ導く」ものである（ebd.〔同上〕）。この有望な学問的プログラムを、ブルデューはまずゴシック建築を例に描き出し次のように一般化して述べる。「文化の伝承があるひとつの学校によって独占されている社会では、人間による諸作品……を結びつける深い類縁性の原理は、学校制度のなかにあるのである。というのは、学校制度は……無意識的な（あるいは意識の深層に入りこんだ）諸図式からなるシステムをそなえた諸個人――このシステムが彼らの文化を、より的確にいえば彼らのハビトゥスを形成する――を、生産するからである」（a. a. O., S. 139〔邦訳一三五頁〕）。それは、「一つの文化に特有なあらゆる思考、知覚、行為を……生むことを可能にする」範型のシステム（a. a. O., S. 143〔邦訳一三七頁〕）であり、すなわち文化の一種の生成文法（vgl. auch Bourdieu 1973, besonders S. 44ff.）である。

　ブルデューがマルクス主義の「交通形態」[*4]という概念を参照している箇所はないが、それでも少なくともひとつの観点において類似性は見過ごせないように思われる。私たちの対象に関連づけ私は次のように指摘したい。すなわち、両者とも――さらにいえば構造主義的な民族学においても――社会形成にとってそれぞれ特有な、主体間の行為の規則の原理、表面上は個人に固有にみえる相互行為の範型と、組織規定性の第二段階に根ざす制度的な相互行為の範型とを、ともに生み出すような原理の存在の解明に関心が向けられている、と。

ドゥームとオットマイヤーは、私の理解が正しければ、この仮定から出発し、しかも問題設定においてマルクス主義的なヴァージョンを示している。

「自我アイデンティティの構成要素となってしまった強制、すなわち他者のパースペクティヴを不信とともに予見することは……経済的な意味での交換関係に……限定されたままではすまない。慣習化した不信は、社会的な相互行為の他の領域や形式にも波及しているはずである」（Ottomeyer 1974, S. 96）。ドゥームの論証の様相もこれと類似している。「自分自身の労働力を商品として売却すること、そこにはきわめて特殊な人間相互間の関係が表現されている。人間は彼の人格の一部（労働力）を自分自身から切り離し、それを他人に商品として提供する。こうした人間とその特性との分離に、この二人の人間ないしは二つの階級の関係は基づいている。人口の圧倒的多数は実存主義的にみてそのような関係へと割り振られているので、個人から彼の人格の一部を切り離すことは、資本主義社会における人間関係の一般的な基礎となっている」（Duhm 1975, S. 82）。この引用のなかで幅をきかせている心理学的な神秘論や、オットマイヤーからの引用にみられる相互行為論的命題の誤解や、さらにこの二人の著者は、自らがなしていることを明らかに誤解しながら、せいぜい推測の域を超えることはなく基本的には単に分析的な地位をもつにすぎない事柄を、経験的な確実性として表明しているという事実は、ここでは私の関心を引かない。むしろ私の関心を引くのは、ドゥームのいう「一般的な基礎」、オットマイヤーのいう一種の「波及」のような、そのなかで組織によって規定された相互行為の二つのクラス——その一方が他方にとっての生成原理を含むはずの——が定義される、理論的枠組みの方である。組織によって規定された相互行為のクラスのひとつは、マクロ社会的領域に根をおろしており、マルクスが「交通形態」と呼ぶ、商品交換と商品生産の制度化された規則において経験的に把握されうる現象を包括する。組織化された相互行為のもうひとつのクラスは、教育的領野における、経験的に記述可能で特殊な相互行為の形式を包括する（マルクス主義的‐相互行為論的な文献で好んで取り上げられる対象事例は家族である）。出来事の二つのクラスは、相互行為の組織という同一の原理を基礎としてもつこと、あるいはこの二つのクラスの相互行為は――ブルデューとともに語るならば――同じハビトゥスを再生産すること、これこそが発見的で、しかもこれまでのところ十分に活かされていない仮説である。オットマイヤーはここで――私が彼を正しく理解しているならば――連関の解明にひとつの分類枠組みを暗に示している。その枠組みでは、経済的領域のみならず、同時に「状況」と「行動」を区別し、この両者のあいだに、持続性をもって存在する（たとえば家族などの）特殊な制度ないしは組織において示される相互行為の規則が想定されている。これを図式的に示せば次のようになるであろう［四九頁の図を参照］。

この分類にしたがえば、教育的領野は明らかに、さまざまな仕方で経済的領域へ方向づけられている。いわゆる専門教育のセクターでは（さまざまな切り詰めをともないつつも）なお比較的順調に進行しているかもしれないが、今日の条件のもとではもっぱら家庭が引き受けている第一次社会化については、理論的問題がより複雑な仕方で立てられる(5)。より一般的に、また仮定として表現するならば、支配的な「フィギュレーション」(6)*5の性格ゆえに教育者（親、教育担当者、教師など）が「被教育者（Educandus）」の主観的で特殊な精神状態を真剣に考慮するよう強いられることによって教育的領野が規定されてくる程度が増せば増すほど、交通形態と相互行為の形式との連関がいかに規定されうるのか、という理論的問いはますます複雑なものとなってくる。今日ではこの規定について以下三つの仮説的解答様態が議論に値するように思われる。

1　生産と流通の領域で支配的な交通形態は、消費の領域にも、また明らかに秩序づけの難しいさまざまな教育的領野の諸領域にも当てはまる仕方で、個人の相互行為の慣習に何らかの「影響を与える」。ドゥームはこの

	流通	生産	消費
状況			
持続性をもって存在する相互行為の形式（規則）			
個々の相互行為の諸問題			

見解に立っているようにみえる。A・オスターラントも同様であり、彼女は次のように記している。「社会化という特殊な生産の領域では、母親はある相互行為の形式の構造を、すなわち——見方を変えると——資本主義的な商品生産の「交通形態」として分類される相互行為の形式の構造を、正確に再生産していることが確認される」（Osterland 1976, S. 121）。もっともそのためには、なぜある領域に当てはまる相互行為の範型が他の領域においても個人によって実践されるのかを説明する、心理学的転移理論の解説が必要となってくるだろう。

2　そのような、おそらくはかなりナイーヴな「模写」仮定にしたがうことに納得できない場合には、交通形態と相互行為の形式の連関を領域特殊的なものと規定するオットマイヤーの解答が説得性のあるものに思われる。これが意味するところは、今日の——そして**私の**みるところ**単に**資本主義的であるばかりではない——諸条件にとっては、個人の社会的な行動は、一部は通用している経済的な規則のもとで強制され（抽象労働、商品交換、能力やその等価物の数量化など）、一部は経済的領域からの負荷に対し補償的である、ということである。[7] この仮説を説得的なものにするためには、たとえば、職場の苛酷さの確認が家庭内での「補償」としての相互行為の範型を論理的に説明できるような理論解説が必要となるだろう。

3　最後に、今日の議論において、問題解決のための第三の発見的アプローチが明らかになっている。それは、一般的で——社会的なハビトゥスの歴史的形式を規定するほどに基本的である、ということもできる——、それゆえすべての重要な相互行為の領野において支配的であるような、主体間の行為シェーマの探究である。これについても、オットマイヤーはそのようなシェーマを発見しようと試みてきた。「個人間の関係の抽象性」ないしは相互行為のパートナーの「共有された具象性」の喪失などがそれである。このことは、生産の領域では道具化の進行や労働過程の量的側面への関心の集中において、[8]また家庭では「コミュニケーション関係の側面が内容の側面を上回っていること」において明らかになっている（OTTOMEYER 1974, S. 130）。[9]したがって、このようなアプローチの本質的な研究課題は、相互行為の基本的範型やそれと同時に歴史的にみて基本的な意味のシェーマを教育的領野における交通形態レベルにおいても相互行為レベルにおいても記述できるような相互行為の次元を解明することにあるのかもしれない。

こうしたアプローチは有望であり、興味深いものに思われる。またそれは、特殊な相互行為も、一定の社会形成内部における（組織によって規定された社会的構築物の形式をとった）「持続的に存在する」道具立ても、ともにしたがうような根本規則の定式化を可能にするかもしれない。民族学における構造主義的な方法と同様に、このようにして、私たちの教育システムの隠された「シンタクス」を解明し（文化的形成物としてのハビトゥスを把握するにとどまらず）、理論的に根拠づけられたオールタナティヴ——そのなかでは、解釈と行為、関係と内容、教育と経済が媒介される——を構築することに成功するかもしれない。冒頭で引用したトーマス・ベルンハルトのテクストは、まさにこのようなパースペクティヴを語っていたように私には思えたのである。それは、象徴的に圧縮された形においてではあるものの、解答をあらかじめ示すのではなく、まずは課題を研究者に示すような仕方で。

注

（1）このことは、「ラベリング」問題は原理的に、権力構造によって歪められた相互行為の特殊事例ではなく、世界解釈の基本的な事態を表していることを示唆するものである。それにしたがえば、「ラベリング・アプローチ」が批判的に分析しているような、ある特性を誰かに帰属させるという現象は、特殊かつ歴史的なものであり、その可能性の条件はあらゆる相互行為の「指標性」のなかに求められなければならない。

（2）「行為研究者」が研究過程における「主体－客体－関係」の止揚を要求する場合にもくろんでいることの、ひとつの――そしておそらくもっとも重要な――構成要素は、民族学的な立場のなかに、比較的精緻に、とりわけ誤解の少ない形で定式化されているように私には思われる。それゆえ、社会科学がもっぱらそのなかで営まれている形式に対してエスノメソドロジーが掲げる主要な異論とは、「社会科学は日常的な行為のアリーナから外に出ており、その具体化する道具立てを用いて、「その下で」自分たちの目前で展開されている事象を観察する」（WEINGARTEN/SACK/SCHEINKEIN 1976, S. 20）というものである。

（3）オットマイヤー（1974）は、正しく次のように指摘する。「諸個人の関係」は「人格的な」関係と同義ではない。なぜなら――マルクスの言葉によれば――「分業の内部では人格的諸関係は、必然的かつ不可避的に階級的諸関係にまで形成されていって固定する」（MEW, Bd. 3, S. 422［邦訳四七三頁］）からであり、「その（＝諸個人の：K. M.）個人的な行動と並んで、ある固有の、感覚的に認知可能な形態」をとるからである（OTTOMEYER 1974, S. 68）。

（4）「相互行為論の」論者が「諸関係」とともに抱える困難に対応するのは、「唯物論の」論者が「行動」とともに抱える困難である。後者は行動ないしは相互行為を従属変数としてしか理解していないかのような印象を、時々与える。というのも、相互行為論の研究に対して熱心に取り組まれた「批判」は、それに賛同するアピールをもはや支持しない立場に立つならば、その後に続く理論的なパースペクティヴという点で特異なほど空虚なままにとどまっているからである（これについては、最近の研究として、たとえばOSTERLAND 1976を参照）。もっとも、問題は、純粋に概念的な解明という手段や、怠慢や「隠蔽」といった相互非難という手段によっては解決できず、相互行為の過程の構造であれ（たとえばU・エーヴァーマンの研究のように）、社会化や相互行為の正確な歴史記述であれ（たとえばPh・アリエスやH・ローゼンバウムの研究にみられるように）、詳細にまで分け入る準備のできた研究活動によってのみ、解決できるように思われる。

（5）ロレンツァーの取り組み（1973）はその証拠である。オットマイヤーが明らかに、家族に「対抗環境」というラベルを貼る以外には、意識的に家族研究に着手していないという事実も、その証拠である。ネクト／クルーゲは、「女性の特殊な生産様式」、およびその家庭における相互行為との連関を示唆するなかで、その背後にいかなる問題が隠されているのかを非常に鋭く、しかし残念ながら綱領的にのみ指摘している（O. Negt/A. Kluge 1973（2. Aufl.）, S. 44）。

（6）「フィギュレーション」の概念については、N. Elias（1970）、および Mollenhauer/Brumlik/Wudtke（1975）, S. 160ff. を参照。

（7）「一方でそれ（消費の領域における社会的関係：K. M.）は、外的自然との対決における共同の対象的な世界の構成と、対象的な生産活動に取って替わられており、空虚なものになっているという意味において、抽象的である。他方でそれは、個人がそのもとに置かれている再生産の必要性に徹頭徹尾影響を受けているため、強制的な補償の性格を備えている」（Ottomeyer 1974, S. 128）。

（8）オットマイヤー（1974, S. 129, Anm. 7）はマルクスを引用している。「それゆえ、疎外された労働は、人間から彼の生産の対象を奪いとることによって、人間から彼の類生活を、彼の現実的な類的対象性を奪いとる」〔マルクス『経済学・哲学草稿』城塚登・田中吉六訳、岩波文庫、一九六四年、九七頁〕。

（9）このような記述が正確かつ適切かどうかは、私には疑わしく思える。「脱対象化」と「関係の側面の上回り」の明らかな同一視は——少なくとも「対象性」という表現がもっぱら外的自然との対決に関係づけられている場合には——歴史的にみてきわめて不正確である。主体間のコミュニケーションの主題（すなわちその内容）は、外的自然との対決の様相が変化するにしたがって変化する、という仮説のほうが、私には少なくとももっともらしく思われる。エリアス（1939）はすでにそのことを示していた。生き延びるという物理的な問題の切迫性と相互行為の主題（内容の側面）は、「類的対象性」という問題からより大きく解放されればされるほど、個人の感情の計算が相互行為の主題としてますます重要になる、という形で明らかにともに変化しあう。その場合、「感情のモデル化」（エリアス）は、内容となる。類的対象性の「喪失」の代わりに、類的対象性からの「解放」ということもできる。どれほど多くの問題がここでなお解明されなければならないか、言い換えれば、問題を解決する以前に、どれほど多くの問題がなお明確に規定されなければならないかが予感される。

訳注

＊1　私に課せられたテーマ　この論文は当初、ドイツ教育学会理事会からの求めに応じて、「教育的領野における相互行為と組織」をテーマとした大会シンポジウムの講演原稿として著された。巻末の「初出一覧」も参照のこと。なお、少し後の箇所で、モレンハウアーは、理事会によるテーマの捉え方に異を唱えている。

＊2　すでに伝統となった論争　ドイツ教育学界において一九六〇年代後半以降展開された、教育現象を社会的諸関係の表現として解釈する立場と、具体的な相互行為や相互主観的な過程の分析を通して理解しようとする立場の間の論争。その典型は、この箇所に続いて言及されているマルクス主義的‐唯物論的立場と、相互行為論的立場の論争である。モレンハウアーはこの対立を見かけ上のものとして退け、社会的‐文化的に一般化されるものと具体的‐対人的な相互行為における現実の構成という二つの観点の媒介を問うている。

＊3　フリーデンバーグ Edgar Zodiag Friedenberg（1921‐　）　アメリカの心理学者。著書 Coming of Age in America（1965）のなかで、現代社会に対して若者が経済的に依存している状態を植民地に喩えた。

＊4　交通形態 Verkehrsformen　主に『ドイツ・イデオロギー』で用いられている、生産をめぐって形づくられる人間どうしの関わりを指す概念で、「生産関係」とほぼ同義である。諸個人の活動や表出の条件であり、また諸個人の活動や表出によって生産されるもの、と説明されており（cf. MEW, Bd. 3, S. 71f.［邦訳六七頁以下］）、ブルデューのハビトゥス概念との類似性を見て取ることができる。

＊5　フィギュレーション Figuration　個人と社会という社会学的な二元論を批判し、両者が相互依存の関係にある一体のものであることを示すために導入された概念。エリアスはこの概念を採用した理由について、「社会」と命名されているものが、社会なしに存在する個人の特性の抽象ではなく、また、個人の彼方にある「体系」ないし「総体」でもなく、むしろ個人によって形成される相互依存の編み物そのものであることを、（中略）この概念が誤解の余地なく明確に表現しているから」（ELIAS 1969, Bd. 1, S. LXVII［邦訳（上）五〇頁以下］）と述べている。

第二章　未知の領域を探検する
——一五世紀イタリア・ルネサンス絵画の陶冶論的解釈

はじめに

絵画解釈は言語テクスト解釈と違った難しさをもたらす。この違い、きわめて自明かもしれないが、思い起こす必要はあると思う。絵画はいわば一瞬で、言語テクストは時間をかけて伝達内容を示す。少なくとも、私たちの文字体系では、テクストにアナロジー記号が使用されることはない。したがって、テクスト読解は書記素に意味を割り当てていく不断の「練習問題」となる。この場合、私たちは、絶えず日々行われている練習問題（「今、～と言ったけど、それいったいどういう意味？」）に立脚している。だが、絵画を通してのコミュニケーションはこのような言語規則に基づいてなされているのではない。たしかに絵画も言語テクストも、ある「シンタクス（構文法）」をもつ。しかし、書かれた（話された）文章においては、直接的に、主語と述語、時制、連体修飾語などを同定することができる。だが、絵画の場合、このような能力を同じ信頼性で使用しているとは思われない。同じことが意味論についてもあてはまる。言葉の場合、たとえそれが一五世紀の初期標準ドイツ語で書かれているとしても、その意味の大方の部分は理解できるが、同じ時代の絵画の場合、その理解の程度はもはや本質的に低くなってしまう。なぜなら、絵画の意味論的構成要素（犬、花、カバラ的記号、頭巾、身振りなど）の意味がもはや私たちにとって馴染みのないものだからである。古いテクストの場合、わからない箇所があることに気づくのに、たいていいくぶんか時間がかかる。これに対し絵画の場合、この理解不能に気づくのはもっと早い。こうしたことすべては、私たちが（いまだ）文字的、すなわちほとんど識字化されきった文化に住んでいるという事実の産物なのかもしれない。絵画は、だから、私たちの生活の日常にとって、生活の意味を解釈する担い手としてなくてはならないというわけではもはやない。よって、私たちの絵画を解読する能力は、絵画のシグナル機能の知覚にまで縮減してしまっている。よって、絵画理解、とりわけ芸術作品の理解は、以下の二つの意味で教育学者にとって重要な課題と私には思われるのである。まず、過去の時代の生活形式の理解、教育において伝達された文化の理解のために。次に、私たちが今日子どもたちのために担わなければならない実践的課題の練習のために。以下で私が試みることは、ある一枚の絵の解釈である。もっとも、この絵、一度見て、いや二度見たとしても、表面上は教育や陶冶となんら関係ないように見えるものではあるのだが。このエッセイ論文の「陶冶論的視点」がいくつかの指摘によって説明されねばならない。「陶冶論的」という言葉で私が意味することは、個人の文化的伝統との取り組みを主題とするような問題圏であり、この個人の取り組みの中で生じる事柄のことである。こうした概括的主題設定の下で浮かび上がってくる部分問題は、誰にも明らかなように、事柄の歴史的で特殊な表象や、それに関して主張されている解釈の多様性と同じくらい多様である。とくに後者の議論に介入するつもりはないが、このエッセイ論文の見方を素描しておくことだけはしておきたい。1、陶冶過程の形成はそのつどそのつど歴史的に規定された規則にしたがう。2、陶冶過程は学校だけで起こるわけではない。社会領域のどこでも起きている。3、規則は、後の世代の陶冶をはっきり中心主題に据えている社会施設のなかだけでなく、生活形式のどんな産物においても表現されている。4、生活形式が含んでいる、もしくはそれが産み出した所産はどんなものであれ、可能性という点では、陶冶に関連している。それは、個人の陶冶で生じるものであればなんでも生活形式に関連してくるのと同じである。5、生活形式を表現している所産の分析（したがって、学校、経歴、絵画、家計、経済交流の形式、社交、小説、入植の形式などの分析）は、それゆえ、もしその生活形式が根本構造の点で生活形式の現れと見なされるのであれば、同時に陶冶構造の分析にもなる。

たとえば、アドルノやアリエス、ベンヤミンやエリアス、フォン・ヘンティヒやブルデュー、フーコーらの仕事の独特な魅力は、陶冶問題と文化所産のあいだにある解消しがたい連関を、暗示される場合の方が多いとはしても、浮き彫りにしているからだと思われる。したがって、文化所産との（学問的）取り組みは、それが文化全般にわたってなされる場合はなおさらであるが、その対象となる文化形成が不均等で異質なものを含む場合であったとしても、陶冶論的考察の一部分を成す。

私の解釈は一種の回り道を採る。けれども、この回り道は、すでに教育学的な道である。すなわち、この道は大変扱いにくい対象に通じている。だから、それは労力や忍耐、そして「情熱」を要求する。それは全体と細部に取り組むことに通じ、もしうまくいけば、その時代における教育と陶冶の基底としての「世界観」を理解することに達する。私は論拠づけられ伝承に価するとされた世界観や自己観をもたない責任ある教育など考えられないので、歴史的他者との取り組み、その当時において教育と陶冶の根底を成していたものとの取り組みは、教育学にとって必須な練習問題でもある。私たちの社会的に制度化された陶冶過程の内部において、造形芸術との取り組みが（たとえば言語芸術とは違って）軽視されていることは問題である。教育科学がこの態度を繰り返している。たとえば、教育学の歴史記述のなかで、絵画はただ言語的ドキュメントの例示としてしか現れてこない。これと結びついているのが、あたかも芸術作品が歴史的事実の解明とほとんど関連がないとするような、芸術作品に対する独特な自制である。まったくもってなぜこんなことになるのか。社会現象の表層に関してこのことは受け入れられるかもしれない。しかし、もし深層構造に関心を寄せるのであれば、この意見は時代遅れである。「教養市民的」な順応主義的芸術活動と「下部構造―上部構造」という理論素が、ともに、このゆがみをもたらしたのだ（SAHLINS 1981 参照）。ピエロ・デッラ・フランチェスカ、ヤン・ファン・アイク、フェルメール・ファン・デルフト、ゴヤ、ファン・ゴッホ、マックス・エルンストらの絵画が私たちに課してくる諸問題に直面するとき、審美主義的消費も社会「現実的」態度も、根本において、文化敵対的ハビトゥスの、滑稽だが互いに補完し合う構成要素であることがわかる。これに対し私は、芸術が教育学者にとっても（というか、とりわけ教育学者にとっては）認識媒体であり、実証的研究より信頼性が低いということはないと主張したい。なによりも、芸術と取り組むことは、教育科学者をして何が伝達する必要があるものなのかという問いに否応なく答えざるをえなくさせるのである。私は以下の順序で自分の考察をまとめていくつもりである。

1　解釈対象への簡単な注釈
2　いくつかの形式的特徴の記述と解釈
3　絵画構成要素のイコノグラフィー
4　絵画の根本を成している意味構造を規定する試み

しかしながら、以下の記述を教育科学上の議論への明確な注釈とするため、その議論が重要に見えてくるような仮説的枠組みを素描しておきたい。私は、近代の教育の歴史を、徐々に教育学的に望ましい方向と形をとる立場や実践へ向かう進展とはみていないし、その逆の過程ともみていない。ここでもあえて簡単に定式化すれば（おそらく簡単すぎるかもしれないが！）、近代の教育の歴史は、教育にとって意味ある「経験」を規定する試みと言い換えうる「難問」に骨身を削ってきた歴史のように思える。それが強く出ていた時期もあれば、あまり目立たない時期もあっただろうが。とりわけ、教育が社会計画の影響を受ける領域になっている場合（これはほとんど分析判断ではあるが）、たいてい、何が教育的に重要な経験なのかということの問題に対し、科学主義的解答が支配してきた。この問題は歴史的に解決されてはいないし、実践的にも理論的にもそうである。「啓蒙の弁証法」をめぐる議論、「システム」や「生活世界」をめぐる議論、「日常性への転換」、「反教育（学）」、薄暗闇で人生の収支決算する自伝の流行、成長率指向vsエコロジー指向、新しい神秘主義、造形芸術の問題設定なども、推測するところ、先の問題を暗示している。以上のことは、まったく新しい事柄というわけではないのだ。私の仮説によれば、初期ルネサンス以来、陶冶＝自己形成に関して何度も取り上げられ、しかし支配的な経済的文化的発展との対決のなかで何度も敗北してきた問題、これが重要なのである。そして、この問題は、その現代的で明確な定式を、歴史的再構成を通じて獲得するだろう。その際、陶冶論的問題、すなわち生活形式の問題や「世界観」の問題が重要となるのであって、その再構成を語の狭い意味での「教育（学）的なもの」に限定してはならない。

このような計画の枠組みでなされるこのエッセイは、おそらくモザイクの観を呈するだろう。モザイクの材料となる石を探すべく、私は、エラースムスやラベライスやパルケルスス、そしてコメニウス、一八世紀やロマン主義時代の自伝、ダダやシュールレアリスムなどのもとに赴くつもりである。その際、もう一つの関心を暗示しておいた。すなわち、教育学的思考をふたたび強力に教育とは異なる文化所産の発展と結びつけることである。しかも個々の作品と取り組むなかで行うつもりでいる。

1　解釈対象への注釈

私がじっくり考察しようとする絵画は初期ルネサンスの作品である（図版1参照、六三頁）。ある画家が、この絵を一四五九年の秋に描き始め、一四六〇年に完成させたのだが[1]、その画家の日常については、もし彼の絵や著作を「日常」に数え入れたくないと望むなら、ほとんど何も知られていないといってよい。画家の名はピエロ・デッラ・フランチェスカという。絵の題名は「キリストの鞭打ち（La Flagellazione）」[2]。ピエロは、この絵の制作年から推測できるように、また他の作品からもわかるように、完成させるのに時間のかかる画家だった。（少なくとも一四六〇年まで描いていたこの絵の場合はそうである。）この絵のためピエロは時間をかけたのだが、それは「物語」の構成のため、画面の塗りや人物の特徴付けのためだけではなく、あきらかにそれはまた、とりわけプロポーション、すなわち絵画の構成要素間の形式的関係のためでもあった。複製画は私の関心の対象に関しておおざっぱな印象しか与えてくれない（これは板絵で、五八×八一センチの大きさである）。最初の一瞥でまずわかることは、キリストの鞭打ちが扱われているということである。伝承された話を知る者は、さらにピラトを発見するものの、民衆と瀆神者がいないことに気づき、この場面を少々不思議に感じる。建物は、これと似た場面をもつ他の絵からわかることだが、さまざまなものからうまく合成されてはいるものの、全体として一貫した「様式」の印象を喚起するようになっている。

だがしかし、何かが私の眼のなかで、見るという活動のなかで生じている。私は、他の鑑賞者もみなゆっくり観ればそうだと思うが、視線が、鞭打ちの場面と前面右にいる三人の男たちの場面とのあいだを、いわば行ったり来たりしながら揺れ動く印象をもつのだ。この三人組はそれ自体一枚の絵であるように見える。いずれにしても、鞭打ちの場面への関連性を（一目では）そこに認めることはできず、まさに視線を右左、前後に揺さぶり続ける独特な思わせぶりな仕掛けだけがある。さらに以下のようなイコノグラフィー上の問題が生じてくる。

—絵の前面にいる三人のかなり違ったタイプの男たちは何者なのか。

—彼らは鞭打ちの場面に関してなんらかの特定できる意味をもつのか。

—私たちに背を向けているターバンを巻いた男は誰か。

—ピラトの奇妙なかぶり物は一体何か。

—建物の選択はその時代の芸術史的慣習なのか、それとも特別な意味をもつのか。


ここで私はパノフスキーの方法論的提案に依拠している（1978, S. 36ff.）。その提案とは、解釈の三つの段階ないしはレベルを区別するものである。すなわち、「自然な」主題の把握（「前イコノグラフィー的記述」）、「慣習的主題」の把握（「イコノグラフィー的分析」）、「本来の意味」ないしは「内容」の把握（イコノグラフィー的解釈）の三つである。パノフスキーは、さらに、（引用する論文は一九三九年にまず公刊されたが）第一のレベルを「疑似形式的」と規定し、むしろ日常の解釈の素朴な解釈行為に組み入れている。けれども、最近の解釈学上の議論、とくに記号理論的議論（たとえば M. Frank 1980）の概念装置は、この理解のレベルを単に前段階（「前イコノグラフィー的」）と把握するのではないきっかけを与えてくれる。むしろここにおいてすでに、すなわちイコノグラフィー的分析以前に、または比較的それとは独立に、独特な解釈学的課題が生じているのだ。それは単に「疑似形式的」なのではなく、その実質においてすでに形式問題である。これはシュライアマハーの「文法的」解釈という概念にすでに含まれていた見解であり、R・バルトの「形式」と「意味」と「概念」の区別においてまさにふたたび現れてきている（R. Barthes 1964, S. 88ff.）。（言語的ならびに非言語的）「テクスト」一般に当てはまる問題なのである。それどころか、最近の芸術展開においては、理解の第一のレベルがしばしば問題にされた。たとえば「構成主義的」画家は、純粋主義的に、美的形式的布置関係（したがって「形」や「シンタクス」）に集中しており、鑑賞者を前イコノグラフィー的形式的理解へとあえて引き戻そうとしている。この種の絵画を鑑賞するとき、パノフスキーのいう位相のヒエラルキーは逆転する。すなわち、ここではまさに自然なイコノグラフィー的接近は拒まれるし、これこそ日常的態度であることが明るみに出される。つまり、理解が可能になるのは、絵画の解釈者がその認識能力を構図と規則に集中する場合でしかない。その意味で、モデルネの芸術が目指すこの方向性は、ロマン主義に起源をもち、あえて語るとすれば、ピエロ・デッラ・フランチェスカにすでに先取りされていた古くからある解釈学的プログラムを完成させている。（この文脈で考えると、偉大な抽象画家のひとりA・カルデラーラがはっきりピエロを引き合いに出している事実は興味深いだろう。Jochims 1972を参照。）

一枚の絵、とくにピエロの絵のようなものは、形式的な観点からも構成されている。イコノグラフィー的問題は歴史的にのみ答えることができる。形式美学的問題に関しては、まずは少しばかり習練を積んだ注意力があれば十分である、それゆえ、この問題から始めよう。

2　いくつかの形式的特徴の記述と解釈

この絵が、細心の注意を払い、遠近法的、しかも中心遠近法的に構成されているということは、直接目に飛び込んでくる事実である。どこに消失点はあるのか(3)。これは簡単に測ってみることができる。それは、この絵を分割している四本の柱のうちでもっとも後ろにある柱のすこし左、しかも暗い壁の面のなかにある。これによってこの絵は、極端に近く相並び合ってはいるものの、いわば二つの「中心」をもつことになる。すなわち、消失点によって

図版１　ピエロ・デッラ・フランチェスカ「キリストの鞭打ち」(1460年頃)

規定されている遠近法的中心と、壁の暗い部分の右の境界線によって規定される幾何学的中心（背後の壁の水準に置かれたこの絵の正確に半分の部分を作り出す）である。この垂直線を鑑賞の方向づけと見なせば、実際、同じ大きさの、ただ画面上で結合されているだけの二枚の絵がそこにあるという印象が生じる。この印象はしかしすぐ不確かとなる。三つの理由から。すなわち、視線が、幾何学上の中心線の左横の消失点に誘導されてしまうからだし、鞭打ちしている人物の右腕が消失点と幾何学的中心線とを飛び越えているからだし、絵を分割している垂直線が、その絵を二等分しているにせよ、それは後ろの絵画平面においてだけだからである。手前の絵画平面においては右の「絵」は小さいが、近くにあるせいで大きく見える。だが、ふたたび平面にしたがって見ると、方向づけとしての垂直線のなかに絵の正確な中心を見たばあいであっても、後ろに広がる空間のせいで、右の絵は小さく見えてくる。この絵全体が提示している静けさにもかかわらず、冒頭にも指摘した私たちの視線がさらされる不安定な運動(4)は、おそらくこのように説得的に説明できる。

だが、もう一つの形式上の特徴が、消失点とこの絵を構成する他の構図上の諸要素との関係に関わっている。ピエロの絵画一般に特徴的なことではあるが、消失点が驚くほど深いところに、しかも、イコノグラフィー的にはいわば絵の**空所**に置かれているのである。これは決してふつうのことではない。たとえば、フィレンツェの芸術批評においても格別高く評価されていたピエロの同時代人マザッチオや、一世代若いレオナルドも、たいてい消失点を絵画平面の本質的に高いところに置き、同時に、イコノグラフィー的に重要な絵画構成要素（たとえば中心人物たるイエス、意味のある身振り、行為の幾何学上の中心、行為の中心の頭上など）のうえに置く。ピエロはそうしなかった。しかも執拗なまでにそうしなかった。ここでデータから確証できない解釈をあえて試みることになってしまうが、この効果は、遠近法的運動と幾何学的安定のあいだに、すなわち「深さ」と「表面」、行為と鑑賞のあいだに、あるコントラストを、ある対立関係を産み出すことになる。この対立関係は、しかし、対立を構成する二つの要素が**同時に**主張し相譲らない類いの対立関係である。

単なる形式美学的な特徴がすでに内容的指示を含むことが、ここまでの考察で明らかになった。言語学的メタファーを使って言えば、この絵画構文はもうすでに絵画意味論にある方向を指示しているのだ。この仮説はまだいくつかの観察の徹底によって確証されねばならない（この場合、私はM・イムダールの解釈にしたがっておきたい）。手前の柱と前の真中の若い男の頭との距離が、イエスの頭とこの柱のあいだの距離と同じなのである。さらにこの二人の足の置き方がほとんど同じである。左の天井の梁は、幾何学的に延長線を引いていくと、正確にイエスの頭を指し、さらに延長していくと髭のある男のつま先に行き着く。右の建物の屋根の幾何学的に傾斜した縁は、正確に若い男の頭を指し、延長すると右の鞭打ち人の足に行き着く。上で「対立」と呼んだものは、それゆえ、構造主義的意味合いではっきり理解されうるものなのである。すなわち、遠近法と幾何学は、この絵において、鑑賞者が採用しうる二つの「読解法」といえるだけでなく、事柄（その絵とそのメッセージ）が構成される二つの位相でもある。遠近法的読解内においては、左の天井の梁は絵の諸部分を**分離する**のだが、幾何学的読解内では、それを**結合する**。つまり、天井の梁は、絵画全体を構成する要素である「対立」を表現している。鞭打ちの場面は三人の人物と私たちに背を向けている傍観者から成っている。右前にいる三人も一人の傍観者をもっている。その［実際には描かれていない」傍観者は鞭打ちグループとの関連で補うように構成されている。（このことは、髭の男の視線から避けがたく生じてくる。どの程度「避けがたく」なのか、この傍観者は誰なのかは、後に明らかになるだろう。）イエスが立っている柱は、二つの前方にある柱のあいだの距離を正確に黄金分割している。

こうした類いの観察はもっと長く続けていける。（たとえば、イエスはオリジナルの絵では一七・八センチであるが、これは当時の伝説でイエスの身長と見なされていたサイズの正確に一〇分の一である、とか。）ここで「尺度と数の神秘主義」を語るイギリスの美術史家と同じように歩みを進める必要はない。ただ、この絵の形式的 - 美学的諸関係が偶然でも恣意的でもなく、非常に緻密に構成された「情報経路」の網の目であり、それはいわば時刻表のようなもので、内容的に何を意味し、何を意味しえないかを規定していることがわかれば十分である。

この主張を裏づけるもう一つの歴史的事実がある。ピエロは絵画遠近法について一冊の本（『絵画のための遠近法（De prospectiva pingendi）』）を、おそらく六〇歳頃になってからだったと思われるが、著している。E・パノフスキーの判断によれば、この種の主題に関して当時もっとも進んだ作品だったようである。すでに、L・A・アルベルティが一四三五年に長い論文で遠近法の問題を取り上げていたし、さらにその少し前には、とりわけF・ブルネッレスキ（一三七七―一四六六、フィレンツェの大聖堂とパラッツォ・ピッティの建築家）が、建築学的な遠近法に基づく素描**原理**を「発見」していた。たとえば、中世の大聖堂建築家もすでに遠近法的に描くことができた。しかし初期ルネサンスになってはじめて、この描画実践が理論的 - 幾何学的に根拠づけられた。つまり、昔から知られていたユークリッド幾何学を、その公理の理解を通して、任意の人間的 - 技術的技能領域へ適用することによりうやく成功したのだった。それも、興味深いことに「学者」ではなく「芸術家」が、である。すなわち、「理論」が、あれやこれやの制作行為の法則への洞察として、制作を導くべき、とされたのだ。

ルネサンスの画家にとってこの態度の変化がいかに重要だったかを、次の話が例示してくれる。一五〇六年ヴェネチアにいたデューラーは、そこから約一〇〇キロ離れたボローニャに移動した。それは「ある人が私に教授したいと言った透視画秘法の〝芸術〟のため」（Panofsky 1977 からの引用［邦訳二五四頁］）だった。当然のことだが、デューラーはこのときまで、フランドルの画家たち（たとえば、ヤン・ファン・アイク）がすでにそうだったように、遠近法的描画や絵画の実践は習得していた。その卓越さは造作もなく彼の絵に認めることができる。しかし、「技芸」、すなわち、そうした描き塗る実践の規則の知識をもっていたのはわずかの人だけであり、その知識を彼らは出版しなかったのである。だから、デューラーはこの技芸を知り用いる教師がいるということを知ったので、ボローニャへ向かったのだ。この「ある人物」が誰であるかはわかっていない。ひょっとしたらルカ・パチオーリという数学者だったかもしれないし、ボローニャ大学のある教授だったかもしれないし、建築家ブラマンテだったかもしれない。ブラマンテだったことを支持する人々は何人かいる。デューラーが期待したような仕方でこの問題を取り上げている唯一のテクスト、それがピエロ・デッラ・フランチェスカのテクスト『絵画のための遠近法』だった。ブラマンテはウルビーノにいて、それはまだピエロの存命中だったし、ピエロにも会っている。ブラマンテがピエロの遠近法に関する理論的著作を読んでいなかったとするには無理がある。他方、ピエロの論稿は当時出版されていなかったので（一八九九年になってようやく出版された）、ブラマンテは、このピエロの著作を読むことができた数少ない同時代人の一人であったと推測される。結論として、ブラマンテは建築家であっただけでなく、画家でもあったので、デューラーが大学の学者ではなく、彼を訪ねたとするのはありうる話なのだ。以上のことはすべて、仮説的推測であり、歴史的事実ではない。けれども、デューラーが、実践的にはすでに身につけていた技芸の理論的知識を学ぶため、ボローニャを訪ねたその目的の人物が、ピエロの著作を知っていた可能性は高い。遠近法の操作は、当時の画家にとって、本質的に、彼らの技能のレパートリーを広げてくれる新しいある一つの技以上のものだった。それは、世界を表現することを原理的理論的に基礎づけてくれる新しい方式だったのである。

左上からイエスの頭と絵の中心（消失点）を通り髭の男の足許を指すピエロの絵の天井の梁から延びてくる線は、以上のことを考慮すると、その意味がよりよく理解できる。すなわち、この線はもっとも強力な形式構成要素であり、遠近法的読解を強める働きをもつ。遠近法的により完璧な絵は他にないかもしれない。しかし同時に、その梁から延びる線は、その遠近法読解に対し幾何学的読解を対抗させていることも見逃しがたい。それは、まず、右の三人組においてはっきりと（金の刺繍のマントを着た男の足の位置とその横顔にはっきり示されている）、そしてじっくり鑑賞してはじめて間接的にわかることだが、徹底して遠近法的に構成された鞭打ちグループとその三人組のあいだに見られる既に言及した幾何学的関係において、表されている。この二つの絵画位相のあいだに、明らかに、同等性の関係（その二つの位相が同じ一つの絵に含まれているという意味で）とその差異性の関係（一方ではある事象を遠近法的に、他方ではもう一つの事象を平面的‐幾何学的にはっきりと見せる）が、すなわち、二つの「現実の位相」が存在するのだ。

こうしたすべてのことは、陶冶論的観点に立つ絵画解釈の場合、余計なものと見えるかもしれない。私はここでこうした解釈への最初の接近が必要なことを論証することはできない。私が指摘できることは、絵の形式的関係がどんなイコノグラフィー的規定にも**先立って**すでに意味を産み出さざるをえないある種の構造を含んでいることだけである。すなわち、

—消失点と絵画の中心とのあいだに生じるいらだちと、それに伴う鑑賞者の眼の移動。

—遠近法と平面幾何学の対立と、それに伴う二つの現実の位相。

—二つの場面の遠近法的分離と平面幾何学的結合、それに伴う分離された現実の位相の結合。

この絵のもっとも巧妙な構成法は、鑑賞者や目撃者の（すなわち絵の鑑賞者である私自身の）構成にあるように思われる。すなわち、絵のなかにすでに目撃者がおり、その目撃者が絵の鑑賞者である私たちと同期している。すなわち、私たちに背を向けている鞭打ち場面の目撃者がいる。絵のこの部分を観るならば、私たちは鞭打ちの

目撃者であるだけでなく、鞭打ちの目撃者の目撃者でもある。絵の右の部分に眼を向けるならば、私たちは対話の目撃者である。そのうえ、この三人グループは想像上の目撃者／聞き手をもつ。これは髭の男の視線や語りの方向に示されている。しかし私たちがこの絵を全体として視野におさめようと試みるなら、私たちは鞭打ちの目撃者の面前でなされている対話の目撃者となる。近代のターム（この箇所ではおそらくそれほど説得的でないかもしれないが）を使ってこういえるのではないだろうか。この絵は目撃者としての私たちのアイデンティティをぐらつかせるのだ、と。だが、何をめぐってそうなのか。

3　イコノグラフィーへ

前方右の三人組の髭の男は構図のなかで特別の位置を占めている。この男はその平らな足の形と部分的に柱を隠していることで遠近法の消失線を「妨げている」。この男は（ピラトという例外はあるが）ただ一人髭をもつ人物である。このことは注目に価する。なぜなら、当時、イタリア人たちのもとで髭はまだふつうではなかったからである。男の頭は、他の二人に比べ、リリエーヴォ（これはフィレンツェの芸術批評で絵の質［起伏を表現する手法］を言い表す術語である）をもっている。すなわち光と影で構成されている。それは、他の二人と比べると、［髭と］同じように異質な効果を放っている。彼は明らかに話している。なぜなら、その口は軽く開いているから。彼が語っていることは、左手の身振りによって確かなものとなる。この身振りが意味している（当時のことだから、意味していた、といわねばならないだろう！）ことは、主張、意見、留保、指摘は強調して発言されねばならないということである。この男は誰であり、何を語り、何がこの男を他の人物や絵画を構成している諸要素に結びつけているのだろうか。(以下、GINZBURG 1981を参照。)

これらの問題は、絵の他の人物たちに関して確かなことがあらかじめわかったときにのみ、答えられる。たとえば、私たちに背を向け、鞭打ちを見ている男は誰か。これは簡単に言うことができる。その衣服でトルコ人とわかるからだ! ピラトのかぶり物の意味は何か。それは、ビザンティン帝国の皇帝に特徴的なかぶり物だということである。そしてあの髭の男に戻ると、彼は、その衣服と髭からわかるのだが、ギリシア人なのである。彼は、一見、右にいる金刺繍のマントを着た男に向かって話しているかのようである。しかし、そうではなく、すでに明らかなように、絵の**手前**の右前方にその視線を向けている。しかし、金刺繍のマントの男は、髭の男の話に注意深く耳を傾けている。この男は誰か。

この人物はジョバンニ・バッチといい、アレッツォ出身のとてつもなく裕福な、香辛料を扱う商人である。G・バッチはピエロの絵の多くに登場する。つまり、バッチは重要な(金払いのよい)注文主だったのである。彼はピエロにとっての単なる収入源だけだったわけではない。当時トスカーナの人文主義者たちに広がっていた関心と傾向が、この画家とそのパトロンを結びつけていた。(二人ともたとえばL・B・アルベルティと知り合いだったし、アルベルティの建築コンセプトはとりわけピエロの気に入った。たとえば、絵のなかの鞭打ちの広間は、アルベルティの設計図に極めて特徴的なものである。)

ジョバンニ・バッチを通じてピエロはアレッツォやフィレンツェの裕福な人文主義者の知識人サークルと結びつきがあった。その知識人たちは、父親の仕事を継ぎたいと思わず、新しい生き方を考え、哲学、修辞学、芸術批評、文献学(とくにギリシア語に関連していた)、初期市民階級の生き方の諸問題について対話や論考を書き、キリスト教的伝統を、新しく「発見」された古代と当時の歴史的連続性のなかで解釈したのだった（B. Burckhardt 1925, Garin 1966, Müller 1969, Panofsky 1980 を参照）。ピエロとこうした人文主義者たちとの結びつき（すくなくともL・B・アルベルティとの接触は挙げられるが、しかしそれ以上のものである）は、三つの事実によって推測される。当時もっとも重要な人文主義者のひとりであるレオナルド・ブルーニ・アレンティーノとバッチには密接なコンタクトがあった。二番目の事実は、一四三九年フィレンツェ公会議が開催されている。そしてビザンティン帝国皇帝ヨハネスⅧ世パライオログスがフィレンツェに入場したとき、ピエロもフィレンツェにいて、すこし年長のドミニコ・ディ・バルトロメオ（ヴェネチアーノのこと）といっしょに聖エギディオ教会のフレスコ画を描いていた。ピエロはこの仕事で画家としての人生を開始しただけではなかった。また、ビザンティン帝国の皇帝やその行進を見ただけでもなかった（ピエロは二〇年後この皇帝をアレッツォにある聖フランチェスコ教会のフレスコ画に描き、そこで、「鞭打ち」のピラトと同じ、特徴的な皇帝の帽子を描いている。「鞭打ち」だけではなくこのアレッツォのフレスコ画を注文したのも、ジョバンニ・バッチだった）。おそらくピエロは公会議を機にたくさん集まった人文主義者たちとも知り合いになったことだろう。三番目の事実はこの絵自身である。すなわち、これは一種の人文主義の教材であり、形式においても内容においても当時の知識人たちが取り組んでいた主題が暗示されているのである。

これ以上詳しくこの絵が成立した文脈に分け入っていくことはせず、そしてまた、個々の絵画構成要素を一つひとつ証明することはせず（これらに関してはとくに Ginzburg 1981 を参照）、何が見え、そしてこの絵の受取人、それはおそらくウルビーノ公爵フェデリーコ・ダ・モンテフェルトロなのだが、彼が何を理解したかを報告することにしたい。

この公爵こそ髭の男に語りかけられている人物である。一方、このギリシア人は「亡命者」であり、人文主義的聖職者であり、フェデリーコの友人でもあった主教ベッサリオンである（当時の他の何枚かあるベッサリオンの肖像画と比較してみると、このことが証明される）。したがって、この絵には、依頼者であるジョバンニ・バッチからの、描かれた中心人物であるベッサリオンを通してなされた、フェデリーコへのメッセージが含まれているのだ。では、そのメッセージの内容とは何か。

ベッサリオンの語りの内容は、イエスの鞭打ちである。しかしそれは、ふつうとは違う独特な仕方でなされている。三人グループとの対比で、鞭打ちの場面が現実の二番目の位相を表現しているということは、絵のシンタクスから明らかである。すでに2節で明らかにした諸特徴のほかに、ここでは光線の関係をつけ加えておく。光は三人組には左から、鞭打ちには右から当たっている。場所は想像上のものでもあるし、現実の場所でもある、たとえば、ローマ教皇のラテラノ宮殿の北の入り口がそうである（そこでは、三人組への光は左から、つまり東からくる。これが第一の「日常的」現実である）。想像上つけ加えられた部分とは建築を構成する諸要素の組み合わせと接合具合に現れている。たとえば、左後ろにある階段がそうだが、これはイエスが裁判中三度昇らねばならなかった聖なる階段（Scala Pilantii）であり、コンスタンティヌス帝の母ヘレナがエルサレムからローマへもってこさせたものである。また、後ろの扉もそうで、これはもともとピラトの邸に由来するはずのものだ。

コンスタンティヌス帝は人文主義者にとって重要な伝説的人物だった。コンスタンティヌス帝はキリスト教の迫害を停止し、「文化政策的」にみれば、いわば古代の伝統と新しいキリスト教的展開を仲介した。たとえば、この皇帝はキリスト教のバシリカ様式、とくにローマのラテラノ宮殿の発展を促した。それゆえ、ギンズブルクもこの痕跡を絵のなかに追求しているが、これはもっともなことである。ギンズブルクは鞭打ちの柱の上の像にコンスタンティヌス帝を認め、実際にラテラノ宮殿の前に立っていた彫像の発見から、その柱との類似性を根拠にそう考えているのである。この場合の証明は、しかし、確実ではないように思われる。すばらしい発想をもった解釈であることは確かだが！　ヘレナは、伝承によれば、さらにピラトの邸から三つの扉をローマにもってこさせ、ラテラノ宮殿に組み込んだことになっている。そのうち二つの扉が、ピエロによって後ろの場面に描かれた扉である。この主張に反論がないわけではない。ギンズブルク（GINZBURG 1981, S. 153f.）はこの主張を説得的に述べてはいるのだが、やはり同じように説得力のあるサルミスの主張（SALMIS 1979, S. 188f.）には触れていない。サルミスの主張に拠れば、ピエロによって建設された（設計された）ボルゴの彼の住居にある扉と同じだというのである。さらにその扉は、フィレンツェの建築家ミケロッツォ（一三九六―一四七二）の様式に大変似た様式で描かれている。また、アルベルティもこの様式から多くを得ており、ミケロッツォの建築（とくにメディチ邸）の多くは、五〇年代のフィレンツェではすでに見ることができた。ウルビーノのドウカーレ宮でもこのような扉は数多くあった。ちなみにこの種の扉が発生するのは、ようやく「鞭打ち」の後になってからのことである。したがって、この絵のなかの扉は、ギンズブルクの提案よりずっとシンプルな説明でよいのかもしれない。すなわち、扉の形は、なによりも、冷静な知性をもつピエロのスタイルにうまく適合している、と。そして、鞭打ちが演ぜられている柱。これはラテルノ宮殿の北面に実際あったものである（他の画家による当時の二つの絵でそれがわかる）。実際は三本であり四本ではなく、ピエロが描いているように古典的ではないが。鐘楼もラテラノ宮殿にはあった。もっとも、ピエロは、「現実に忠実に描く」ならば、絵の左側に置かねばならなかったのだが。バッチの後ろの小さな市民の家は純粋に想像上のものである。他のすべてのものは、自然主義的とはいえないものの、シンボル的指示の密な網の目が現実を直観させるという意味でリアルではある。すなわち、現象の「背後」の構造はフィクションではなく、具体的な経験に関連しているのである。

さらにまだある。ピラトはビザンティン帝国皇帝の衣装を身にまとっている。これは明らかに二重情報、すなわちピラトと非ピラト、皇帝と非皇帝である。聖遺物のように二重化されている。聖なる階段も些細な背景であり、ピラトの扉も壁を和らげるのに役立っている。イエスの身長も（単なる）形式的な画像リズムの要素である。トルコの服を着ている見物人も同じように機能している。すなわち、以上のことは、歴史的な厳密性を基準とすれば可能なものではないだろう。ここでも、コラージュのようにさまざまな意味が混ぜ合わされているが、**しかし、それは恣意的ではない**。

この絵は、フェデリーコ・ダ・モンテフェルトロの友人である人文主義たちがフェデリーコに突きつけたある警告を、視覚的かつレトリカルに示してみせた絵なのだ。しかもこの絵は、一四五九年、ローマ・ラテラノ宮殿で午前の早い時間（光が東から差し込む）執り行われた聖金曜日［キリスト受難の記念日。復活祭直前の金曜日］のミサを契機としており、これと関わっている。これがベッサリオン、バッチ、ピエロが同時にローマにいたという仮説を思いつかせる唯一の事実である。ピエロは教会からの制作依頼のためローマにいた。他の二人は教皇庁に仕事があった。バッチがおそらくピエロに描くことを依頼したその絵をデッサンする時間をピエロはもっていたが、ベッサリオンとバッチは旅立っていた。ベッサリオンは、トルコ人に対する新しい十字軍の可能性が検討されるかもしれないマントゥーアの会議に出るために。フェデリーコ・ダ・モンテフェルトロはこの三人の友ではあったが、しかし、十字軍については何も考えをもたず、むしろ戦いを伴う要件についてどんなものであれ自制的だった。そうした事柄に決して関わりたくなかったのである(5)。

このように、ピエロの絵はイコノグラフィー的に読解できる。トスカーナのブルジョワの家を前にした目撃者としてのジョバンニ・バッチ、そして、ギリシア人の衣服に身を包みメッセージの媒介者としてのベッサリオン。しかもベッサリオンは、絵画のシンタックスにしたがってみると、二つの絵画位相／現実位相の境界に位置している。ベッサリオンの伝言はこうである。異教徒トルコ人はイエス（キリスト教徒）の鞭打ちを観察しているだけではなく、ふたたび執行しようとしている。ビザンティン帝国の皇帝は、歴史的出来事の役に立たない（無関心な）傍観者である。こうしたすべての事柄が、まさに現在（一四五九年）異教的要素とキリスト教的要素を（ゆうに一〇〇〇年以上前のコンスタンティヌス帝のように）連続したものにせんとする文化の面前でなされようとしている。フェデリーコ・ダ・モンテフェルトロ、きみはビザンティン帝国皇帝（ヨハネスⅧ世）のように傍観者にとどまるのか、躊躇したままでいることができるのか、看守としてのトルコ人の曖昧な役回りに甘んじるのか？　きみはギリシアの滅亡に耐えられるのか？

しかし、この絵の主題は、ギリシア民族のアイデンティティという政治的主題だけでなく、キリスト教徒のアイデンティティという宗教的主題だけでもなく、人文主義のアイデンティティという文化的主題、これは美学的主題でもあるが、それだけでもない。それはこれまでにない美学的議論を開くものでもあるのだ。この絵は民族的関心を支持しているわけではない。すなわち、ギリシア的アトリビュートはあまりに抑制的にしか描かれていないからである。それは十字軍を支持しているわけでもない。すなわち、鞭打ちの場面が硬直したバレエのように表されているからである。そして、どんな人物も潜在的な攻撃性を感じさせるように描かれていない。また、文化政策的企図の実行を支持しているわけでもない。歴史的、空間的、対話的諸関係の入れ子状態が、そう考えるにはあまりに複雑すぎるからである。私が考えるに、この絵は、反省的熟考と均衡を支持しており、その意味で独特で美的な、ウルビーノ公爵に向けたメッセージを含んでいる。そのメッセージは、おそらくベッサリオンとバッチが勧告したものからは、かなり歴史的にはみ出てしまうが、自己反省なのだ。このことは陶冶論的観点からの解釈にとってまさに本質的と思われる。しかも、「言葉へ」もたらされた自己反省という主題ではなく、その主題が提示されるその仕方ゆえにそうなのである。この主題は説教として述べられているのではなく（「説教している」のはベッサリオンだけで、画家がそうしているわけではない）、いわば**行為のなかで**上演されている。自己反省（とそれによって入ってくるアイデンティティ問題）は、内容あるものでも、特徴でも、実体的に指示しうるものでもないかもしれないが、**関係**（「**均衡**」）としてのみ意味ある仕方で考えうる。（この意味で、「アイデンティティ」をあたかも「もつ」ことができるかのようなこの語の現代的用法の多くに対抗的かもしれない。）これは、したがって、あるテクストの「内容」としてではなく、「形式」としてだけ（たとえば、これについては、W. Benjamin 1973, S. 67ff. 参照）、そしてテクスト（ここでは絵画だが）がそれ自身と受容者のあいだに作り出す**関係**としてだけ現れてくるものなのである。それゆえ、**形式**のなかで、深層構造すなわち絵画のなかに含まれる絵画原則が認識可能になる。パノフスキーの術語を使えば、その絵画の**イコノロジー的**構造が明らかになる。（まさにこの方法論的前提が、ブルデューをして、その「ハビトゥス」に関する陶冶論的仮説をパノフスキーの芸術理論に接合させる動機となっている。これに関しては、P. Bourdieu 1970, S. 120ff. と 1979, S. 139ff. を参照。）しかし、この美的対象の構造それ自体は、イコノグラフィー的／陶冶論的真理の半面でしかない。もう半面は、対象と受容者の関係の語用論的構造である。対象の形式は、この関係を可能性としてしか含んでいない。この関係は、当然、欠けてしまったままおかれてしまう可能性がある。そうすると「半教養」（アドルノ）にとどまることになる。もっともその責任は作品にあるわけではなく、受容者ならびに受容の営みにある。教育学は、芸術からのこの要求にいつも困難さを感じてきたし、芸術との取り組みを芸術系の教科科目に封じ込めてきた。つまり、芸術を陶冶の統合媒体として考えることをしてこなかったのである。

この絵の前景右で何が語られているのかという問題をもう一度問うてみたい。たしかに、この絵の主題は、絵画構成要素が証明しているように、政治的話題であり、宗教の話であり、古代とその時代、歴史的な連続性と非連続性、一四三九年のフィレンツェ公会議と目前に迫ったマントゥーラでの会議である。しかし、こうしたすべては、背景でしかないのかもしれない。それは、たとえば、人が自分自身について語ろうとするとき、「本来的な」主題を浮き立たせるために、背景（歴史的なこと、文化的なこと、地域的なこと、社会的なこと）を詳細に描いたり、解説したりするようなものである。まさにこのことを、ピエロは、比肩するもののないこの絵で行っている。ピエロは何を浮き立たせようとしているのか。

イコノグラフィー的にいえば、この絵の歴史的な「鍵」を握っているのは、制作依頼者ジョバンニ・バッチと（または）ベッサリオン主教である。これに対して、美学的な鍵、もしくは画家の独特で特徴的な点は、画面右の三人組の真中の人物で、今まで触れてこなかった若い人物にある。この人物の像は、イコノグラフィー的にも形式美学的にも、また意味論的にもシンタックス的にも、ピエロがバッチの依頼を受け自分の絵でコメントしたに違いないものに関する注釈と考えられる。これは誰なのか。

「彼の存在は、相次いで出されてきた数多の解釈のどれ一つとしてこれを満足に説明できなかった。その衣服、その顔立ち、そのポーズは、周囲のものと比べてそぐわない。当世風の凝った衣服を纏って靴を履いた二人の男に挟まれて、彼は質素な寛衣を纏った裸足姿である。（向かって右の男と同様）物言わず、（左の男と同様）聴いてもいない。前者［右の男］の厳めしさ、後者［左の男］の注視も、我関せずだ。それと分かるようなどんな感興や、感情にも、後の美顔はびくともしない。その目は私たちには見えない何かを見据えている。若者は死んでいるのだ」（Ginzburg 1981, S.

171［邦訳一〇五—一〇六頁］）。

ギンズブルクは、「この若者をブォンコンテ・ダ・モンテフェルトロ、すなわちフェデリーコの息子と同定すること」（同上）を提案している。この仮説のために以下のことがいわれている。ピエロがこの絵の仕事を始めるとすぐ一年後、ブォンコンテはペストによって一七歳の若さで亡くなる。この若者の人文主義的教養は彼とつきあった者を驚嘆させたといわれる。若者は、すばらしいイタリア語を書いただけではなかった（これはダンテ、ペトラルカ、ボッカチオ以来人文主義者にとって学識者に期待される本質条件だった）。しかし、彼は往復書簡をラテン語やギリシア語でも行っていた。公爵一家の友人だったベッサリオンは、この若者の面倒をとくに引き受け、勉学を助け、彼に堅信を施すことを望んでいた。ブォンコンテがギリシア語を習得していたということは、とくに、ベッサリオンに深い感銘を与えたに違いない。フェデリーコもまたブォンコンテに愛着をもち、自分の後継者になることを期待していたはずである。この若者は人文主義者グループが将来への希望を託す象徴的存在だったのだ。そうすると、ブォンコンテがこの絵の三人組の中に立っていることは少なくとも納得がいく。この絵のメッセージがフェデリーコに向けられているのだとすれば、とくにそうだ。

ブォンコンテの肖像画は現存しないので、以上は想像にとどまる。けれども、強力な仮説がここで問題になっているということは、やはりまた、2節で話題にした絵画構成から説明がつく。すなわち、ブォンコンテとイエスは、二つの場面でそれぞれ中心となっており、二人とも亡くなっており、その身振りは類似し、二人とも、平面幾何学的にみると、二つの現実位相を互いから区別しているあの絵の分割線から同じ距離で隔たっている。また、二人とも、たしかに危険をはらむが、（もし語りかけられているのがフェデリーコだとすると）行為によって打開しうる将来への希望を予示している。

宗教史的言説、政治的言説、文化的言説と並んで、したがって、「プライヴェート」な陶冶論的歴史の言説がここに現れており、しかもそれは、明確に何かを指示するやり方をとってではなく、もう一度あの絵の全体が反省の運動に引き入れられるようなかたちでなされている。

4　意味構造とハビトゥス

この絵が「民衆」のための芸術作品ではないことは特別の説明を必要としない。これは知的エリートや経済エリートのために描かれた。彼らだけがこの絵を理解する状況にあったのだ（たとえば、イタリアの農民はこの時代、別な問題を抱えていた）。社会史的－イデオロギー批判的にこの絵を（おそらく意図せざるまま）当時支配的だった財と権力と陶冶の配分を肯定するものと解釈することは、不適切と必ずしもいえないだろうが、つまらぬ解釈である。こうした解釈は、このドキュメントを同じ機能をもっていた（もっている）無数の文化所産と同列に置いてしまう。私は、それゆえ、この最後の節において、この作品がもつ陶冶上の意味を暗示することを試みようと思う。ピエロの「鞭打ち」が「社会的」であり、体制肯定的な諸要素を含んでいることは、イコノロジー的解釈がはっきり示していた。それが「批判的」でありうるとすれば、それは、この絵のメッセージが、決定子としての社会関係へと芸術社会学的に分類しうる意味論的素材を凌駕する場合だけである。二重の仕方でこれは生じている。すなわち、まず、使用可能な歴史的記号の蓄えをアレンジ、コラージュ、「ブリコラージュ」（レヴィ＝ストロース）することを通して。次に、絵に関わる諸関係（絵の内部および絵と絵の鑑賞者のあいだに生じる関係性）によって。芸術の陶冶作用（それゆえ芸術の教育機能）は、まさにこの事態に基づく。

この絵の陶冶論的含意を私は以下三つ（遠近法と平面、仮構されたアイデンティティ、「遠近法的」屈折［＝象徴の屈折］）にまとめ、これらを最後に陶冶世界の諸位相（空間、関係性、時間）へ関係させることにしたい。

(1) 遠近法と平面

中心遠近法は、すでに述べたように、ルネサンス期の画家の新しい技法だっただけでなく、作画法上の理論的原則の発見（発明）を示していた。その意義は、しかし、それ以上に及ぶ。遠近法はある世界の見方を記録しているからである。

「描かれた図象が「視点」の距離と位置によって決定されるように一平面に対象を投影させる手法は、いわば、当代そのものと古典的過去との間に歴史的距離――まさに透視画法における視的距離になぞらえられる――を挿入した時代の世界観を象徴するものであり、まさに透視画法が人間の眼を画像描写の中心におくように、人間精神を「宇宙の中心」にすえたものであった」（Panofsky 1977, S. 346［邦訳二六五―二六六頁］）。

遠近法は絵を変化させるだけではない。鑑賞者も変化させる。主体は「認識の基準点」であり、したがって、中心遠近法は「この人間中心主義的態度の〝一つのシンボル形式〟」（Imdahl 1979, S. 192）である。

ピエロは絵のなかで見事にこの人間中心主義と戯れている。だが、この絵は**同時に**、平面幾何学的構成のなかで別な世界の見方の様態も表している。すなわち、2節で語った「均整比率の神秘学」のなかや、中世のヴィラール・ド・オンヌクール[*1]（VILLARD DE HONNECOURT）の均整比率理論にしたがっているようにみえる人間の姿の構成の仕方に（PANOFSKY 1978. S. 87ff.）それは表れている。この二つの構成法はまったく人間中心主義的ではない。それらはむしろ、「マクロコスモス」の均整比率が「ミクロコスモス」の現象に関係づけられる変換規則である。つまり、ピエロが構成しているもの、それは、人間中心主義的な「作為者」の図式と、コスモスに方向性をもつ「ミメーシス」や「イミタチオ（模倣）」の図式との対立なのである。そしてピエロは、この二つの図式を一枚の絵のなかで、あるハビトゥスを示す人物像に統合してみせる。そのハビトゥスは、当然、問題含みのハビトゥスである。

(2) 仮構されたアイデンティティ

思うに、この絵は、アイデンティティ問題を最高度の精妙さで表現している。この絵を解き明かす鍵、ピエロがこの問題に与えている形式は、ピエロが鑑賞者／目撃者を構成するその仕方にある。すでに明らかなように、四つの鑑賞地点がある。すなわち、ピラト、トルコ人、フェデリーコ・ダ・モンテフェルトロ、そして私たちの地点である。トルコ人は鞭打ちの過程を観察（それどころか指揮）しているが、このトルコ人は反省的自我のない観察者であり、民族の一事例にすぎず、自分が自分自身にとって何ら問題になってはいない。この絵に直接語りかけられる存在としてのフェデリーコには、ひとつのジレンマが差し出され、ベッサリオンが彼に説明しているように、活動を熱望する初期ルネサンス期の「普遍人 uomo universale」に対し、彼がすでに自分で投企した方向に忠実でありうるため何をなさねばならないかを差し出す。（想像上）絵の右に立っているフェデリーコは、鞭打ちの歴史的過程ではなく、ベッサリオンのこの鞭打ちについてのコメントだけを「見ている」。このコメントは（視覚的にはっきりと文字通り）フェデリーコの息子であるブォンコンテの視線と「交錯」する。フェデリーコはどのように決断すべきなのか。それはあたかも二つの財宝、二つのポジションのあいだで選択を迫られているかのように見える。すなわち、トルコ人やピラトのようにあるべきか、それとも十字軍参加／反トルコであるべきか。だが、ブォンコンテの交錯する視線はこの単純な二者択一にブレーキをかける。とくに**私たちにとっては**そうである。**私たちは**全体**と**諸部分を見るからである。すなわち、この絵の物語構造のなかで伝達された二者択一に私たちは満足できないのではないか。とっくにそうなってしまっているのだ。つまり、私たちはピエロによって、政治的宗教史的文化的出来事の観察者（鑑賞者）としてのみならず、私たち自身の観察行為を知覚する一種の観察者としても産出させられている。このことは、とりわけ、この絵の構成原理である「構成主義的」根本構造（Jochims 1972）によってなされている。だがまさに、これは、歴史的場面の目撃者としての私たちがこの絵と向かい合うと、（一見明確な）行為、この行為についてのコメント、そしてこれらによって喚起される瞑想の消失点に置かれることで（だからこの絵において消失点が意味論的空所になっているのだ）、私たち自身の問題に導かれる事態を意味する。フィヒテは（一七九八年の『学問論』において）、自己反省とは自分自身を見る眼であると考えていた（Pothast 1971）。これは強力なメタファーであるが、このことをピエロがすでに三五〇年前にほのめかしていたのだ。なぜなら、鑑賞者である私たちは、ピエロによって、一方ではその出来事とそれへの非難を「見る」者として、他方ではしかし、この見る行為を見ることのできるような者としても構成するからである。フィヒテはこうした考えが自分の時代になってはじめて可能になったと考えた。これは文学・哲学に関してはおそらく正しかった。だが、画家が何を表示しうるのかという問題に関してフィヒテは正しくなかった。ピエロが示したこと、それは、アイデンティティとは属性なのではなく、全属性に突きつけられた問題だということである。

(3)　象徴の屈折

イコノロジー的意味構造を構成する第三の要素は、「現実」のさまざまな次元の交差に含まれている。この絵は、互いに問題を提起しあう諸部分からなる「コラージュ」である。画の構成要素のどの部分もある可能な読みを表現するが、それはしかし、他の部分によって相対化される。すなわち、平面幾何学的読みは遠近法的読みを相対化するし、当時の日常に依拠する読み（三人組）は歴史的読み（鞭打ち）を相対化する。ピラトはそのかぶり物によって別人になるし、トルコ人は歴史的に正しくない。ヴォンコンテの視線はベッサリオンの話が真であるかどうか疑わせる。建築物の荘厳な要素（階段、扉、鞭打ちの柱）は世俗的要素の担保になっている。対話は歴史を背後に押しやるが（その意味で床の模様の違いも注目に価する）、この背景の出来事は、この対話に、だれが主要人物なのか、すなわちキリストなのかヴォンコンテなのかについての簡単なコメントとしての性格を付与している。この絵は、遠近法的に完全ではあるのだが、確実で一義的な解釈を作り出すあの見通しというものを妨げるようにできている。この絵は一つの世界観を伝えるのではなく、多くの世界観を差し出す。この絵はたしかに歴史的事実において信頼できるものではあるが、その解釈に関しては不信の種を蒔く。確信・確証はただ鑑賞者の熟考（とコスモスの形式的均整比率）へ移される。「これはパイプではない（Ceci n'est pas une pipe）」とルネ・マグリットは一本のパイプが描かれた絵の下に書いたが、ピエロの「鞭打ち」の絵は、差し詰めこういえるかもしれない。「これは鞭打ちではない」と。

(4)　空間

この絵はあきらかにプライヴェートな用途のため描かれたものだが、描かれた空間は完全に公共的である。L・

B・アルベルティは一四三五年、絵画を「フィネストラ・アペルタ（finestra aperta）」、すなわち、「可視界の一断片を見透すための」開け放たれた窓と比べている（Panofsky 1977, S. 329［邦訳二五二頁］）。ピエロの絵はこうした開け放たれた窓である。たとえば、二〇〇年後同じように商人によって依頼され描かれた多くのオランダ絵画を思い起こしてみるなら、ピエロのこの絵においてたしかに特別な空間コンセプトが示されていることがわかる。たとえ暗示されているだけであるにしても。（ここではこれ以上詳述することはできない。）たとえば、ヤン・フェルメールもしくはピーテル・デ・ホーホの描く室内は、フィネストラ・アペルタすなわち開け放たれた窓をもつ内部空間であり、この窓を通じて公共空間へ一瞥が与えられ、私的内部空間に一片の公共性がもたらされている（Möller 1981, S. 15ff.）。しかし、ピエロの絵はフィネストラ・アペルタ**である**だけではなく、フィネストラ・アペルタを**内包してもいる**。すなわち、鞭打ちの場面は、柱で囲まれた広間の前面にある境界線で「窓」を形成しており、これによってこの場面が与えられている。これは一種の窓のなかの窓であり、視線を外部にではなく内部へ、すなわち広間と記憶へ導いている。したがって、二つの空間が存在することになる。最初の空間は赤茶の床面によって強調されている空間で、人文主義的陶冶コンセプトでフレキシブルな「私性」の概念を表現しており、もう一つの空間は、黒と白の、遠近法的描画の練習問題のような床面で強調されているもので、この空間は、過去（階段、扉、柱、「コンスタンティヌス帝」）の現前を表現する。この場合、「空間」は、決して、ある言説を密かに導き入れるのではなく、まったく物理的意味で理解されねばならない。たとえば、一五世紀建築物の描画とこの時代のイタリアの広場の「構造」が、これと同じ空間図式を示している。すなわち、初期市民階級の内的生活を暗に示すだけで、それを副次的なものとして後退させておきながら（すなわち、内的生活は、せいぜいのところ、ピエロの絵におけるように、画面右のファサードにある商品引き上げ装置のような日常の機具を通じて暗示されるだけである)、他方で、歴史を可視化させ、公共的問題へ集中するコミュニケーションを可能にする公共空間を示しているのである(この点に関して、同時代の「学校」建築、たとえば大学や学寮も参照すべきである)。

(5) 関係性

この空間の公共性に、この絵で提起されている**関係性**が対応している。この観点に立つときもっとも眼を引くのは、おそらく、画中人物のほとんど儀礼的といえるようなポーズである。彼らはダンスの身振りを共有している。それは、当時まさに流行していたダンスと同種のものなのだ。一四五〇年以降のダンス・コンポジションの「新様式 stile nuovo」においては、もはや女性と男性が長い平行する列を作って歩むことはなく、小さなグループを形成する。そして、定型の関係の形(求愛、躊躇、拒絶など)が短い場面で示される。次に、人々は互いにシンメトリーに背を向け合い、(いわば時間的シンメトリーであるかのように)パートナーの身振りを反復する(Brainard 1956)。「このことを通じて、決まった動きと、他人によって実行された鏡像のような反復運動とのあいだに緊張が生じる。運動は自分自身に突きつけられ、統合される。そして同時に、自己表現と模倣を伴って行われる自己反省が生起する場を空間として作り出す」(Zur Lippe 1974, S. 134)。

私が三人組に関し、しばしば「日常」について語ったことは、こうした様式化の問題と合わないと思われるかもしれない。絵やダンスや人文主義的な書簡文学の「レトリック」は、私たちにどちらかといえば非日常的で、祝祭的で、技巧的な呼応関係を及ぼす。したがって、実際に人間同士の関係を形成していたものを示す指標としては信頼性に乏しいというわけだ。この疑念は、たとえば、また、書簡で当時普通だった冒頭の挨拶の話題によっても裏づけられる。つまり、人文主義者たちは、書簡を宛名の人物だけに送っていたのではなかったことがよくあり、その手紙の写しを友人に配ったりしたし、それどころか、公開することを考慮して手紙を書いていたからである。しかし、こうした疑念に対しいくつか異議を提示することができる。（Batkin 1979, S. 170ff.）

—書簡形式だけでなく、対話形式で著された人文主義者の著作においても、対話の相手は既知の生きた人物だった。それゆえ、理論的話題は、物笑いになる危険を犯したくないならば、事実関係の内部でのみその逸脱は許されたことだろう。

—様式化と日常は二つの「世界」として対置しているのではなく、互いに関係し合っている。すなわち、様式化とは、日常の構成部分である日常的人間関係に関わる、全成員に受け入れられた解釈なのである。

—ある一定の率直さ、個人的宿命、個性的なもの、感情的色合いなどが必ず人間の諸関係に伴うとする価値カテゴリーは、現代にその起源をもつのであって、ピエロの同時代人たちにも同じように自明だったとはいえない。このことは、この同時代人たちにとって、「身近なものと抽象的なものは意識において分離されていなかった」（Batkin 1979, S. 201）し、「生の様式化は生と一致する」（a. a. O, S. 204）という推測を思いつかせる。「実際、大変な情熱で宣言されたルネサンスの悪名高い個人主義の個人とは、後の時代のアトム的で、自己充足的で、妬み深さをもちつつプライバシーの不可侵性を監視するような個人からは、まだずっと隔たっている」（ebd.）。

ピエロの絵は、ダンスやバレエ、人文主義者の書簡や対話で現れているものと同種の人間関係や相互行為の構造を定式化している。「ここには、決して、解かれるべき社会心理学的な謎は存在しない」（Batkin 1979, S. 206）。人物の幾何学的均整、身振りの単純さと明快さが人間関係の図式をはっきり示してみせる。すなわち、それは一般原則であって、心理学的気分や個人的動機ではなく、したがって、心理学理論や心理分析の理論よりも象徴的相互行為論の分析タームの方が親和的な、そんな表現なのである。この絵のどんな身振りも社会的身振りである。しかしそれは、「～に関係して」いるだけでなく、同時に「自分に対して」もなされる身振りである。すなわち、コスモロジー的成分、相互行為的成分をもつ（この文脈で特筆すべきは、左の鞭打ち人という例外はあるものの、人物間に身体接触が生じていない点である）。

とはいえ、この絵は関係性を**問題**として表している。私は、すでに、「仮構されたアイデンティティ」を語ったとき、この問題を示唆しておいた。すなわち、たしかに（たいていの）人物は「役柄」をもって登場しているが、この役柄は、絵の左側でも右側でも、いわば拡散し曖昧にされている。たとえば、ポンティウス・ピラトは、初期中世の表現ではふつうだったように、不実な行為に関係がないように描かれてはいない。この、とくに歴史的に正体のはっきりしない人物の役回りは、単なる観察者のポーズをとることで、ユダヤ総督とビザンティン皇帝のあいだで変転する。右の端にいるジョバンニ・バッチは経済的権力（金刺繍のマント）と政治的権力（右の肩に掛かる赤い帯）の記号を帯びる一方、ベッサリオンの伝言をじっくり考える聞き手役でもある。ベッサリオンは、たしかに個性をもった顔で描かれている唯一の人物ではあるが、やはり典型的なものと個性的なもののあいだで浮動している。さらに、彼はさまざまな役柄で語っている。すなわち、ギリシア愛国者として、教会の歴史に関与する聖職者として、人文主義の学者として、ブォンコンテの精神的父として、語りかけられているフェデリーコの友人として。唯一ブォンコンテだけが「役柄」で同定されえない人物である。それだから、ブォンコンテは、すでに見たように、この絵に「メタ・コミュニケーション」をもち込むのである。彼の視線はベッサリオンとフェデリーコの相互行為と交差するだけではなく、絵と私たち、すなわち全体を見渡す鑑賞者とのあいだの相互行為とも交差する。

こうしたドキュメントを眼の前にすると、少々味気ない近代のタームと感じてしまうが、あえてそれを用いて語るとすると、社会的アイデンティティは事実関係として示され、個人的アイデンティティは問題としてメタ的に伝達されている、といえる。社会的なもの、事実的なものへのアンチ・テーゼは、ここでブォンコンテ／画家が示してみせる別種の関係構造に関するヴィジョンなのである。(6)

(6) 時間

以上のことは、この絵の**時間的**次元にいくらか関係してくる。イコノグラフィー的分析においてのみならず、形式美学的分析においてすでに明らかになっていたように、構図上の二つの現実位相が現在と過去を表していることを、まず、思い出さねばならない。過去は、現在から引き離された歴史として表現されているだけでなく、想起として、過ぎ去った現在ならびによみがえった過去として表現されている（これについては、Luhmann 1975、Bergmann 1981を参照）。この両義性は絵のなかで直接感知できる。すなわち、鞭打ちの行為が歴史的に直接指示すること（過ぎ去った現在）と、よみがえった過去を際立たせる現在とのオーバーラップもしくはコノテーション（すなわちビザンティン帝国皇帝、トルコ人、同時代的建築様式）の共存が感知できる。この非同時的なものの同時性は、伝統を想起させるが、伝統を問題視することにもなる。ベッサリオンの差し迫った視線は答えを要求している。しかし、フェデリーコは、この絵に向き合い、正しくこの絵を読んだとしたら、答えることに困難を覚えたことだろう。なぜなら、すでに述べたように、ブォンコンテの「伝統を越えた」視線が、伝統的な選択の仕方に疑問を呈しているからである。

L・B・アルベルティの論稿『家族論［ないしは家政論］（Della Famiglia）』（一四三四年［一四四一年の説もある］）

において、時間という問題について興味深い対話の一節がある。対話者のひとり、ジャンノッツォが、人生で本質的に重要な「事柄が三つ」あると宣言し、最初の二つを「魂」と「身体」であると説明した後、すこし躊躇してみせる。

「リオナルド：では三番目のものは何でしょうか？
ジャンノッツォ：ああ！　もっとも貴重なものだぞ。儂の両手や両目でさえ、それほどには儂自身のものではないほどじゃ。
リオナルド：たまげました！　一体何なのです、それは。
ジャンノッツォ：それは遺贈することも、減少させることもできないものじゃ。いかにしても、それはお前自身のもの以外にはなりえない。ただしな、お前がそれを自分のものにしたいと欲するかぎりのことでだがな。
リオナルド：そして僕の意志で、それは他人に属させられるのですか。
ジャンノッツォ：もし、お前がそれを自分のものでないようにすることを望むならね。それは「時間」だ、親愛なるリオナルドよ。「時間」なんだ、息子たちよ。

（Alberti 1962, S. 216f.［邦訳二五六頁を参照］）

以下において展開される論述の主題「モラル」の要点は、他のすべての財と違い、時間は、活動によってのみ満たされる純粋な**可能性**としてしか人間に与えられていないという点にある。「アルベルティにとって、時間は基本的に**文化**と同一である。時間は単なる持続ではなく**活動**であり、練習であり、文化の存在形式である。」（Batkin 1979, S. 176）

伝統や過去の想起は、それゆえ、この絵においては、伝統や過去の模倣、循環的進行のイメージを呼び起こしはしない。むしろ、この絵が送られた人の**活動**がそれによって挑発される。しかもその人物に強制的な規範をあてがうことなしに。循環的に考えられているのは過去だけである。未来はこの循環の外に置かれる。すなわち、ルネサンスは、歴史的過程を子ども期、青少年期、壮年期、老年期にしたがうものだとする古代の作家から引き継がれてきた表象にもはやしたがおうとはしないのだ。ヴァザーリは『美術家列伝』を著し、ピエロ・デッラ・フランチェスカの最初の（これは疑わしいのだが）伝記作家にもなったが、彼はピエロのこの絵の一〇〇年後、歴史の循環を壮年期で終わらせている。歴史としては、もはや未来に生物学的老年期を想定しないのである。「このことで、ヴァザーリは生き物に宿命的な生成と衰退という表象を、知的「進歩」という表象の下にしたがわせた」（PANOFSKY 1978, S. 231）のだ。

ピエロは、しかし、この仮説を屈折なしに共有しているとも思えない。ブォンコンテの視線は、この絵全体と同様、両義的なままだ。解釈の**後**でもやはり謎めいたままなのだ。おそらくこのドキュメントが記録していることは、バトキンがこの時代全体について主張していることなのだ。すなわち、「ルネサンスが偉大な芸術の時代のなかでもっとも二重性に満ちた時代であり、さらにいえば、その両義性が構造を決定する原則にまでなっていることがはっきりわかる」ような事例は稀なのである（BATKIN S. 208）。

あとがき

「陶冶論的視点」から解釈を試みると先に述べたので、そして、論述の過程が、美学、イコノグラフィー、歴史と多岐に渡ったことから、おそらく期待したほど明瞭にこの意図が目立たなかったと思われる。最後に、いくつかの誤解を避けるため、三つの想定される異議を以下で取り上げてみたい。

まず、**第一の異議申し立て**は、「陶冶論」についてほとんど何も語られていなかった、とするものではないだろうか。これは正しい。しかし、それは、陶冶問題が教育施設に直接関係するか、個人的経験の過程や学習の過程に方向性をもつ問題だけを扱うべきとするならばそうである。これに対し私は次のように主張しよう。陶冶と名づけられうるもの、それはその時々の支配的文化基準の解読作業であり、しかもその解読作業はこの基準と**構造上同じ**である。遠近法、アイデンティティ問題、屈折した象徴表現は、こう考えると、文化的ハビトゥスの構成要素であるだけではなく、近代における陶冶課題がその内部で形を取り明確となってくるベクトル格子だといえないか。

ここで**第二の異議申し立て**が明らかになってくる。すなわち、ある文化ドキュメントの解釈の結果が、同時代の陶冶論的文献や、教育施設や人生における陶冶実践に関係づけられるときはじめて、この仮説は陶冶論的に信頼するに足りうるものとなる、という異議申し立てである。このエッセイ論文の欠点は、自分のテクストをあまり逸脱させたくないという強い思いにあるのであって、他の事情によるのではない。今回まず重要と私に思われたのは、絵画資料を陶冶の歴史の例示として引っ張り出してくるだけでなく、議論の対象にすることだった。すなわち、絵画資料は、歴史認識の源泉、すなわち、エラースムスやヴィーヴェス、カスティリョーネ、ラベライス、モールスのテクストや学校規則、学校建築、家族の変遷などと同様、受け入れられ、解釈されはしないものなのか（されるべきではないか）、という問題を議論したかったのである。

この種の研究努力は、当然、依然として理念史でとどまり続けるだろうし、陶冶の歴史の社会史的構成要素に注意を向けていないという批判にさらされることも必定だと思われる。この異議はもっとも重大だと考える。ただ、ある時代の（また私たちの時代の）陶冶ハビトゥスに関し、少なくとも二つの研究の仕方が存在するのだ。すなわち、ハビトゥスに内在し、ハビトゥスのなかで、すなわちその所産のなかに表現されている陶冶上の意味を研究する仕方と、その社会的機能、たとえば支配維持的機能もしくは選択的機能を研究する仕方である。人間が自分ないしは自分と似た者と向き合うという観点に立って、その文化財やその正当性やその作用が及ぼすポテンシャルを問うことは、あれこれの社会的機能を証明することによって片づけられるものではない。このことはとりわけここで解釈されたドキュメントに当てはまる。やはり冒険的な仮説ではあるものの、私が思うに、結局のところ、絵に表現されていたあの両義性は、その絵が成立した当時の時代との断絶に関連している。とくに、当時構想されていた二つの合理性の可能性と関係している。私が、この絵において、人間中心主義的視座とコスモスに方向づけられた視座の対決として説明しようとしたその内容は、推測するに、新プラトン主義的方向性と経験科学的方向性の当時における共存状態に関係しているだけでなく、今でも私たちの問題であるような陶冶問題の歴史的開始点を示しているのだ。(7)

以上のように、私はこのエッセイ論文で、こうした問題点を意図的に見ないふりをしたり、尊重しなかったりしたわけではない。私が試みたかったのは、ただ、偉大なルネサンス期の画家の（とくに私に印象深く思われた）一つの事例を取り上げ、こうした資料解釈を、陶冶論の原資料の「カノン」のなかへ信頼に足る仕方で組み込むことが成功するかどうかだったのである。

注

（1）この絵の成立年には議論がある。私はここでは、たしかに決定的ではないものの、もっとも説得力があると思われるギンズブルクの提案（GINZBURG 1981, S. 176f.）にしたがう。

（2）ピエロ・デッラ・フランチェスカの履歴は以下の通り。一四一七年もしくはもう少し前にボルゴ・サン・セポルクロに生まれる。皮加工職人・商人の息子。一四三九年、フィレンツェの教会のフレスコ画制作に際してヴェネチアーノの助手を務める。一四四九／五〇年、フェラーラでフレスコ画制作の契約を結ぶ。五〇年代中頃から六〇年代初めにかけて、アレッツォの聖フランチェスコ教会のフレスコ画に携わる（よくこの作品［「聖十字架伝説」］が代表作とされる）。一四五九年にローマに滞在。このとき人文主義者（L・B・アルベルティ）と接触。一四六〇年―一四七〇年、頻繁にウルビーノ公爵、すなわちフェデリーコ・ダ・モンテフェルトロの許に滞在し、ドゥカーレ宮殿建設に建築家として参加したと推定される。この時代と後の時代（八〇年代）に、三つの理論的著作（遠近法、数学、幾何学）を著す。老年は盲目となったと推定されている。一四九二年ボルゴで没する。

（3）　消失点の位置についての、比較に基づく調査研究があるのかどうかはわからない。私自身の、もちろん散発的な観察鑑賞から推測するに、消失点の位置は形式－内部構成的な（統辞論的な）意義をもっているだけではなく、「イコノロジー的」意義ももっている。すなわち、消失点の位置は文化的ハビトゥスを指示している。

（4）　これについては、シラーが論じている美的対象の作用に関する記述を参照。

「崇高」な美的対象は、「心に不安定な運動をもたらし、緊張させる。祝祭性にまで高まりうるある種の真摯さが私たちの心を力づける。そして、不安が感覚器官に明確な痕跡を残すことで、熟考する精神は自らに立ち戻り、自立的力と尊厳という高次の意識に自らを基づかせるように思える」（Friedrich Schiller 1793）。

（5）　このことはとくにベッサリオンにとって痛恨であった。すなわち一四五三年、コンスタンティノープルはオスマン・トルコによって占領される。ベッサリオンは亡命者であり、現実的に考えると帰国の可能性はなかった。彼はキリスト者であるだけでなく、ギリシア人だった。トルコ人は、コンスタンティノープルをずっと越え押し寄せてきており、いまやまさにペロポネソス半島を脅かしていた。三人（ベッサリオン、バッチ、ピエロ）のうちの誰がこの考えをもっていたのかについて、当然だが、私にはわからない。しかし、彼らは、ピエロがその場にいたので、この歴史的瞬間においてフェデリーコの人文主義的課題がどこにあるのかを突きつけるような絵をピエロに描かせるという考えをうまく進めたのである。すなわち、トルコ人をギリシア（東ローマ帝国、キリスト教の領土）から追い払い、古代と現代のあいだの連続性をふたたび確立し、キリスト教的－人文主義的西洋の将来を確実なものとすること、こうしたことに助力するという課題をフェデリーコに突きつける絵をピエロに描かせるという考えが、三人のあいだで展開したのである。

（6）　これに関して、以下のことがやはり注記されてよいだろう。もちろんこれは連想的であって確証されたものではない。ピエロは、ここで私たちがヴォンコンテと想定している若者をもう一度、しかも一四五九年という年に描いている。アレッツォの聖フランチェスコ教会の、バッチ家の依頼によって描かれたフレスコ画のなかで**予言者**として描いているのである。

(7) これに関しては、K・-O・アーペルの『倫理的問題としての人間の状況』(Zeitschrift für Pädagogik 5, 1982, S. 677ff.) も参照。私の考えによれば、これとパラレルなテーゼがここで論じられている。しかも、二つの倫理的な合理性構想を区別しながら。すなわち、そこでは「コンセンス志向的コミュニケーション行為の合理性と戦略的行為の合理性」(S. 687) が区別されている。

*ピエロ・デッラ・フランチェスカの「キリストの鞭打ち」は、ウルビーノの国立マルケ州美術館にある。

訳注

*1　一三世紀前半のフランス人建築家。ヨーロッパ各地を旅行し蒐集した手書きの記録は中世建築を知る資料として重要とされている。サン・カンタン教会やカンブレの大伽藍は彼の作とされる。

第三章　教育時間の近代的観念の成立について

1　デューラー

一五〇七年から一五〇八年にかけて、ニュルンベルクの画家アルブレヒト・デューラーはフランクフルト・アム・マインの商人ヤーコプ・ヘラーと書簡をやりとりしている。問題となったのは、ヘラーがデューラーに委託した祭壇画の件であった。デューラーがヴェネツィアから帰って間もないころである。ヴェネツィアで、デューラーはドイツ人商館――アウグスブルクのフッガー家が支所を置いており客室もついていたが、今はヴェネツィアの中央郵便局となっている――に住み込んで仕事をしていた。「ヘラー祭壇画」の仕事ははかどっておらず、商人は画家に繰り返し仕事を急ぐよう督促する。もちろんお金の問題もからんでいた。デューラーは次のように書いている。(1)

「親愛なるヘラー様、先ずは私の心からなる御挨拶を！　貴下の御親切なお便りを嬉しく頂戴いたしました。しかしこの処長らく私は熱病で苦しみ、そのため数週間ザクセンのフリードリッヒ大公の仕事に支障を来たし、それが私にとって大きな不利益となりましたことを御承知下さいますよう。しかしその仕事は半分以上できておりますので、「遠からず」完成いたすと存じます。それ故貴下の板絵については御猶予下さいますよう。私が当地でお約束いたしました通り、上記の大公［の仕事］が片付き次第、即刻それの制作に出精いたすつもりでおります。まだ［描き］始めてはいませんが、それ［画板］を指物師から受け取り、貴下が下さった金子を支払いました。［…］私はそれを地塗り職人へ廻し、彼はそれに白下地を引き、着色し、来週には［枠に］鍍金をすることになりましょう。神よ、それが大公の仕事の次のものとなるよう定められてあるならば、私はそれを描き始めるまでに［前金を］支払って頂こうと思ったことはありません。疲れないよう、私は余り多くの仕事を一緒に始めることを好みません。［…］しかしもし神が私に力の限りの多くをお与え下さいますならば、多くの人びとが成し得ないような何かを作りたいと思っておりますことを御承知下さって御安心頂きますよう。これにて失礼いたします。一五〇七年聖アウグスティーヌスの日［八月二八日］、ニュルンベルクにて　アルブレヒト・デューラー」［邦訳一〇五―一〇九頁］。

一五〇八年三月一九日には次のように書く。

「親愛なるヤーコプ・ヘラー様。一四日以内にフリードリッヒ大公の仕事を終えることを御承知下さい。引き続いて私は貴下の仕事に掛かり、それを仕上げるまでは、私の習慣通りどのような他の絵も描こうとは思っておりません。殊に貴下のため中央図を私自身の手で入念に描くつもりでおります。しかし外面が石色（グリザイユ）で描かれる翼画もそれに些かも劣らずスケッチがなされ、［私はその画板を］下塗りさせました。従ってお気に召すことと思います。貴下が私の主君（フリードリッヒ大公）の絵をごらんになることを願っております。それは貴下のお気に召すことと存じます。そのため殆ど丸一ヵ年を掛け、しかも利益は寡いものでした。何故なら二八〇ライン・グルデン以上は頂けず［誰が描いても］それくらいは費《つい》えが掛かるでしょうから」［邦訳一〇八―一〇九頁］。

さらに一五〇八年八月二四日。

「[…]翼画は外面が石色（グリザイユ）で描き上げられましたが、まだニスを塗っておりません。また内面はその上に描き始められるようすっかり下塗りがされています。さらに私は本体（コルプス、中央図）を本当に精魂こめ長い時間をかけて構図し、そこへ下描きを始められるようそれは二種の極上の絵具で下塗りされております。御意見を承り次第私は澄明さと長持ちのために、およそ四、五回または六回下塗りし、極上のウルトラマリーンを使い、成し得る限りのものをそこに描こうと考えております。また私以外の誰もそこには一本の線たりと描くことはありませんので、多くの時間が掛かることでしょう。そこで私は貴下が不快に思われないことを期待した上で、このような作品を貴下のため一三〇ライン・グルデンのお約束では損失の故に制作し得ないという私の見込みを一筆いたすべく決心した次第であります。何故なら［その額では］多大の損失を来たし、また時間を失うからであります。しかし私は貴下にお約束いたしたことを誠実に守るつもりでおります。貴下が約束の金額以上には出せないと仰るのであれば、それでもその代価よりは迥《はる》かに良く作りましょう。しかしもし二〇〇グルデン下さるならば、私は［上記の］計画を実行いたしたく存じます。そしてもし誰かが四〇〇グルデン出すと申しても、同じものを作るつもりはありません。何故なら［そのようなことをしても］大そう時間が掛かり、そこからは一ペニッヒの利益も上がらないからです。[…]ただもう直き冬が私を襲ってくるのが残念です。日が短くなると仕事を多くすることができません」［邦訳一一〇―一一三頁］。

書簡のここに挙げた箇所は、ヨーロッパ的な時間意識の歴史のなかで近代に起こった劇的な局面を兆候的な形で示すものである。まず引用箇所について説明し、次に歴史的文脈に立ち入ることにしたい。

明らかにアルブレヒト・デューラーは私たちが「貪欲」と呼ぶような人物であった。しかしそれは初期近代的な形態における貪欲さである。他の著述、たとえば『ネーデルランド旅行記』（一五二〇年）を見ても、いかに彼が一銭一銭を勘定し、自分が出した酒手を厳密に記載していたかを知ることができる。まるで、たとえば彼が見たファン・アイクの祭壇画に匹敵する重要事だと言わんばかりなのだ。しかしこれは、自分自身の労働時間に直接結びついた貪欲さである。デューラーは自分の**労働時間**を惜しんでいるのであり、金銭はその象徴的な表現なのである。これは彼の置かれた状況の帰結であった。依頼人の方は、商人でもあり、この種の等価性をもっと気軽に理解する。委託発注の際に金額は確定されたのである――ところが画家は、少なくとも経済に関しては商人より遅れており、委託発注から心配が始まることになる。期日を守れないかもしれない。絵を描くにはそれなりの時間がかかる。あらかじめ時間を厳密に計算することは難しい。商人にとってはそれが言い逃れと映る。というのも、彼は資本が利子という利得ないし損失をもたらすことを知っているからである。しかもつねに、昼夜の別なく。ところがデューラーはといえば、もちろん夜中に働くことはできない。彼は光を必要とするのだ。彼は天体の時間リズムに（まだ）依存しているわけである。「もう直き冬が私を襲ってくるのが残念です。日が短くなると仕事を多くすることができません」。

もっとも、画家も自分の境遇を多少ましなものにできないわけではない。彼に仕事を委託していたのは、ヨーロッパにおける貨幣循環を日々推し進めていたような人々である。そうした人々の委託仕事に依存することで彼は時間不足に陥っているわけだが、その時間不足を分業によって和らげることは可能である。「指物師」と「地塗り職人」が、白下地で下塗りされ鍍金で縁取りされた画板を彼のために用意してくれる。しかしこれも、期日を守るためには十分ではないし、弁明としても十分ではない。つまり、画家は彼の個人的な能力に支えを求めているのである。たしかに仕事は思っていたより長くかかっている。しかしその分、他より良いものができ上がるだろう。非常な自信をもって、彼は自分が「多くの人々が成し得ないような何かを作る」ことができるのだと述べている――しかも、彼はイタリアの画家たちと自分とを比べることもできたのであり、「多くの人々」が抽象的な誰かでないことは確かである。

デューラーは一種の方程式を立てているわけである。時は金なり、である。しかし時間の側には、それが労働時間である限り、追加的な変数が存在する。金であるところの時間は、個々人の労働時間であるばかりでなく分け持たれた時間でもあり、多くの人々の間を調整している。そして、ひとたび時間を金に換算するということを始めてしまえば、物質の価値も別の意味をもってくる。画家は次のように請け合う。「私は澄明さと長持ちのために、およそ四、五回または六回下塗りし、極上のウルトラマリーンを使い、成し得る限りのものをそこに描こうと考えております。」ウルトラマリーンは、当時最も高価な絵具であった(2)。しかしデューラーはここで、それに加えて、描くために彼が必要とする労働時間をも計算に組み込んでいる。そしてその場合、彼の労働時間は他の人の労働時間よりも価値があると考えられる。というのも、すでに八年前に、優に一時代は保つような――もちろん自ら調合した――絵具を自画像に用いたと彼は記している。金と時間の方程式のなかには、さらに個人の能力が、個性が（この言葉は慎重に使わねばならないが）、持ち込まれるのである。しかもそれは、取り替え不可能な固有性というよりも、時間のなかで獲得される能力として表れる。

しかし、にもかかわらず、彼の時間感覚はこのように「合理的」に計算されているようにはみえない。この一年足らず前、友人でありパトロンでもあったニュルンベルクのヴィルバルト・ピルクハイマー宛にヴェネツィアから出した手紙を彼は以下のように結んでいる。

「貴兄にはまだまだ沢山書きたいのですが、もう直ぐ私自身がお傍へ参ります。ヴェネツィアにて。一五〇六年、今日が月の何日か知りませんが、多分ミヒャエリスの一四日後か。アルブレヒト・デューラー」［邦訳一〇三―一〇四頁］。

明らかに、デューラーは彼の時間を、労働時間や時計の時間によってではなく、主として（まだ）季節の時間によって、あるいは――こちらの方が多少は厳密だが――教会暦上の主要な出来事によって、測っている。しかし教会暦は単なる宗教的なカレンダーではない。それは社会的な出来事を示してもいるのである。もっとも、デューラーは、日付が不正確であることに言及する必要があるとは感じている。彼はすでに、異なる二種類の時間図式を関係づける必要に迫られているようなのだ。社会的な意味単位として体験される共同的（宗教的）な生活のリズムとしての時間と、暦上の日付と時間にしたがってなされる定量的な勘定法という二種類の時間図式である。委託主であるフランクフルトのヘラーは、その督促を通して、第二の種類の図式化をデューラーに念入りに意識化させる。ヤーコプ・ヘラーがアルブレヒト・デューラーに押し付けた（何と言っても両者は「契約」を結んでしまっているのだから）時間測定のこのやり方は、その後「進歩的」なものとして通用するようになる。結局それは、一連の歴史的出来事が完結した後には、産業文化の可能性の条件ということになるのである。

2　エラースムス

教育においてこれに対応する事態がわずか数年後に見られる。ロッテルダムのエラースムスは、一五一九年、彼の『対話集』のなかで、教育を渇望する若者（カスパー）――おそらく一五歳から一七歳くらいと考えられる――

と、それより若干年上ないし同年の、ただし時代の流行から距離をとった若者（エラースムス）との対話を公にした。この対話の一節を、多少長くなるが引用したい。というのも、この引用部分においては、どの細部も重要な意味をもつからである。

「エラースムス：きみはどこへ行ってきた？　料理屋？
カスパー：とんでもない思い違いだ！
エラースムス：玉転がし遊び？
カスパー：それも違う。
エラースムス：酒場？
カスパー：とんでもない。
エラースムス：教えてくれ。僕には見当がつかない。
カスパー：聖母教会に行ってきたところだ。
エラースムス：そこで何をしていたの？
カスパー：ご挨拶をする必要があったからね。
エラースムス：挨拶って、誰に？
カスパー：キリストと聖人たちに。
エラースムス：きみはその年頃にしては実に信心深いね。……
エラースムス：きみは大した説教者だ。しかしきみは自分が説いていることを実行しているのかい？
カスパー：僕は自分のできることを男らしく行っているよ。

エラースムス：男らしくといっても、実際にはどうしているのだろう。だってきみはまだ子どもじゃないか。
カスパー：そのための力が僕にあるかどうかじっくり考えて毎日良心の探究をしている。もし何かを怠ったら、それを取り戻すようにする。あれは礼儀に欠けていた、これはふざけた言い方がすぎた、これは深く考えもしないでやってしまった、あそこでは黙っていた方が良かった、あれはやめておいた方が良かった、という具合にね。
エラースムス：いつきみはそういう良心探究をするの？
カスパー：普通は夕方だが、その他の時間でも機会があれば。
エラースムス：その後は何をする？
カスパー：僕は急いで学校に行く。そしてそこで自分に求められていることを熱心にやる。僕はキリストの助けを乞い求める。僕たちの努力はどれも、キリストの助けなしには何の役にも立たないからね。僕は、もし自分自身が勤勉に勤めなければキリストが僕とともにいては下さらないだろうと、そう考えつつ勉強する。僕は鞭で打たれることのないように、また言葉や行いで教師や仲間の生徒の怒りを買わないように、全力を尽くすのだ。
エラースムス：そんなふうに考えているとは、きみは立派な若者だ。
カスパー：学校が終わると、僕は急いで家に帰るけれど、可能なときにはまた教会に寄り、再度イエス様に挨拶をする。両親を少しでも手伝えるときには手伝う。それでもまだ時間があれば、ひとりでやるときも学校の仲間とやるときもあるが、学校で学んだことを復習する。
エラースムス：きみは実に時間に貪欲だ。
カスパー：貴重であるとともにかけがえのないものである財に関して僕が貪欲であるとしても、驚くことはないだろう。
……
カスパー：驚くような策略で彼らは僕と僕の両親に取り入って来た。しかし僕は堅く心に決めたのだ。自分について知り尽くすまでは、身を固めることもしない、聖職者にもならない、修道院にも入らない。そこからもう逃れられないような束縛に入ることはしない、とね。
エラースムス：そういう束縛に入るのはいつのことになるのだろう？
カスパー：おそらくは決して。少なくとも僕が二八歳になるまでは……
エラースムス：そんなふうに石橋を叩いて渡る人なら簡単に罠に落ちることはないだろうね……。冗談はさておき、きみのような生活様式を真似したいものだと本当に思うよ。
カスパー：きみもそうなれると良いね。
エラースムス：僕もきみと同じようなことをしてみよう。
カスパー：僕の上を行ってほしいね！　でも僕はきみを待ちはしないよ。僕は毎日、自分自身を越えるように努力している。でも、もしできるものなら、僕の上を行くように努めてくれたまえ」。

（Erasmus 1947, S. 239ff.）

引用したテクスト全体が、いかなるわずかな時間も利用しないまま無駄に終わらせはしないという、同時代の読者にとっては驚きだったにちがいない熱意によって支配されている。若いカスパーが送っている修養の日々には、堅固な教育を獲得しようという熱心さや真剣さがみられるだけではない。そこには、精神的な財を身につけたい、あるいは少なくともその獲得のための手段を身につけたいという、大慌てと言うと言い過ぎかもしれないが、ともかく驚嘆すべき性急さがみられる。そしてカスパーは、懐疑的な留保を予想しつつ、自分が貪欲なのは自分の時間に関してなのだと答えている。これは、すでに一〇〇年ほど前にフィレンツェのアルベルティが彼の著書『家族論』で出した回答と同じものである。「貴重であるとともにかけがえのないものである財に関して僕が貪欲であるとしても、驚くことはないだろう」(3)。

「料理屋」「玉転がし」「酒場」――このテクストの著者にとって、私たちにとっても理解可能な対置が明らかに問題にされている。つまり、役立つ形で使われる時間と、単なる人付き合いの欲求のために使われるような時間とが対置されているのである。ということは、労働時間対自由時間、ということだろうか？　この解釈は短絡的すぎるだろう。このテキストにはその種の言葉（あるいはそれと似た意味の表現）は現れない。また、たとえば現代の産業労働者のように、賃金に左右される労働の時間を、私的に利用可能で主に労働力の再生産に使われるべき時間から区別するような歴史的・社会的状態が問題になっているわけでもない。しかしまた、中世的な、あるいは太古的な逸楽とは違って、対置される料理や遊興や酒場は、もはや共同体的な神話の意味形成的なリズムに埋め込まれてはいない。料理や遊興や酒場は、ここでは社会的な場を指定するものであり、いずれも役立つものにはまったく（あるいはごくわずかしか）関係しないような活動類型に結びつけられている。人は自分の時間をそうした場所で過ごすことも過ごさないこともできる。人は自分でそれを決めねばならない――ただし年齢にふさわしく（「きみはその年ごろにしては実に信心深い」）。カスパーは自ら決断した。遊興と酒場には反対する、つまり無用な相互行為の時間には反対する。そして、時間の帳簿（「良心探究」）、学校と学習、性急さ（「僕は急いで……急いで」）、教育を利用することの効率性を支持する、と。

次第次第に蓄積されていく教育という財の嵩は、結局のところ、蓄積された貨幣資本と同じほど価値がある（「時間に関しては節約がつねに望ましい」）、というあの観念の何ほどかが、すでにここには明瞭になっている。市民的な生活の枠内で商売をすることがまだできない人間にとっては、商売に対してと同じように時間に対するのが、もっとも調和のとれた生活の形式なのである。そうした生活は――明らかに――勘定が合うのである。教育の時間との関わりにおける商業的な側面は、どちらも競争がある、というところにも表れている。人は互いに相手の「上を行く」よう試みる必要がある。それによって生じる相互的な駆り立ては、利用可能な教育の時間をさらにより良く利用するきっかけを与えるものであるから、歓迎すべきものである。競争はしたがって、単に受容可能な商品市場の原理であるばかりでなく、重要と見なされる教育市場の原理ともなるように思われる。利益をもたらす「投資」、しかも他の競争相手と最高の利潤を争うような投資としての教育時間の定義を介して、ここでは同時に「個性」もまた規定される。つまり、利用可能な教育時間との精神的な関わりによって生じる特別の利潤、として。

とはいえ、この対話テクストは、こうした考え方を提示する際にある屈折を示してもいる。エラースムスの反問が純粋な驚嘆を表現しているわけではなく距離をとっているということは、これを読む者にとって見逃しようがない。対話相手としての、また著者としてのエラースムスの——抑制されたものであるにせよ——アイロニーが示しているのは、時間との関わりにおけるこの新しい心性、新しく登場した時間図式が、問題なきにしもあらずだった、ということである。これに関しては対話の形式が示唆してもいる。それほどまでに計画された日々の経過のいったいどこに、この種の対話は場所を見出すことができるのだろうか。この種の対話は、明らかに、時間的な終点を一義的には計算できないような相互行為である。若者は、自分自身の自己提示を一貫させようとすれば、そんな対話になど身を任せてはならないだろう。時間は人間の教育に役立つように利用されるべきだという予測と、時間は予測不可能なもののためにもあるというもう一つの予測とは、ここでは一種の均衡を保っている。時間に貪欲になることと、そうした態度にアイロニカルな距離をとることとは、どちらも道理をもつのである。

予測できない時間、社会的にみて何ほどか有用な仕方で過ごしたか否かなど、そもそも決められないような時間もまた存在しなければならないということ、これは、当時においては法的規則によって裏書きされることさえあった。エラースムスのあの対話が書かれる七〇年前、ネルドリンゲン郡の村落規程（一四四八年）は次のように定めている。「それぞれの家の中で何が語られようと、暗闇で、戸を閉めて、一家の者との間でなされた場合には、それは罰せられることはなく、誰も、一切に関して罪を負うことはない[4]」。時間問題の枠内でこの引用の意味は直ちには明らかでないだろう。この規程で定められた規則は、コミュニケーションの「内容」のみをターゲットにしているようにみえる。しかし、厳密に読めば、挙げられている枠組み条件はさまざまな次元を話題に出している。「それぞれの家の中で」というのは空間の次元を、「一家の者と」は社会関係の次元を、「暗闇で」は時間の次元を、それぞれ指し示している。また、「戸を閉めて」は、私的領域と公的領域とのあいだの境界の相対的な不透過性を述べている。しかし、「閉ざされた戸」だけがこの境界を印づけているわけではない。日の出・日の入りのリズムもまた同様である。昼間は労働時間／公共性が支配し、暗くなると相互行為時間／私事性が支配する。後者の時間においては、「誰も、一切に関して罪を負うことはない」。つまりそれは、日中の明るい時間をどう使うかが公的に規制されているのとは違って「自由」な時間なのである。日中の時間が公的に規制されるということは、教育の過程が次第に公的期待の支配下に置かれるようになる、ということをも意味する（これは、この少し前まではそうであったように、公的／私的という区別が全体社会的には存在しないような状況と比べれば様変わりである）。教育過程の全体社会的利用という観点から見ると、「私的なもの」は、それが教育過程に対立しでもしない限り、関心を引かなくなる。子どもや若者の「教育過程」は――ちょうどエラースムスとの対話におけるカスパーがそうしているように――公的な説明責任を負うことになる。あらゆる教育がもつそれ以外の側面は、文字どおり「暗闇」にとどまる。そこでは、未来に向けて計算された学習は重要性をもたず、逆に状況ごとに求められる相互行為と陶冶の形態が最重要のものとなるのであるが、それは「暗闇」に置かれるのである。現代の用語法で言えば、「生活世界」が「システム」の後塵を拝することになる。次のように言うことができるかもしれない。「生活世界」は、見かけ上は私的に利用される時間の領域にますますなっていく。少なくとも「相互行為時間」の規則が通用する領域、物理的な時間測定に対して、体験される持続が自己主張できる領域になっていく。これに対して「システム」は、単に相互主観的に受容可能（これならば「酒場」でも言えることである）であるだけでなく、その相互主観性が「もう一度」標準化されるような時間図式を優先させる。どのような観点から優先されるかといえば、一つには、投資された活動が当人に、その個人の教育歴にもたらす有用性ということがあり、もう一つは、この種の経歴が一般的な有用性をもたらすかもしれない、ということがある。しかし、こうしたシステムと生活世界の対置がうまくいかないことはすぐにわかる。カスパーという架空の対話相手に関しても、一五〇〇年前後のネルドリンゲン郡に暮らしていた家族に関しても、彼らが自分の生活を二分して、ある場合には一方の、ある場合には他方の時間図式にしたがうなどということを簡単にやれていたとは考えられない。むしろ、彼らの生活の「全体」がいたるところで作用を及ぼすだろう。私たちはそうした場合、そうした全体のあらゆる部分が「相互依存」している、という言い方を好む。この「相互依存」が、学者の間だけで通用する決まり文句でなく意味深い語彙なのだとすれば、私たちはおそらく、それによってある抽象化を行ったことを認めざるをえないだろう。というのも、当然のことながら、一方の側面（たとえば「相互行為時間」）は、もう一方（たとえば「システム時間」）との関係においてのみ規定可能だからである。「相互依存」あるいは「全体」は、したがって、理論的な視点を言い表す概念であって、視野のなかに登場する事柄ではない。行為し決断するカスパーにとって二つの場所、二つの非常に異なる時間世界であるかのように現れるものが、「全体」を概観しようと試みる者にとっては、体系的に関係づけられたものとして現れることになる。「私的なもの」について論じることができるのは、すでにそこから区別された「公共性」の概念をもっている者に限られる。「酒場時間」の観念は、「学習時間」の観念が存在するところでのみ成立する。その逆もまた同様である。

「システム」とは、それが内包するさまざまな差異も含めた全体である。ロッテルダムのエラースムスは、彼の対話のなかで、端緒的にではあるがこのことを明らかにした。その後、ヨーロッパの教育制度はこの困難に苦しめられる。個人的な経験の時間リズムと制度的な学習の時間リズムを、どのように調停すればよいのか、しかも、個人的に表明された人生の意味に関心をもつ個人がそのことによって苦しむことなく、共同体全体の生産性への関心が損なわれることもないような仕方で、どのように調停すればよいのか？

3　学校規程

この時点で「近代」が開始され、それはその後フランス革命を経て、産業革命の時代に劇的に頂点を迎える。だからこの時点はもう少し厳密に眺めてみる価値がある。商人ヘラーとデューラーの往復書簡は、対話形式で述べられたエラースムスの論証は、教育の「現実」と何かしら関係していたのだろうか？

この問いを検証するためには、さまざまな史料に助けを求めることができる。たとえば、自伝、家族年代記、子どもの行動とそれをどう判断したかについて書かれた文学、教育施設の規制に関する記録。これらの史料を互いに比較してみると、ただちに重要な考察が目に飛び込んでくる。一六世紀当時の人々の個人的な証言のなかでは、「時間」はほとんど話題になっていない、ということである。たしかに、ヘラー宛のデューラーの書簡のなかに浮上したような種類の問題は存在する。また、エラースムスの対話と何ほどか関係するような内容も存在する。つまり、これからは時間との関わりはこれまでとは違ったものとなる必要がある、という示唆と指摘である。しかし、そのうちのどれだけが「イデオロギー」であり、あるいは「意見」にすぎないのか、そして何が教育的現実の時間次元の信頼のおける記述であるのかを区別することは容易ではない。しかし、「学校規程」と呼ばれるような文書類に関してはこれはあてはまらない。古代以後の歴史のいずれかの時点での教育制度の革命を主張しようとするなら、一六世紀、つまりルネサンスと宗教改革を挙げるのがもっとも間違いのないところだろう。しかしそれは**上から**の革命であって、人文主義知識人や、初期資本主義の商人や、手工業職人や、プロテスタントの市参事会員からの革命であった。住民に教育をあてがうことが**計画された**のであり、こうした計画化の最重要のドキュメントがヨーロッパの至るところで布告された「学校規程」であった。それが原理的に目指していたのは、単に社会のなかの選ばれた小部分集団だけではなく、少なくとも都市部の後継者全体を掌握するということであった。この種の行政的な計画意図が正当であるということは、何よりも、マルティン・ルターが一五三〇年に以下のように定式化した論拠によって根拠づけられた。「戦争をしなければならないときに統治者が領民を強制して、能力のある者が槍や鉄砲をかついだり、城壁のうえを走ったりするようにさせうるのであれば、なおさらのこと、統治者はここで領民を強制して、彼らが子どもたちを学校にやるようにしうるわけだし、すべきでもある。(5)」一六世紀の学校規程で、ニュアンスにはさまざまな差があるとはいえ、こうした議論の仕方をとらないものはほとんどない。子どもを学校にやるのは義務だ、というのがそれである。

最初から明らかなことは、こうした学校において問題になるのが生活形式に深く食い込むような制度化された行動調整であり、とりわけ時間の規制だということである。この点に関してヨーロッパ的なコンセンサスが生まれた速度は驚くべきものである。数十年の間に、あらゆる学校規程に繰り返し現れるような時間図式が、その学校がどのような設立母体によって作られたか、あるいはどの地域に位置するか、とは無関係に形成されることになる。すでに文書の外的な形態において、起草者が時間次元に置いている重要性は見て取ることができる。規程の文書は、典型的な場合では以下のような区分にしたがっている。

—学校施設の設立母体と一般的な設立根拠
—クラス（「まとまり」）への子どもたちの区分
—授業時間の設定
—一日の授業活動の区分
—週計画の設定
—教師の給与
—生徒数・教師数に関する規則

授業内容とともに、そこでは授業構造の時間的次元に最大の価値が置かれている。この種の規則の中心にあるのは、「まとまり」への子どもたちの区分である。

「第一のまとまりは、読むことを学ぶ子どもたちである。この秩序は同一の子どもたちによって保たれる。彼らはまず読むことを学ぶ。子どもたちの読本は、そのなかにアルファベット、われらの父、信仰、およびその他の祈りがおさめられている。」

「もう一つのまとまりは、すでに読むことのできる子どもたちであり、今や文法を学ぶことになる。」

「子どもたちが文法をよく練習したら、もっとも出来のよい者を選び、第三のまとまりを作ることもできる。」(6)

Primus Ordo.

Priuata.	Mane Horis. I.	Mane Horis. II.	Diebus. In primo Ordine.	A Prandio Horis. I.	A Prandio Horis. II.	A Prandio Horis. III.
Exercitia Horae privatae in singulis Ordinibus, publicarum Lectionum & rei Grammatices praecipue repetitionibus destinata.	Grammati. maiorem lati: Dn. Phil. praeleget Dn. M. Andre. Winglerus.	Exercitia styli orationis solutae emendabuntur.	☾	Musicam docebit Cantor Erasmus Radeualdus.	Epistolas Ciceronis explicabit M. Bonus Roslerus.	Praecepta Rhetorices tradet Dn. Dauid Rhenisch.
	Eandem Grammati. praeleget Dn. M. Andre. Wingler.	Dialectica Phili. Melanth. proponetur a Dn. Rectore Petro Vincentio.	♂	Musicam idem Cantor Erasmus Radeuald. docebit.	Epistolas Ciceronis M. Bonus Roslerus explicabit.	Eadem praecepta Rhetorices tradet Dauid Rhenisch.
	Syntaxin maio. Philip. tradet M. Andreas Wingler.	Dialectica eadem proponetur a Dn. Rectore.	☿	Arithmeticam Cantor Erasmus tradet.	Testamentum graecum M. Johan: Scholtz explicabit.	Orationem aliquam Ciceronis selectiorem explicabit Dauid Rhenisch.
	Horis matutinis fiet emendatio scriptorum Poeticorum, & examen absentium, tardorum, & notatorum de Lingua vernacula & malis moribus, in omnibus Ordinibus.		♃ Hieremiam leget Reverendus Dn. Doctor Esaias H.	Erunt feriae: nisi quod scriptiones exercebuntur horis convenientibus, ut antea, praesentibus Dn. Bono Roslero & Nicolao Steinpergero, art. Philosophiae Magistris.		
	Praecepta prosodiae Dn. Philippi explicabit Martinus Hofmannus.	Homeri Iliada interpretabitur Dn. Rector M. Petrus Vincentius.	♀	Virgilij Aeneida leget Dn. Martinus Hofmannus.	Examen Philip. enarrabit M. Johannes Scholtz.	Orationem aliquam Ciceronis selectiorem explicabit Dauid Rhenisch.
	Grammati. Phil. Graecam tradet Nicolaus Steinpergerus cum Isocratis oratione quoties aliquid praeceptionibus lectis breviter addendum videbitur.	Evangelium Graecum exponet Grammatice M. Andreas Winglerus.	♄ Examen Philippi M. Johannes Scholtz enarrabit.	Scriptiones exercebuntur post Lectionem Dn. Doctoris, ut antea.		
	Explicabit doctrinas Evangelij Dn. Rector M. Petrus Vincenti. vel aliquam Epistolam Pauli.		☉			

（1570 年のブレスラウの学校規程 in: Vormbaum, a. a. O., S. 217）

この種の文言は一六世紀の前半にはまだ比較的短い総括的な規定になっている。しかしすでに世紀半ばになると、一五五〇年のヴュルテンベルクの学校規程は一〇〇頁におよび、三つの「まとまり」は五つのクラスになっている。他の子どもよりも学習速度に勝る子どもたちのための追加規則が導入されている。学校の時間は、かつてのように、「朝食の後に」「朝のミサの後に」等々といった「大まか」な時間単位に従って設定されるのではなく、時計の時間に従って設定される。

「生徒も、その両親も、さらには教師も、いかなる時間に学校に来るべきかを知るために、私たちは規定しまた求める。祝日でないかぎり、あらゆる学校で午前中に三時間行うべし。夏の時間には、六時から七時まで、そしてその後に休みなしに八時から一〇時まで。しかし冬の時間には、六時から休みなしに八時まで、そしてその後に九時から一〇時まで。さらに、午後にも三時間。夏と冬の両方とも時間は同じ。つまり、一二時から二時、そしてその後に三時から四時まで、学校を開くべし」(A. a. O., S. 75)。

こうした時間のコルセットのなかに、今や授業内容が詰め込まれることになる。授業内容は、まずは概括的に三つか五つの「まとまり」に配分した上で、週や一日の時間割のなかに組織されることになる。しかし、基本思想がひとたび把握されると、それはさまざまな帰結を要求することになる。その基本思想とは次のようなものだ。子どもの教育の過程は、時間におけるリニアな進歩として[7]、「プログレッスス」("progressus")ないし「プログレッシオ」("progressio")として捉える必要がある。この進歩が成功するためには、学習集団はできるだけ同質である必要があり、できるなら同じ発達の段階にある必要がある。そのことを保証するために、教育の過程全体をできる限り小さな時間単位に下位区分しなければならないし、学習の進歩をコントロール可能にしなければならない。こうした思想の帰結は、一面では、学校の日常のますます厳密になる時間リズムに、子どもの発達に関する精密に区分された理論の探求に、またそれに対応して、追求される線形性にいかなる断絶も生じさせないための「まとまり」のいっそうの下位区分に、表れる。たとえば一五八〇年のクアザクセン学校規程においては、この最後の一歩が踏み出されている。

最初の「まとまり」がさらにもう一度下位区分されることになる。


「学校教師が生徒を能率的に教えようとすれば、生徒を三つのまとまりに区分すべきである。

一つは、そのなかに、字母をまず学ぶ者が配置される。

もう一つは、音節を始める者が配置される。

第三は、読み書きを始める者が配置される。

それぞれのまとまりのなかで、同種の者が別々に組を作る、つまり、それぞれのまとまりのなかでも、さらに同じ者を集める。そうすることによって子どもたちは勤勉へと駆り立てられ、学校教師の仕事は楽になる。

学校教師はまた子どもを過度に急がせてはならないし、子どもたちと一緒に進んでもならない。学校教師は、規程にしたがえば彼らに求められているように、同じことを前もって十分かつ真に学んでいる」（A. a. O., S. 293）。


今やタブローは完璧である。ヨハネス・シュトゥルムがすでに一五三八年にシュトラスブルクで提案し導入していたことが議論の的になっていた。子どもと若者の教育過程を、五、六歳から始めて九つの、可能な限り年次にしたがって下位区分された段階に組織すること、である。そしてこの段階――最初は「まとまり」、次に「オルド」、次には「クラス」と呼ばれた——の各々に対して、決められた範型にしたがって比較的完備した週の授業計画が存在する（一一一頁の図を参照）。この週別時間計画は、クラスあるいは年次段階ごとに規定されていたが、それがすべてというわけではなかった。時間厳守への期待と、一様な時間単位に分割された学習成果への期待は、もし授業のない時間が授業時間とは対立するような行動習慣に支配されていれば、単に表面的であるような生徒の順応をたやすく帰結する可能性がある。エラースムスの対話におけるカスパーが模範であったかのように、学校規程は、一日のうちで子どもたちが監督なしにいられるような時間に対してもまた、規準となるのである。実際、たとえば一五七五年のアルトドルフの学校規程は次のように述べている。

「身体の訓練と運動を伴って行われる遊興や娯楽や暇つぶしは、昼食後や夕食後に少年たちが学ぶことに疲れたとき、あるいは、その他彼らが通常学校に行かないときには、これを優先させまた許可するべし」（Vormbaum, S. 627）。

これはしかし、限定を伴っている。

「一時間をこえて遊興をしたり暇つぶしをすることは許されない」とされる。さらには、「この種の娯楽や暇つぶしは、少年たちの単なる楽しみであってはならず、そこから何らかの危険や損害や不利益が生じることのないように、またその種のものが防止されるように、慎み深く、真剣に、等々、なされるべし」。

こうした時間に関しても、それが**役立つ**ように過ごされることが重要になる。それはたとえば次のようなことによってなされる。子どもたちを留め置いて、「春や夏の時期には、また秋にも同様に、町の外を散歩し、野原や農地を眺め、驚きに満ちた遊歩庭園に入って薬草を摘み、どれもが名前で言えるように、学んだことについて尋ねたり研究したりする」。

このアルトドルフの学校規程はニュルンベルク市によって布告されたが、彼らはそこに、一世代前の名高いニュルンベルク市民であったデューラーの経験のみならず、デューラーの時代に教育問題に関してニュルンベルク市の相談役であったエラースムスの意見も明らかに役立てていた。しかし問題は一見するよりも困難である。たしかに、時計を時の規準とするような規程を布告することが大きな問題を引き起こすわけではない――すでに以前から、町々では時計台が時を告げていたのである。しかし困難に思われたのは、子どもたちの（さらには教師たちの）身体をこうした同じ規準に同調させることであった。

全体としては、これは人間学的に要求するところの大きいプロジェクトであった。すでに一〇〇年前から、少なくともフィレンンツェの人文学者レオン・バッティスタ・アルベルティの著作『家族論』以来、時間は経済的な意味をもった計算単位として議論されていた。大人たちの行動、少なくとも都市の、貨幣流通に巻き込まれた市民たちの行動はすでにそちらの方向に――デューラーの書簡が示しているように時には労苦を伴ってであるとはいえ――向かっていた。最先端の自然科学は、物理的経過の念には念を入れた厳密な時間測定を行うことによってのみ自然現象の規則を追跡することができる、ということをまさに見出していた。ガリレイは、自由落下の法則を取り出そうとしてこの点で相当苦心した。

実験の手順――磨いた球を斜めに立てかけた木の樋の上で転がす――を記述した後、次のようにいわれている。

「しばしば、私たちは、より厳密に時間を確認するために、個々の実験を繰り返したが、まったく何の違いも見出さなかった。脈拍の一〇分の一の違いさえもなかったのである。それに続いて、私たちは球を四分の一の長さだけ走らせたが、つねに先の落下時間の厳密に半分の落下時間を見出した。その後、私たちは別の長さを選択し、測定された落下時間を最後に得られたものと、また三分の二あるいは四分の三あるいは他の割合の長さと比較した。約一〇〇回繰り返したが、私たちはつねにコースの長さが時間の二乗に比例することを見出した。しかもこれは、平面が、つまり球が走行する溝が、どのような傾きの場合でも同じであった……

時間の測定のために、私たちは水を一杯にためた桶を置いた。その底部には狭い溝があって、それを通して細い水の帯が流れ出る。それぞれの落下時間の間に、この水を小さな皿が受け取ることになる。このようにして集められた水は非常に精密な秤で量られる。この測定の差から、私たちは重さの関係と時間の関係を得る。しかも、数多くの観察において決して互いに目立った違いが出ないほどの正確さで結果が得られるのである(8)」。

そこに表現された関心は、学校規程の関心と同型的である。しかし、子どもの自然は球の自然とは別物である。それは規制するような介入にまずは抵抗する。それ自身が、球とは違って生きて躍動するものだからである。経済学者や自然研究者や、そしておそらくは中心遠近法(それは空間的にも時間的にも重要である)を発明した画家もまた、厳密な、できる限り詳細な時間測定が必要であり、この種の基準値の規則にしたがって人生の出来事が判断されるべきだということについて一致するかもしれない――しかし教育者にとっては、決定的な問題はまだ解かれていない。つまり、この文化的な時間ハビトゥスの転換は、いかにして子どもたちとの関わりのなかで実現されうるのか、という問いである。というのも、子どもたちとの関わりのなかで再生産されるのは、さしあたりは金利でも自然法則でも、あるいは遠近法で描かれた絵でもない。これらすべては、個々の子どもに与えられた具体的な身体/肉体に比べれば、抽象でしかない。近代の道筋に献身する文化形成の時間プロジェクトに対して、文化形成が子どもの身体／肉体の生動性によっても受容されることを保証するような、教育的な時間プロジェクトが付け加わる必要があるわけである。

そしてこれはもっとも大きな困難であったように思われる。ほとんどあらゆる学校規程が、したがって、授業と並行した行動や授業外の行動の問題について述べている。これは、ノルベルト・エリアスが「自己強制」と呼ぶ問題である。多様な指示と望ましくない行動の禁止から私たちが推測できるのは、当時、学校設立者、市参事会員、教師、聖歌隊長、小間使いが何を予測していたかということである。生徒たちが任意に学校に来たり来なかったりすること、授業中に騒ぐこと、「口論、諍い、喧嘩」、荒らされた教室、割られたガラス、刀剣その他の武器の携帯、不潔な身体や服装、狭い部屋に団子状に座ること、「有害で猥褻な事柄」を語ること、屋外の「大きな流水やヴァイヤン［weyern＝不詳］」で体を洗うこと。要するに、子どもの目から見て楽しみであるもの、暇つぶしや気晴らし（たとえ一時的には苦痛を伴うとしても）であるもの、これが教育的な目から見ると疑惑の対象となる。肉体の躍動は、たとえばエネルギーを作り出すだけではない、というのが学校規程の起草者の考えであるように見える。むしろ、望まれた学習過程の最も腹立たしい障害を作り出すのである。自分の自発的な衝動の手綱を取ることを学んだ者のみが、自らを近代の文化のなかへ、個人的な満足と全体の利益へと、導き入れることができるであろう。これが実現するためには、子どもは早いうちから、自分の衝動をコントロールし、そのようにコントロールされた行動を今後の教育時間に結びつけることを学ばなければならない。そのような条件のもとでのみ、五歳から一五歳の間の子どもの「教育時間」が「有益」に過ごされた時間であることが蓋然的となる。時間図式は、単に公的な教育施設にあてはまるだけでなく、「自己自身に対する」態度にもあてはまる。

「生徒は自ら勤勉に行うべし。生徒は、各々の時間に行われることを知っておかねばならず、それゆえ授業プランを書き取っておかねばならない。そしてあるクラスに配置されたらただちに、小冊子（教科書）を購入せねばならない。教科書を手に入れるまでは、生徒は授業を書き取らねばならない。生徒は学校に規則的に通学せねばならず、決して怠けてはならない。授業にあっては注意深く静かでなければならず、食べたり、笑ったり、眠ったり、「一杯ひっかけ」たり、あるいはどこか他のところをよそ見してはならない。あらゆる授業に対して、生徒は特別の注釈帳をもつべし。そこに生徒は教師が朗読と復誦の間に述べたことを書き取る。そしてもし生徒が第八学年あるいは第九学年にいる場合には、慣用句を校長の指示にしたがって集める。生徒が聞き書き取ったことはすべて、家庭でも学校でも繰り返すべし。彼らの作文、証明、詩句を、生徒は自らただちに、熱意をもって行い、何度も読み直し、それを文法にしたがって確かめ、その後に清書し、課題とされたことをつねにすべて翻訳し、毎日、書写とラテン語、ギリシア語、ヘブライ語を練習し、暗記すべき事柄を徹底的に記憶し、朗誦においてはメモも本も脇に置くようにし、最終的には子ども時代からラテン語で話すことに慣れるべし。――生徒は自ら規律と秩序を守るべし。家で自分を清潔にし、手と顔を洗い、髪を梳り、爪を切り、学校に入るときには帽子を脱ぎ、上着またはマントを前できちんと留め、自分の場所に座るべし。あちこち席を移る、窓を割る、教師が黒板に書いたことを消したり、いたずら書きをする、叫ぶ、わめく、妨害する、「ざわつく」といったことをすべからず。だらしない不真面目な服装をすべからず（ふちの破れた帽子、破れたズボン、シャツに付けた大きな「グロレン」［Grollen ＝不詳］、「紐」付きの靴、大きな「パウゼルメル」［Pausermel ＝不詳］や「幅広ズボン」、剣や「短刀」を持つこと、短い「合羽」あるいは「上着」がこれに当る）。また、道化師や女のような服装、仮面、等々、生徒に相応しくない他のあらゆる服装も避けるべし。そもそも、生徒が芝居を演じるのに必要である以外の、あらゆる仮装や変装はすべて禁止である」（ノルトハウス学校規程、一五八三年、Vormbaum 1860, S. 384f.）。

このすべてが巨大な要求である。そのなかに含まれた、若い世代の全体を仕立て上げるという教育的プロジェクト、彼らを時代的な期待の文化的標準と、そうした標準に対応する自己強制範型に固定するということが、四〇〇年たったいまでもまだ成功していないということは驚くべきことではない。

4　貧民規程

しかしながら、上述のような学校規程の共通の基調が定式化された同じ数十年の間に、最初の近代的・都市的な**貧民規程**もまた登場した。明らかに、新たなハビトゥスと自分たちの肉体の躍動を対立させた子どもたちだけでなく、商品流通・貨幣流通の周縁で生きていた貧民もまた、統合される必要があった。宇宙的な世界時間と融和したアッシジのフランチェスコが体現したような脱俗や清貧は、新しい文化パノラマのなかではもはやいかなる正当な場所ももたなかった。学校規程にも増して、初期近代の貧民規程は、時間構想がいかに密接に活動構想と結びつき、またこの活動構想が国民形成の関心と結びついていたかを示しているのである。もし時間単位が有用性の等価物であるとすれば、生活あるいは学習が、暦という基準値に、日と時間に、注意深く結びつけられれば結びつけられるほど有益になることが約束されているのだとすれば、そして最後に、前進と休養／充足のあいだでの人間身体の循環が、この循環運動が生産的活動の直線的な進歩への関心に座を譲ることが重要になったのだとすれば（不断に金利をもたらす貨幣が、この運動を人間に対していわば範示するのである）――そうなると、こうした観点からすれば活動しないままにとどまっているような人間も、それまでとは違った仕方で判断されることになる。

貧民や物乞いは、こうした新たな文化的コードの規準にしたがえば、太古の時代の残滓、あるいは不道徳／悪意あるものと判断することが可能である。こうした人々に対しては、不作法な子どもたちの錬成と同様の手段がとられる必要があるわけである。子どもたちの場合には、叫ぶ、ののしる、けんかする、施設設備を破壊する、野卑な遊びをする、といった形で表れたものは、大人の場合には「怠惰」「怠慢」「大食」「飲酒と遊興」ということになる。とりわけそれが公的に可視的になる場合にはそうであった。というのも、そうした時間の無駄を見せつけられるのは、時間に厳格な都市市民たちにとって誘惑であり、少なくとも歓迎すべからざる挑発であった。それゆえ、以下のことが重要となる。「貧民が飲んで騒いだりする場合、その種の大食、遊興、瀆神、その他の悪事が……抑制されるように、その者は妻子のもとで、あるいは住居内でそれをなすことができる」(9)。時間と活動との対応表を作るための新たな文化構想は、まずは公的なものだったわけである。それは——学校規程の場合と同様——肉体に近接した全住民の生活世界からではなく、初期市民的な都市の行政的な関心から発展した。そうした都市の推進者は言うまでもなく商人や職人であった。それは、ニュルンベルクのデューラー家やピルクハイマー家、(その一〇〇年前の)フィレンツェのアルベルティ家やアレッツォのバッチ家、アムステルダムやロンドンの銀行家家庭、プロテスタントで裕福な職人家庭を例外として、まだ家の中にまでは浸透していなかった。しかし**公的な場所**では、つまり学校や、教会、街路、広場、飲み屋では、新たな構想が一般的に通用するべきであった。物乞いはこのイメージを損なう(10)。

このことはしかし限定なしに妥当するというわけではない。というのも、罪のある貧民／物乞いと罪のない貧民／物乞いとが区別されたからである。この区別が受容可能となるためには、時間に関連した文化構想のもう一つの要素が必要であった。これは、子どもの場合にはまだそのまま前提とするわけにはいかなかったが(それゆえに、エラースムスの対話のなかでカスパーは対話相手を驚かすことになった)、大人には大いに求められることであった。

つまり、自らの人生を意図的な計画という規準にしたがって送る、ということである。学校設立者が、この種の理性的な計画の能力がまだない子どもたちのために彼らの教育の時間的経路を計画するように、一人ひとりの大人にはその人生を、その日々を計画し、公的に計算可能で一般的な有用性をもった活動によって満たす能力をもつということが期待される——少なくともこの構想にしたがえばそのように思える——ということである。にもかかわらず怠惰に走り、貧困に陥り、物乞いで身を養っているような者[11]は、能力が欠けているか意志が欠けているかのいずれかなのである。能力の欠けている者（未亡人、孤児、不具者、病人、経済危機や飢饉や戦争によって窮状に陥った者）は着実に支援すべきであり、意志の欠けている者は生産的活動へと強制されるべきであった。そして、都市行政がこの構想を貧民規程へと移し替えることになると、規程はたとえば以下のような文言を含むことになる。これはニュルンベルク市の一五二二年の貧民規程にみられるものである。

「ニュルンベルク市にはこれまで、家が貧しく、困窮し、助けを必要とする人間が多数存在した。彼らは貧窮ゆえに、彼らと彼らの係累のために、公的に街路の上でまた教会の中で、食べ物とねぐらを乞い、施しを懇願するが、これは私たちの信仰にとって、かなり心痛むことであり屈辱的なことである……——それゆえ、上述ニュルンベルク市の名誉ある評議員会は、これらすべてを（当然のことではあるが）真剣に考慮した。しかしもう一つ考慮に入れたことは、これまで多くの市民や市外のその他の人士が、真の困窮もなくその権利もないのに施しを受けてきたということ、それどころか、自らの手職を放棄し、物乞いでのみ生計を立てることを敢えてしてきたということであった。彼らはまた、自分の懐に入れたこうした施しを、怠惰やその他の罪深い軽挙のために濫費し、その上彼らの子どもたちを物乞いへと教育し、彼らのそうした若造が、いかなる名誉ある業務あるいは手職を学び取ることもなく無為に暇をつぶし、物乞いしたものを両親に差し出し、さらには寒さと飢えとあらゆる不法を我慢せざるをえないような運命にさらすことを敢えてしたのである」。

この種の生活様式をよりよくコントロールするために、助手（「従僕」）付きの貧民官が任命された。助手は、「公的な場に現れる物乞いの一人ひとりが一週間の物乞いでどれだけ稼ぐか、何人の子どもをこれらの物乞いのそれぞれがもっているか、親子がどのような教育を受けたか、そして、これらの子どもたちが、部分的には、奉仕の仕事や自分の手を使った仕事でパンを稼ぎ、両親の生計を引き受けることができないかどうか」を帳簿につけることになっていた。「こうしたことを特別に書面に残すのは、彼ら物乞いに、貧民官と助手を通して、職人仕事あるいはその他の職場を調達し、それによって彼らが労働できる者へと育ち、しばらくすれば施しなしでやっていけるようにするためである。そのためには、上述の四人の従僕が、これら物乞いおよび貧民たちの回りに住む住人に調査を行い、どのような良いあるいは悪い評判をこうした貧民が有していたか、また今でも有しているか、彼らが彼らのもの（日々？）を名誉ある業務に従事せしめてきたのか、それとも盗み、売春斡旋、大食、遊興、その他この種の明らかな悪事に従事し、施しを保証されることでかえって札付きの人間が彼らの罪深い人生の変転のなかでなお悪くされてきたのではないか、ということを注意深く記帳しなければならない。これとは逆に施しを取り去ることで、彼らがそうした悪事から、名誉ある、神を恐れる、キリスト教的な変容へと改心し、そのことによって施しに相応しい者となるように働きかけるべきである」（Sachße/Tennstedt 1980, S. 67f.）。

教育と貧民福祉のあいだに張り巡らされた論証と規制の連鎖の全体――ついでに言えば、これは、学校教育と社会教育の全体社会的統一の、その「システム機能性」の、一つの現れである――の輪郭は、時間図式という深さの次元を考慮すれば以下のように特徴づけることができる。一六世紀に支配的な問題類型は、「心理学的」時間、つまり主観的に体験される出来事の持続と、「物理学的」な時間、つまり体験からは独立で、社会によって設定されはするが、原理的にはまだ人間が意味深く実現できる活動に対する距離との、差異に関わるものであった。この類型を、ピアジェは「幼児における時間概念の形成」（一九七四）の分析において中心に据えている。しかしそこでは、つまり時間意識の場合には、教育の経過は、所与の対象世界における時間調整（ガリレイの範型に従うような）――ピアジェはそれにもっぱら関心を向けている――にのみ関わるわけではない。むしろそれは、肉体の体験世界と相互行為における他者への関与に結びついており、こうした体験世界と他者への関与の優位という印象のもとで、他の問題類型にも及ぶような葛藤が生じる。「今現在」の知覚に対して、期待と、そしてそれとともに想起が、重要性を獲得するのである。相互行為のための時間は窮地に陥る。というのも、相互行為のための時間は、一方では子どもという躍動する有機体との関係のなかにあり、他方では学校の行動規則や貧民規程の労働期待によって規制され、ないしは「私的」な生活領域に押し込められるに至るからである。これは自我と世界との関係を劇的なものにする。なぜなら、この種の条件の下では、単に「私的」相互行為と「公的」相互行為とが別々の時間図式にしたがうというだけでなく、自我の時間体験と、この自我に比べて「客観的」であるような社会的世界の時間構造とのあいだでも、一種の亀裂が生じる。これ以後、まさにこの亀裂が教育の基本問題となる。私の躍動する身体の運動は、物理学的な時間単位――その原理は、ある計量単位［たとえば一秒］ともう一つの計量単位［別の一秒］とが無条件に同じ間隔をもつということである――によっては測定不可能である。このようなやり方で測定されるものは、躍動する私の身体／心／精神の運動とは根本的に異なる何物かである。これが、ゼンマイ時計の発明とその歴史が時間の理論家にとってきわめて魅力的である理由である。文化的にみて徹底して相対的であるような出来事――何千年もの間、そして多くの偉大な、しかも私たちの文化と比較して人間性において決して劣っているといえない多くの文化が、こうしたタイプの時間測定なしでやってきたのである――が、人間に対して、その解決がシジフォスの労苦にも等しいような問題をもたらすことになった。自分の生動性を体験し、この体験を、以前／以後、過去／現在／未来、速い／ゆっくり、明るい／暗い、朝／昼／晩、暖かい／冷たい、といった「不正確」な時間単位に、季節の移り変わりに、さらにはまた状況に、気分に、活動様式に、結びつけてきた自我が、それとは別に、さらにはそれと同時に時計の時間単位に自分を合わせる、といったことが、いかにして可能になるのだろうか？

そうした問題配置の帰結は見通し可能である――一五二〇年ころのニュルンベルク市民にとってはそうではなかったかもしれないが、今日の私たちにとっては見通し可能であって、主体性が問題になるのである。もちろん、近代の教育学の歴史のなかでは、両方の側面の一方にのみ加担したような著者や社会制度も繰り返し登場した。「時計」の側面を支持したのは、学校規程、汎愛派、「産業学校」、統一学校、総合技術教育、ラトケ、バーゼドウ、ヘルバルト、マカレンコ、等々であった。「自我時間」を支持したのは、フランシスコ修道会派、神秘主義者、ロマン派、オールタナティヴ学校、療法集団、マイスター・エックハルト、ヤーコプ・ベーメ、ジャン・パウル、アレクサンダー・ニイル、イヴァン・イリイチ、等々であった。これはもちろん非常に大まかな分類であって、細部にわたって妥当するというわけではないが、傾向は言い当てているだろう。しかしこの他に「あいだ」の思想家もまた存在した。彼らは、主体性の、子どもの存在の、人間の教育のこの種の二分化の疑わしさに関心を寄せた。このため彼らの著作は後世の者たちからも対立する解釈を招き寄せた。モンテーニュ、コメニウス、ルソー、レッシング、ペスタロッチ、ゲーテ、シュライアマハー、フレーベル、シュタイナー、フレイレ――あるいは制度でいえば、幼稚園、田園教育舎、総合制学校《ゲザムトシューレ》における小集団モデル、実験学校・モデル学校、多くのカウンセリング施設、等々。この、人間学的・教育学的思考と教育実践の第三の伝統における中心問題を、私は以下のように定式化したい。離反してしまった時間構想、その異質なテーマ構成、対立として現れるようなその構成要素を、「陶冶構造」の概念のなかで統合する、実践的な見通しがたち社会の将来にとっても有意性をもつ可能性は存在するのだろうか[12]。これは、今日使われる言葉でいえば、「システム上の」問題である。この問題は、全体としては、それによって損なわれるものを度外視すれば、社会的実践によって解決される問題であるかのようにみえる。しかしこの損失分を、人はいかに評価するべきであろうか。

注

（1）以下の引用は Dürer（1978）, S. 119ff.［デューラー『自伝と書簡』前川誠郎訳、岩波文庫、一〇五頁以下］より。

（2）これについては Baxandall（1977）参照。

（3）これについては Alberti（1962）［アルベルティ『家族論』池上俊一・徳橋曜訳、講談社、二〇一〇年］、とりわけ二一六頁以下［邦訳二五五頁以下］を参照。

（4）Heidenreich, H.: Grenzübergänge. Das Haus und die Volkskultur in der frühen Neuzeit, in: R. v. Dülman（1983）, S.17 より引用。

（5）M. Luther: Eine Predigt, daß man solle die Kinder zur Schule halten, in: Kritische Gesamtausgabe, Bd. 30, II, S. 508ff.［「人々は子どもたちを学校へやるべきであるという説教」『ルター著作集』第一集、第九巻、聖文舎、一九七三年、二三六頁］。G. Mertz: Das Schulwesen der deutschen Reformation im 16. Jahrhundert, Heidelberg 1902 も参照。

（6）Kursächsische Schulordnung, 1528, in: R. Vormbaum, Die evangelischen Schulordnungen des sechszehnten Jahrhunderts, Gütersloh 1860, S. 5, 6 und 8.

（7）同じ時代に人生のイコノグラフィーも変化する。幸運の女神あるいは死によって駆り立てられる車輪としての人生というそれまでの頻繁に現れる表現に代わって、人生の諸階段が登場する（最初にこれが登場するのはおそらく一五四〇年である）。D. Lenzen（1985）, S. 44ff. 参照。

（8）この引用の社会学的解釈として、N. Elias（1984）, S. 84ff. 参照。

（9）一五二二年のニュルンベルク貧民規程。Chr. Sachße/ F. Tennstedt: Geschichte der Armenfürsorge in Deutschland, Stuttgart 1980, S. 70より引用。

（10）しかし、こう言ったからといって、言わば美的な関心が貧民規程の原因であるかのように、あるいは、新たな文化的「コード」が最終の歴史的根拠であるかのようにこれを誤解してはならない。貧民に対する新たな対し方の場合にまさに明らかなのは、この種の規制をもたらしたのが経済的な動機だったということである。しかしここで問題にしているのは、規制の**やり方**だけなのである。

（11）Sachße/Tennstedt（1980, S. 28）の推定によれば、住民の二〇％がこうした人々であった。

（12）これについては、回答のタイプとしては非常に異なる二つの著作、つまりN. Luhmann/K. E. Schorr（1979）とO. Negt（1985）を参照。本章に関しては当然、背景となる社会学や歴史学の幅広い文献が存在するが、ここでは引用することができなかった。本章の歴史理論的部分については、R. Koselleck（1979）をとくに挙げておきたい。

第四章　実見された肉体
――レンブラントの解剖画とそれにかかわるいくつかの問題

一八九九年ヤルタですでに重篤な状態だった医師であり作家でもあったアントン・チェーホフは、簡略な履歴書のなかで次のように書いている。「自然科学、科学的方法と関わってきたことで、私はつねに注意深くあることを学んだ。なので、科学的事実と一致する場合は書くことに努め、これとは反対に、一致が不可能である場合はまったく書かないことを選んだ(1)」。学生時代に死体公示所で多くの時間を過ごしたギュスターヴ・フローベールは、自分の著作活動と科学の関係を似たように規定している。すなわち、芸術と科学のあいだの境界は、もしある日、芸術においても精密な観察態度が美的制作を貫き主導するようになった暁には、消え去ってしまうのではないかと。それゆえ、ジャン＝ポール・サルトルは、医師だったフローベールの父の死体解剖がギュスターヴの芸術制作にもつ意義を詳細に論じるのである。「腐った死骸の上に身をかがめて、そこから人間の根本的な秘密を引き出すことに熱中している父親の姿に彼はショックを受けているのだ(2)」〔邦訳五〇六頁〕。ギュスターヴは当時まだ子どもだったが、妹とともに解剖室を見ることができる窓を通して父のメスの扱いを、注視していた。「受動的に構成されたギュスターヴは、おのれの受動性を映し出してくるほったらかされた死体のみだらなさまにしか注意を向けないのだ(3)」〔邦訳五〇八頁〕。そのような観察の仕方を学んだ者、すなわち「受動的に構成された」者は、観察対象の地点に自分自身を想像する。後にカフカが『田舎医者』や『流刑地にて』で描いたようにである。ヴァルター・ベンヤミンが教師たちに対し自分自身をただ観察者としてだけ自己規定するように勧め、そしてまさにそれゆえ、ジャン・パウルの教育論『レヴァーナ』をその事例として高く評価したとき、言いたかったことはこのことに関わることだったのだと思う。

こうした類いの言明の背後には近代の企図たる「科学」の長い歴史がある。そして、それは、独特でしかも問題含みな人間の肉体との関わり方の歴史でもある。こうしたものの言い方は、少なくともプレスナーやエリアス以来、常套句となってはいる。そして、アリエス、モース、リュチュキーから、教育学でもこのような洞察は広がりをみせ始めている。以下において私は、こうした知識と問題設定にひとつだけ実例をつけ加え、そのことで既知の事柄に新しいニュアンスを与えることができるかどうかを試してみたい。それは歴史的関心にとっても現実的関心にとっても注目に価するものである。思うに、近代に特徴的な陶冶問題を指摘するため、ルネサンス時代の科学的発見もしくは新発明である「解剖」、とくにそこで発揮されている人間の身体／肉体の見方は格好のものなのだ。「解剖」は、陶冶問題のメタファーとして多くの点で優れている。すなわち、まず、解剖は長い文化伝統をもつが、その陶冶論的意義が十分解明し尽くされているとはいえない。第二に、解剖は、メス（どんな道具がその際に使用されてもだが）で腑分けするスペクタクルを、観察者であるところの私とは何であるのかという問題に何らかのかたちで関係させる。第三に、解析的で分析的な介入の仕方が、すなわち、盛期ルネサンス以来今日に至るまで私たちの文化の本質的構成要素であり続けているという意味で「モダン（近代的）」と特徴づけられるタイプの認知活動が、そこでは問題になっている。第四に、解剖では「私たちの」肉体が、とくに美的現象以外の何ものでもありえないものが主題となる。なぜなら、「私が私に」与えられるそのあり方は、言ってみれば、私の「意識」が自己理解や他者理解のディスクールへと織り込まれ構成される「前に」発生しており、それは感性的な与えられ方なので、当然ではあるが、哲学や科学が論じる以上に、美的制作の領域において含蓄ある仕方で「語られる」ことが多いからである。

以下、この四つの問題設定について論証を展開することはせず、ただいくつかの歴史的、美学的手がかりを、しかも四つの利点のうちの最後の点だけに関して、議論に値するテーマとすべく叙述するつもりである。私はそのためにレンブラントの二枚の絵画を選ぶ。しかしこの絵画に取り組む前に、歴史的状況に関する簡単な注釈を行おう。次に、二枚の絵画の解釈を試みた後、いくつかの関連する問題の概略を示そうと思う。

1　歴史的状況

後にバーゼル大学の医学部教授となったフェーリクス・プラッターが一〇歳だった一五四六年、彼は村の牧師の家で夜に行われた解剖の聞き証人になっている。そこには牧師の他にフェーリクスの父（教師）、薬屋、理髪師が参加していた。彼は父について、「解剖後の夜、彼はふさぎこんでしまい、眠れず、嘔吐を催してしまったという」と報告している。[4] 六年後、フェーリクス・プラッターはモンペリエで医学を学び、もちろん、当時まだ四角形だった大講義室（Theater）で解剖講義も受け、このことを社会的な出来事として記している。すなわち、教授たちや学生たちが出席していただけでなく、「多くの他の紳士や市民がこれに加わり、さらには男の格好をした令嬢たちもいた。……またそこには僧侶たちも来ていた」。[5] 四〇年後、フェーリクスの息子トーマスは同じことを体験し、次のように付記している。解剖者たちはその実演のあいだ、「奇妙な腸の繊毛を引きずりだしていた」と。

女性が解剖されるとき、なんと「（私は見たのだが）女性の方々がいた。その場合、女性の方々にはそのお顔を隠すマスクが必要だった」[6]。

こうした報告だけでなく、一六世紀、一七世紀初期の印刷図版に大量に出現する解剖実演の図像表現[7]も史料として使用すれば、以下のような概略的イメージが得られる。すなわち「解剖」とは、とてつもない両義性をもった社会的出来事だったのであり、単純に何かで通分できるようなものではなかった。

1　解剖は独特な劇的発見を伴う知的冒険であり、これは、たとえばマクロコスモス上の発見からは、社会的スペクタクルという形をとって演出されていた点で異なっていた。すでに近代的解剖はその始まりからして、舞台が整えられたスペクタクルに満ちた上演を伴っていたのである。たとえば、ヴェーゼル・アム・ライン出身の一九歳の学生は、パリにおける一五三五年の公開解剖のとき、高名な医学者だったシルヴィウスを、公衆の面前で陥れたのだが、それは、ガレノスの正統路線に沿った学者だったら犯すのも仕方がないような間違いを、眼の前にある死体で指摘したことでなされた。これは今日でいう「ハプニング」や「パフォーマンス」のようなものである。

2　この同じ学生が数年後アンドレアース・ヴェサリウスの名でパドヴァにおいて初代解剖学講座教授職を得たという事実は、もうひとつ別な意味をもっている。すなわち科学的ディスクールが美学上のディスクールと結びつきえたという意味をもっている。ヴェサリウスは解剖の著書の図版に関して一流の職人たちを獲得できたのだ[8]。彼らはすでに数十年も共に仕事をしていた。「美の仮象」の方はといえば、たとえばレオナルドやデューラーにとっては、正確な観察、経験によって正当化されねばならなかった。単なる「実見（Augenschein）」では、すなわち眼が積極的な認識器官ではなく単なる受動的に構成されている限りでは、だまされる可能性があるからだ。精密な観察と因果関係の説明に向けられた科学的眼差しは芸術と矛盾しない。解剖学・生理学上の研究でレオナルドの関心を引いたのは、彼の言葉でいえば、「呼吸の原因、心臓の鼓動の原因、嘔吐の原因（ママ！）、胃から食べ物が出て行く原因、内臓からの排泄の原因」[9]といったものだった。

3　いずれにせよ芸術と科学を引き合わせるようにみえた経験科学的情熱は私たちを欺かないはずだったのである。アンドレアース・ヴェサリウスの解剖学主著の一頁目の口絵には、手とともに解剖された前腕をもつ著者自身の肖像がある（図版2、一三三頁を参照）[10]。これは人間学的トポスを指し示している。古代後期の医者ガレノスを通して、人間の手は他の器官のなかでもとりわけ見事に創造主に作られており、しかも意義深き「精巧な細工（fabrica）」のおかげで、四肢、関節、屈筋は配置されているとする見解が伝わっていた。これによれば、手はただ物をつかむ道具なのではなく、新しい道具を創作する道具であり、人間の文明の道具の源泉である[11]。もちろん、このことは二〇世紀知識人にとって、新しい人間学関係の文献を読んでいれば、当たり前の事柄ではあるが[12]。解剖（学）は、したがって、一六世紀においては、創造者としての人間（homo creator）に光をあてたといえるし、これは三つの宛先をもつオマージュ、すなわち、神と、生物としての人間、そして解剖学者に宛てた賛辞だったのだ。

4　しかし最後に、解剖は教示的だっただけでなくみて美しくもあった。そこで解剖に付されたもの、それは死体だが、どこの誰かではなく、いってみれば純粋な肉体としての私たち自身でもある。メスが想像のなかで私たち自身の肉に入ってくるのだ。解剖は世俗化された受難劇である。それは本来堪え難いものを美しき仮象としてみせるヴァリエーションのひとつであって、そうしたものとして当時の見物客の記憶に残ったものであった。キリスト教の殉教者や死刑執行の罪人が描かれている絵画、それはサドマゾ的な快楽を催させるものだが、そこではたとえば、生きた肉体から皮膚がはがされ、深く切り込みが入れられ、腸がローラーで巻き取られる。(13)こうした絵画は、解剖のスペクタクルの見物客にとってはおそらく、聖バルトロメーウスが自分の生体解剖に注意深く見入っているシュテファン・ロホナー（Stephan Lochner）の絵画のように、実に生々しいものだったはずだ。しかもこうしたことが象徴的にではなく、現実にありえたという事実、つまり生きた肉体で解剖がなされたということが、盛期中世の解剖教本によって確認されている。(14)一六、一七世紀において解剖（学）が問題になるとき、すくなくとも以上四つの意味連想が働いている。すなわちそれは、分析的なデモンストレーション、パフォーマンス化された一種の世界劇場ないしは全体芸術の公開展示（図版3、一三五頁を参照）(15)ではなかったのか。

レンブラントはこうした状況にどう応じたのだろうか。

2　レンブラントの二枚の絵画

公開解剖劇場（Anatomie-Theater）のシーズンは、ヨーロッパのどの地域でもたいてい冬に幕を開けた。それは黄昏時に始まる。作品は多幕物で、三日から五日かかった。観客は都市の上層に属する市民、すなわち商人や裕福な職人や知識人から成っていた。入場券が売られた。その収益は、パドヴァからライプツィヒ、そしてアムステルダムに至る地域では、一五〇から三〇〇グルデンにのぼった。これはかなりの額である。（すくなくとも建築労働者の年収以上にあたる。）その収入のほぼ半額を主演の学者は上演に引き続き行われた宴会に充てた。(16)

レンブラントはひとつの舞台を描いた（図版5、一三七頁を参照）。アムステルダムでもすでに多くの場合そう

図版２　アンドレアース・ヴェサリウス『人体解剖』（バーゼル、1543年）の木版画。（これがA. ヴェサリウスの肖像画であることはかなり確かだとされている。）

だったが、レンブラントは解剖劇場のため必須だった礼拝堂を設けなかったので、**舞台として**だけではなく、祭壇に代わるものとして解剖台を想像することも許されるだろう。「記号学的に」いえば、といえるだろうが、ここでは異教による犠牲、キリストの受難、近代科学の分析的関心とが合流している。想像するに、この絵の美的魅力はとりわけこの非共時的なものの共存にあったに違いない。しかし、これはもうすでにイコノロジー的解釈になってしまっている。私はまずはいったん、歴史的に必須のことがらをなおざりにしないために、イコノグラフィー的要素を、簡略な形でではあるが、素描してみよう。[17]

—トゥルプ博士の名だけでなく、そこに参加している同僚の名も知られている。というのも、参加者でもっとも後ろにいる者が手にしている、もともとは解剖の様子が描かれていた紙の上に、参加者の名前が上塗りされているからである。左の端にいる仲間の一人も後からつけ加えられた。高い場所にいるファン・レーネン（Van Loenen）がもともと帽子をかぶっていたかどうか、これについては専門家でも意見はわかれる。死体の名前も知られている。したがってこれは集団肖像画であり、報酬を伴う委嘱された仕事であり、仲間の真中にいるトゥルプ博士の「勝利」[18]に関わる絵画なのだ。それは上で触れた木版画がヴェサリウスの「勝利」であったのと同じである。

—［トゥルプ博士の］前方左にある本が解剖学の教科書であることは明らかである。それがガレノスの著作であるのか、ヴェサリウスのものであるのか、それともその他の著者によるものなのかはわからない。ヴェサリウスの『人体解剖（De homini corporis fabrica）』が問題になっていることは、かなり確かだといえるだろう。[19]イコノグラフィー的に重要なのは、この絵画構成要素である。なぜなら、これは歴史を架橋する試みだからだ。すなわち、書物に保存された伝統的な考えが、実地の経験で実見されようとしているのである。

図版３　アンドレアース・ヴェサリウス『人体解剖』の表紙木版画（バーゼル、1543 年）

――トゥルプ博士は見たところ、解剖を手の切開から始めたようである。しかしこれは通例に反する。というのも、ふつうは腹壁で始められたからである。これは非常識もしくは間違いであるか、何かを象徴しているかである！　慎重な観察者であるレンブラントに関して前者を想定することはできないので、後者の方が真実であらねばならない。後者を受け入れるのは容易い。なぜなら、すでに前腕と手の象徴的トポスを話題にしているからだ。すなわち、トゥルプ博士は、私たちにこのトポスを実演してみせることで、人間の手の仕組みのなかに人間の存在様式が動物のそれとは違った仕方で顕著に見出されることを述べている。

――ファン・レーネンの表情の意味を考えるのは少々難しい。彼はもともとトゥルプ博士自身と同じように、帽子をかぶっていたはずである[20]。もし、トゥルプ博士とファン・レーネンの両者が単なる肖像としてだけでなく、寓意的な人物として対置されていたとする仮説を受け入れるならば、帽子をかぶっていたとする考えは適切かもしれない。ファン・レーネンの絵のなかの位置だけでなく、彼の右手のポーズもこの仮説を支持している！この手は同僚グループのなかで図像の中心を成している。すなわち、それは伝統的なイコノグラフィーから来ているヨハネの伸ばされた人差し指であり、たとえそれが市民的かつ世俗的に回収されてしまっているとしても、自然に鑑賞者を思考へと促す。そこを見よ！　と。さらに、ファン・レーネンは**疑う余地なく**この絵の鑑賞者に眼を向けているただ一人の人物でもあるのだ。

――したがって、私たちはイコノグラフィー的に次のようにいえるだろう。レンブラントの絵画ディスクールは、私たちを、次のように概略的かつ簡潔に述べることができるある一連の議論に誘うのだ。著名な解剖学者のトゥルプ博士は死体を解剖しているが、その手順を伝統にしたがって（本が絵の右にある）行い、この伝統を科学者共同体において批判的な同僚の眼差しのまえで試み[21]、加えて――これはナイーヴなリアリズムに対す

図版4　ウイレム・スヴァーネンブルク「公開解剖劇場」(木版画、1610年)

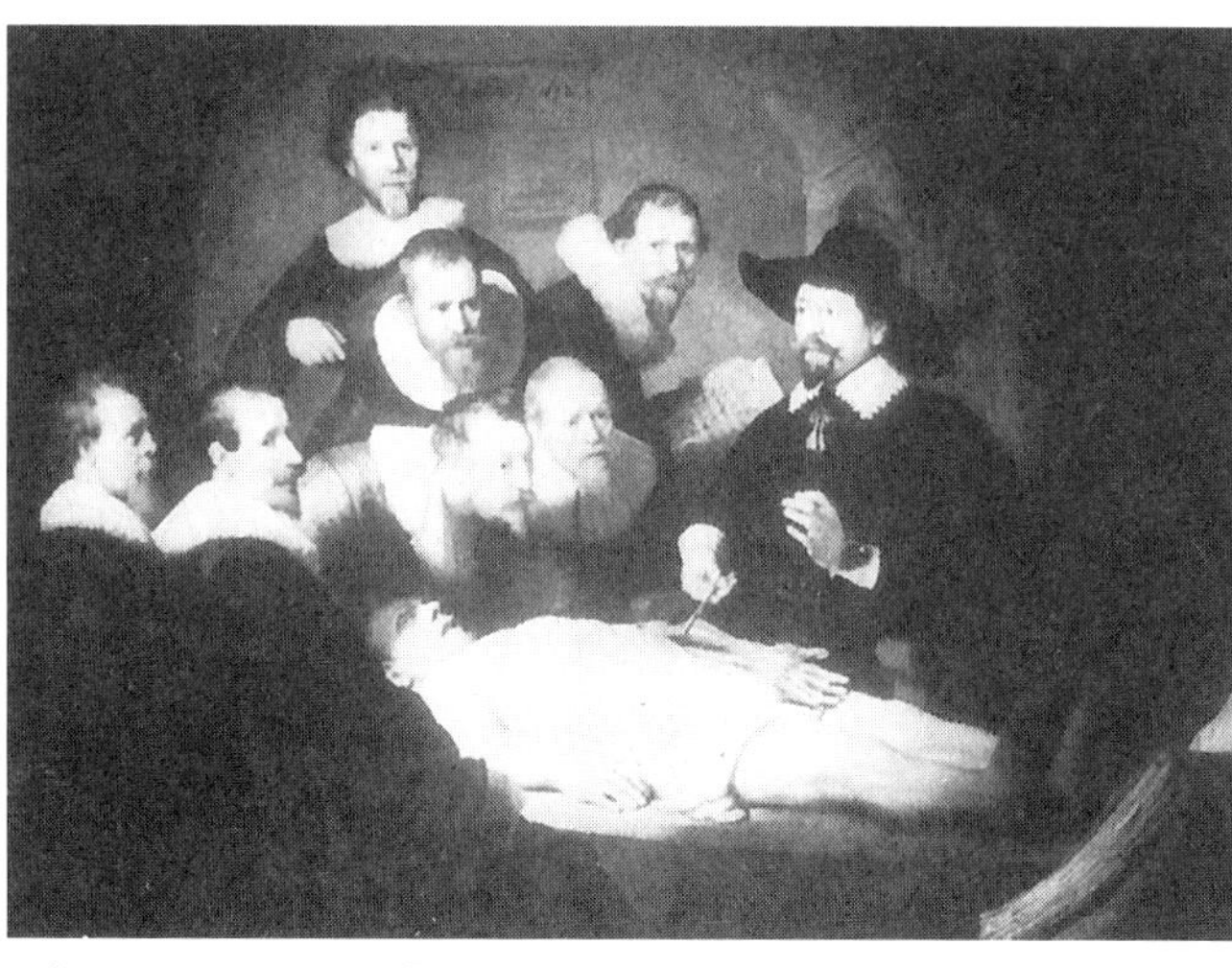

図版5　レンブラント「トゥルプ博士の解剖学講義」(1632年)

る寓意的反論であるが——トゥルプ博士の取り組んでいる対象の人間学的尊厳を実演してみせる（手の解剖から始めていることで）。そして、ファン・レーネンは、すくなくともレンブラントが提起するところによれば、この身体は単に**この**身体であるのではない！　と指摘することで、これが横暴な振舞であることを裏付けている。

だが、ファン・レーネンは**私たち**に眼差しを向けているのだ。ここでイコノグラフィーの段階は終わる。このレベルの解釈はすでに多くの本でなされており、前述ではまったく不十分にまとめることしかできなかったが。ファン・レーネンは私たちを見つめている。光につつまれて。しかし、死体の眼はファン・レーネンの眼の真下にあるが、**影に隠れている**。ファン・レーネンは誰を見つめているのか。私は次のように推測する。当然、ファン・レーネンは私を見ており、そのことで私を解剖学劇場の秘儀へ引きずり込もうとしているのだと。

私は、いわば、この場合、このスペクタクルの唯一の観客である（最前席は当時もやはり名士や長老のために取っておかれた）[22]。本当に私なのだろうか？　おそらく画家たるレンブラント自身がその観客なのだ。好奇心旺盛な研究者仲間が死体にかがみ込んでいる**ために**影が死体の眼に落ちているのか、それとも影が眼に落ちる**ように**好奇心旺盛な研究者仲間がかがみ込んでいるのか。芸術家はこの二つの見方を真実とすることができる。レンブラントはこの数年前に自分の肖像を描いているが、そこでは眼が影に隠れている（図版6、左頁を参照）。内と外へ**同時に**向かうこの自画像[23]で実現されているポーズは、ここでは漠然としか描かれてはいないものの、トゥルプ博士の絵の死体で繰り返されている。もちろんこの推測は学問的にはかなり危うい。私自身の考えを投影しただけであって、証明できるものではないのだから。後からこの推測の信憑性が増すことを期待したい。問題はあるものの、あらかじめイコノロジー的仮説をここで述べておこうと思う。それは、人間の死体を各部分に分解することが科学的—

図版６　レンブラント自画像（1629 年）

文明的進歩の瞬間であるという考え方は、許容可能であるだけでなく、論理的帰結であり必然でもあると思われていたこと、その場合、探索と発見を促すものが、科学的分析と生の意味を統合する企図とのあいだの境界線上にあることは同時代の人々にとってこのうえなく明白なことだったこと、だが、さらに、こうした伝統との連続性を越え、この問題を己の**自我に**関係づけねばならないということ、以上がレンブラントのイコノロジー的企てで示されているとする仮説である。

以下では、この企てを論じることで私は自分の仮説をいくらかでも信憑性あるものにするつもりだが、この企てをレンブラントは「ダイマン博士の解剖」（図版7、左頁上参照）の絵画で先鋭化してみせている。この絵は火災のせいで中心部分だけを残すかたちで損傷を受けたが、祭壇の祝祭的構成をもっている。ここでも観衆はおらず、出来事だけが舞台にある。しかし、その他にも科学者仲間の言説のやりとりも欠けている。会話を示唆するものがまったくないからだ！　絵と鑑賞者はこの場合、明らかにトゥルプ博士の場合とは**異なる**関係におかれる。鑑賞者はこの絵によって科学的行為に眼を凝らして**いない**何者かとして産出される。いったい何者として産出されるというのか。

ここで決定的なのは死体の姿勢である。私は以下の三つの解釈を通じて解答に接近してみよう。

―マンテーニャのキリスト像（図版8、左頁下を参照）との類似は、専門文献ですでに論じられている。[24]この解釈は過去を、すなわち美のディスクールの伝統を指示する。イタリア・ルネサンスの芸術理論[25]以来、スコルシすなわち遠近法的短縮法、とりわけ人体の短縮法は、偉大な巨匠の証を意味する。そうだとすれば、レンブラントの絵はマンテーニャの模倣なのか？　一六五六年に競売にかけられたレンブラントの破産財産のなかにマンテーニャの絵（おそらく複製）が入った大型本があった。[26]

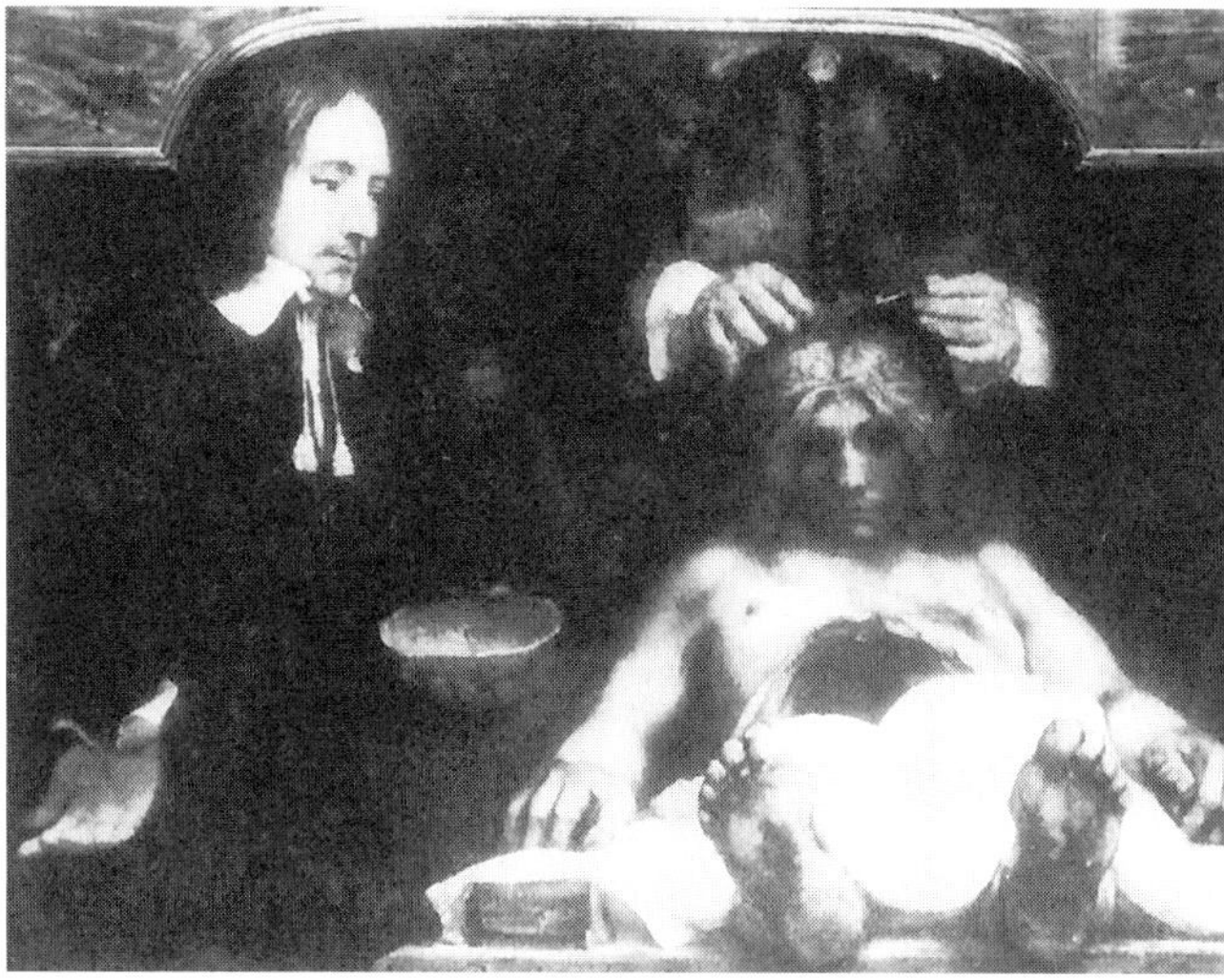

図版７　レンブラント「ダイマン博士の解剖」(1656 年)

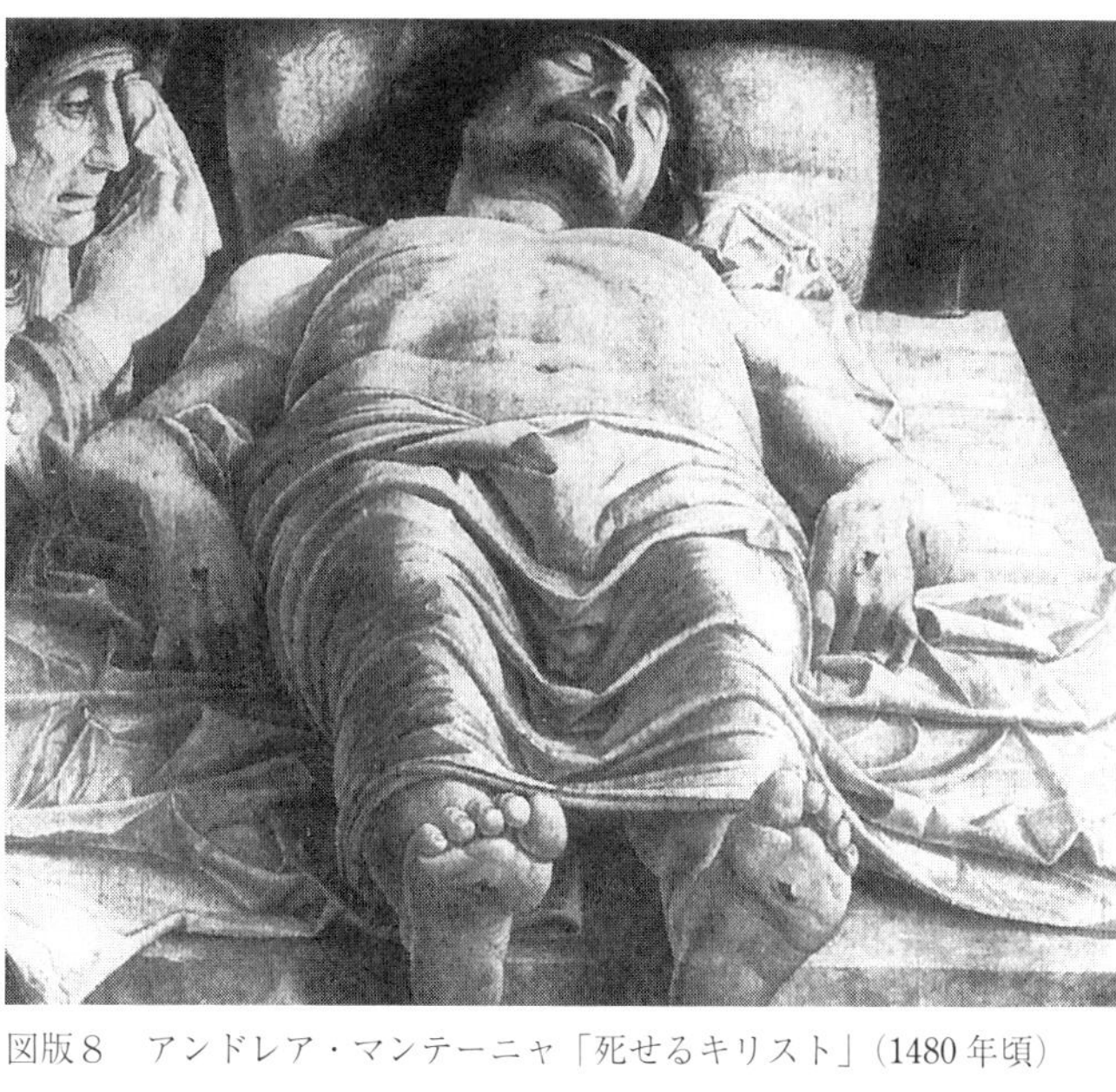

図版８　アンドレア・マンテーニャ「死せるキリスト」(1480 年頃)

―二番目の解釈はこれといわば対立する方向に向かう。二〇世紀の五〇年代、人間学者ヘルムート・プレスナーは講義のなかで、哲学的人間学の問題について深く考察することを始めんとする者なら誰でも行うべきとした自己反省の練習を勧めた。それは、横になって自分の身体を足まで見渡し、そこで見たものを正確に記し、見たものが何を意味するのかを記録することだった！　レンブラントは（マンテーニャもまた）私たちに鏡像を示して見せるのである。この種の図像がもつ独特な魅力は、このことと関係しているのではないか？

―第三の解釈はほとんど自動的に出てくる。一六二九年から一六四九年までルネ・デカルトはオランダに住んでいた。そのほとんどをアムステルダムで。彼の『方法序説』は一六三七年ライデンで印刷された（したがって「トゥルプ博士の解剖」の**後**だが、「ダイマン博士の解剖」の**前**ということになる）。デカルトは生涯にわたって熱心なアマチュア解剖学者だった。私たちは次のように十分想定することができるだろう。すなわち、デカルトとレンブラントの両者は、解剖シーズンの冬の期間しばしば会ったことがあるのではないかと。トゥルプ博士はやはりこの時期アムステルダムに滞在していたアモス・コメニウスの後援者だったので、この三人がしばしば出会っていた可能性はあるのだ[27]。ひょっとしてそこにレンブラントも臨席していたのではないだろうか？　同様に、そうした折に、または違った機会に、デカルトとレンブラントが「我思うゆえに我あり」について語り合ったことがありえたのではないか？　すると、「ダイマン博士の解剖」はデカルト的絵画なのだろうか？

ダイマン博士は、まさに思考を司るその中心部の覆いを取り払った。聖体顕示台や聖水盤のように、ダイマン博士の助手は頭蓋骨をもっている[28]。絵のなかに鑑賞者は自分自身をみる。鏡のなかでのように。しかし、死体として。脳は開頭されている。その死体は何を見ているのか。私は、その眼差しは、レンブラントの初期のあの自画像のように、内と外に同時に向かうのだと主張したい。それは絵の内へ向かいながら、鑑賞者へ立ちもどってくる。すなわち、ここでも、はるか昔からもってこられたイコノグラフィー的事態、すなわち、「汝自身を知れ」の絵画[29]が問題となっている。この絵はそれゆえ長い寓話的伝統のなかに位置している。だが、ほんの小さなニュアンスが付加することでこの絵を前衛的なものしている。すなわち、**単に寓話的であるだけでなく、この絵は、私たちを問題含みの事態に直面させるからである。**少なくても鏡像が自然とそうするように。

3　確実に結論できることと推測に基づき結論できること

何が「鏡像」のなかに出現しているのか[30]。レンブラントは、劇的に加速しつつあると当時思われた歴史の運動、いやさらにいえば、おそらくヨーロッパ史上はじめて「加速」と体験された歴史の運動を中断する。これは差異の経験に直面したときだけ生じる。伝統的意味を保証する記号体系の相対的な安定に対抗して現れた経済活動や科学的発見の急激な進展という差異の経験に直面して生じる。解剖に含まれる「死体剖検」のハビトゥスが伝統的意味体系を脅かし解体する以上[31]、もっともたしかな足場は反省的自己に保証されると考えられたのだ。だが、この自己は、レンブラントの絵画に関していえば、十分正確に語られているわけではない。確かな足場は、レンブラントの場合、「疑う」という知的操作から産み出されるものではなく、その根拠を身体性に、すなわちデカルトが『省察』の最後で持続的錯覚の源と想定したものにもつ。レンブラントは最初の確実性を、疑うという思考の事実にではなく、生きた身体の感覚に見出し、解体された肉体《ケルパー》であると同時に死んだ身体《ライプ》である死体、破壊された意味であるとともに最期からの生の意味構成でもある死体という二重の意味を通じて挑発してくる。反省的自己は二枚の絵画を前にして、とりわけ「ダイマン博士の解剖」を前にして、自分の身体性を振り返ることになる。この反省活動は、描かれた者は死んでおり、その身体が私たちに公開されているという事実ゆえに、いやがおうにも強まる。活動へ促された反省は、デカルトの『省察』におけるように、それゆえ、（分析という操作のなかで）思考の所与性と（想像力と感覚操作のなかで）身体の所与性に向かう。「それにしたがえば、私とはなにか？　思考存在である！　これは何を意味するのか？　疑い、洞察し、肯定し、否定し、意志したりしなかったりする存在であり、いくばくかイメージで想像したり、感受したりすることもある存在である[31a]」。しかし、デカルトがまさに心と身体の**違い**の証明にこだわったのに対して——彼にとって確実性の源は感覚自身ではなく、私が感じているという事実に思考で対峙するところにあったが——、レンブラントは身体を、延長体（解剖の対象）である**と同時に**心身統一体としても私たちに提示する。この対比で定式化されるのは、デカルト的問題では**なく**、自然科学的な解剖学構想に向けられた批判的見方なのである。すなわち、一方で存在の確実性を保証しつつ、他方では意味を破壊する分析的介入に出過ぎたまねをしないよう戒めるのは、身体を感覚の起源として気づくことを通してである。これは、人間の身体に関して当時進行していた事態に対するもっとも繊細なコメンタールであると私には思える[31b]。

およそ一七〇年後、すなわち「ダイマン博士の解剖」が描かれた後、近年の科学史と教育史に基づくと、文化現象たる「解剖」にあらたな解釈が現れた。今度は、絵ではなく言葉で。それはある死体剖検に招かれ参加した若い解剖学者によるものである。

「先番の志望者として他の者と同じように呼び出されたウィルヘルムは、自分に指定された席の前に、清潔な台の上にのせられ、清浄な布におおわれた一つの容易ならぬ課題が横たわっているのを見た。というのは、彼がその覆いをとりのけると、おそらくはかつて一人の青年の首にまきついたであろう、世にも美しい女の腕がのっているのが見えたのである。彼は道具箱を手にしていたが、すすんでそれを開ける気にならなかった。彼は立ったままで、腰をおろす勇気も出なかった。この美しい自然の所産をこの上もっとそこなうことの嫌悪感と、知識欲に燃える男としてみずからに課さねばならぬ要求とが、たがいに相争った。そして、今まわりに立っている人びとはみんなこの要求に応じたのである[32]」〔邦訳三一頁〕。

ここにふたたびすべてのことが招集されている。すなわち、美しき仮象、腕と手の象徴的意義、分析の態度、反省的自己がみせる躊躇。そしてこれらは、「まわりの人すべて」があからさまに無思慮に解剖の要求にしたがったとされることでいっそう強調される。物語の続きでは、この場面が著者〔ゲーテ〕にとって陶冶の根本問題のメタファーになる。すなわち、ある彫刻家が登場し、以下のような最高の教訓を与えるのである。「要するにあなたは、破壊よりも建設に、分離よりも結合に、殺された者をさらに殺すことよりも死者を生かすことに、より多く意義のあることを学び知るべきです[33]」〔邦訳三四頁〕。この彫刻家は、つまり、人体のすべての部分を、「解剖」の演習で人体を**組み立てる**ことができるように、その模型を作っていた。だが、彼が言うには、「しかし大学は挙げてこの企てにあくまでも反対したそうです。というのは、この道の先生方は解剖学者の卵を養成することは知っていても、造形芸術家の卵を養成することはご存知ないから、というのでした[34]」〔邦訳四五頁〕。ただ博物館だけがこれに関心を示したとされる。ここではっきりと、分析的で統合的な活動は、それが内的活動であれ外的活動であれ、理論的、美的、実践的言説と結合されねばならないとされている。

これは遅きに失したユートピア的プロジェクトなのか、それとも早すぎるユートピア的プロジェクトなのか。

ゲーテのこの解剖学的／教育実践的プロジェクトが示すドイツ・ロマン主義への近さは明白である。しかし同時にそのことで、当時の文化発展の「メインストリーム」への距離も明らかである。当時起こっていたこと、将来有望とされたものが何であったかは、ディドロ／ダランベールの『百科全書』が示している。その解剖学図版をヴェサリウスのものと比較してみればわかる。すなわち、二〇〇年のあいだで、（レンブラントのトゥルプ博士の絵では医学者たちの言説の指針だった）ヴェサリウスの解剖学書のためにシュテファン・フォン・カルカーが徹底した正確さで描いた死体は受難のポーズを取っていたのに対し、『百科全書』の図版においては、純粋に技術的な描画スタイルが取って代わってしまった。ゲーテは、その「造形芸術家」の企てが身体的に引き起こされる同情からいわば浄化（消毒）される場合に限って、自然科学的態度に関わった。[35] そしてゲーテは、（「世にも美しい腕」の）破壊された美しさがさらに破壊されてはならないとする古典主義的－美的要請によってこのことを正当化する。支配的な文化発展に彼は抗い、文化発展がもはや理論的、美的、実践的立場を一つの陶冶された態度のうちに統合できなくなっていると抗議するのである。たとえば、この新しい発明に関心を示すのは「博物館」だけなのだ。レンブラントのテーゼ、それはデカルトから逸脱する諸要素のなかにあるが、それを美的ディスクールとして述べることで、彼は理論（解剖学）と実践（意味）の観点を吸収することができた。しかしそれは過去のものとなってしまった。ゲーテもまだ真実と見なしてはいたものの（死体剖検に対するヴィルヘルムの躊躇は誠実な反応であるだけでなく、正しい反応でもあり、造形芸術家の教示は真実の洞察なのだ）、こうした現象学的－美的な認識プロジェクトが現実的に実りある成果を約束する公算は少ないと考えるのだ。

もしゲーテの物語を最後の歌として読むならば、歴史は彼が正しかったことを証明したといえる。肉体を「もつ」主体のアイデンティティを実践的に問う出発点とみられた解剖学的肉体は博物館行きなのであり、たとえばす

図版9　ウィリアム・ホガース「狂気の報酬」（J. ベルの木版画、1751年）

でにホガース［一八世紀のイギリスの風刺画家］にとって一八世紀前半においては単なる戯画の対象でしかなかった(36)。もし『百科全書』の解剖図をレンブラントやゲーテの眼で見るならば、戯画的印象をもつのになにもわざわざホガースを必要とすることはない。ではゲーテの見解はメランコリックな回顧なのか。ひょっとするとそれは、古典主義的手法でなされてはいるものの、予見であるのかもしれない。すなわち、解剖はゲーテによればもはや美の仮象に適さない。意味構成的所与としての身体から私たちの文化が離反してしまったことは明白なのだ。この仮説に沿う事実として、解剖の描写がそれ以来芸術から消えてしまった事実を挙げることができる。解剖学的肉体は、もっぱら、シュールレアリスム的に異化された機械として、そして外科医の手の下にある物体として現れる。

そこでは理性を半分割することが自然な成り行きである。レンブラントは、と私は思うのだが、この半分割に対しまだ警告を発しようとしている。しかも、肉体／身体への二つの異なる態度を**二つの**イコノグラフィー的な要素を使って**一つの**絵（トゥルプ博士）のなかに表現している。すなわち、科学的な方法と解釈学的な意味解釈という態度の二つを。この絵は、そのうえ、教育プロジェクトでもある。というのも、この絵は解剖学的‐科学的方法の教育可能性だけでなく、同時に、前腕と手の図像が象徴するものを越え、その教育可能性の相対化をも教え、そしてこの両側面［教育可能性とこの教育可能性の相対化］が関係し合うありかたを教えるからである。この理性陶冶が忘れ去られると、したがって二つの各半分ずつがそれぞれ自立化してしまうと、事態は肉体の絵が描かれなくなるか、ただ文化批判としてしか描かれなくなってしまうだろう(37)。これは教育学上重大な問題を含む。たとえば、とくに教育活動や教育施設の疑似療法的領域で、トゥルプ博士やダイマン博士が教示した方法の合理性を完全に踏襲する「肉体」の文化がそこでの実践や見解において拡大しているからである。それは解剖学的企てのみならず、その企ての一般原則に関してもそうなってきている。「肉体の経験」は、その場合、伝えたとしてもせいぜいのところ主観的－現在的な意味だけであり、方法的態度のみならず、（象徴的人物だけでなく歴史的位置付けにも関係する）解釈学的意味解釈をも取りのがしてしまう。[38]

以上のことが理解されてくるのは、医学的解剖に代わり社会的解剖が登場してくる歴史の次の段階に眼を向けるときであり、死体に関係づけられた「解剖」の企てがもはや意味産出の場所であることができなくなり、もっぱら意味の破壊もしくは意味の禁欲としてしか現れなくなったときであり、さらに科学主義と意味解釈のあいだでバランスをとる必要性がヨーロッパの公衆にとって納得いくかたちで表現されねばならなくなったときである。すなわち、肉体の解体に人間関係の解体が続くことになる。冷え冷えした死体に代わって冷え冷えした相互行為が登場してくる。これは、マネの絵ではじめて卓越した表現をみることになった（図版10、一五一頁を参照）。レンブラントは、鑑賞者を自分自身と鏡像的に向き合わせるなかで、鑑賞者を自己思考的そして自己感覚的な私（自我）として産出した。マネは、鑑賞者を、寓意画すべてから遠く離れたところで、もはや不透明な肉体でしかない身体と身体の**あいだ**にある空虚さに向き合う者として産出する。この「あいだ」を埋めるのは、静物すなわち「死せる自然（nature morte）」だけである。肉体は理解不能なものとして個々別々に描かれ、その振舞いの意味もまた同様である。[39]

これに先行していたのがロマン主義哲学における無意識の発見だった。[40] このとき以来、さまざまなディスクールは一時的なものと考えられる可能性と、「主体」は、なにかシニフィアンの「あいだ」にあるものとして考えられる可能性が生まれた。この道を通ってだけ、すなわち、多くの記号システムの約定的レパートリーが広がるあいだの世界への注視においてのみ、主体はいまだ到達可能だと考えられる。[41] 一七世紀において肉体が存在していた場所に、いまや、マネ以来、「あいだ」が存在する。[42] たしかに肉体は視界から消え失せたわけではない。しかし、それは得体のしれないもの（その究極はアルヌルフ・ライナーの幾重にも上塗りされた肖像画である）か、腑分けされた死体のように意味空虚な、潜在的相互行為空間に配された単なるフィギュアとなる。教育学理論はこの過程に対応する展開を示している。おそらくシュライアマハーは、ゲーテがそうだったという意味で、「身体性」がもつ陶冶上の意義に深く思いを巡らせた最後の者たちの一人だったが、彼の後に場を支配したのは、デューイからミードを経由しワツラヴィックに至る相互行為の理論家たちだった。しかし、マネは彼ら以前にこうしたことを知っていたのだ。もはや肉体／身体ではなく、不透明な肉体を結びつけ分離する象徴的な身振りが解剖される。だが、これは再び登場してきた抽象化であり、解剖学的ハビトゥスが人間の身体を肉体＝物体と扱うことで行う抽象化と比較しうるものである。ニーチェの以下の批判は、三五〇年後になされたレンブラントの人間学的なテーゼの更新のように読める。「［民衆の例にならって］霊と肉とを分離することなど、われわれ哲学者には許されない。……われわれは考える蛙ではないし、冷たい内臓をもった客観装置や記録装置でもない、——われわれは絶えずわれわれの思想をわれわれの苦痛から生みださねばならないし、しかも母親らしくそれらの思想に、われわれの内にある血液・心臓・活気・喜悦・情熱・苦悩・良心・運命・宿業のありとあらゆるものを授けねばならない[43]」［邦訳一三頁］。そしてまた、具象画における造形記号のレパートリーの徹底的簡素化も同じ考えを含んでいる。もし「美の仮象」がただ美的制作の解剖学的法則へラディカルに還元されるのだとしたら、とオランダの画家ピエト・モンドリアンは考えたのだったが、いわば弁証法的対抗運動のなかで人間の身体性を伴う主体性はふたたび経験されることになるだろう[44]。「近代」は、それゆえ、レンブラントの実見された肉体で始まったといえるものの、二〇世紀で**終わった**のではなく、その問題設定をただ先鋭化させただけではないのか。

私は大体そのように考えている。レンブラントの恐ろしい美の仮象は、ある重要な点でデカルト的**ではない**。な

図版 10　エドゥアール・マネ「アトリエの朝食」(1668-69 年)

ぜなら、延長としての実体と思惟としての実体の厳密な区分は、「ダイマン博士の解剖学」を前にすると、成功しないからだ。おそらくそれは成功しない**運命なのだ**。実見された肉体は、おそらく、感覚的なものを頼りとする画家レンブラントにとって、絶好の反論の根拠と思えたことだろう。もっとも――それに続く少なくとも二五〇年間は――科学のディスクールのなかでこの反論が成功する見込みなどほとんどなかったのではあるが。おそらく、と私はレンブラントがあの絵を描いているところを想像しながら思う。人間が自己自身へ達するのは、自分の内面性（思惟実体）に集中することによってでも、また「汝自身を知れ」という伝承された言い回しと向き合うことによってでも、自らの主観性にどのみち一度も達したことのない多くのディスクールを検討することによってでもなく、ただ、「複合的な対象に、その肉体性と内面性という二重性において取り組む」ことによってなのだと。もちろん、今日においては、こうした取り組みは多くのディスクールを通して貫徹されねばならないが。

こうして最後に、ある友人の表現を借りれば、ある「好ましい仮説」がその焦点を結ぶ。それは、保守的な教育者アモス・コメニウスと近代の哲学者ルネ・デカルトと前衛画家レンブラントが対話したのではないかという仮説である。もし実際そうだったとしたら、彼らはいったい何について語り合っただろうか?

注

（1）チェーホフがロッソリーノ G. I. Rossolino へヤルタから宛てて出した一八九九年一〇月一一日付けの手紙。Anton P. Tschechow, Briefe, hrsg. von P. Urban, Zürich 1979. に所収。

（2）J. P. Sartre: Der Idiot der Familie. Gustave Flaubert 1821-1857, Bd. 1, Reinbek 1977, S. 480.［サルトル『家の馬鹿息子』第一巻、鈴木道彦他訳、人文書院、一九八二年、五〇六頁］。

（3）同上［邦訳、五〇八頁］。

（3a）これについては以下も参照。H. Böhme/G. Böhme: Das Andere der Vernunft, Frankfurt am Main. 1985, S. 50ff.

（4）Felix Platter: Tagebuch（Lebensbeschreibung）1536–1567, hrsg. von V. Lötscher, Basel/Stuttgart 1976, S. 104f.

（5）同上、S. 151.

（6）Thomas Platter d. J.: Beschreibung der Reisen durch Frankreich, Spanien, England und die Niederlande 1595–1600, hrsg. von R. Keiser, 1. Teil, Basel/ Stuttgart 1968, S. 69.

（7）この事例は以下の二つの浩瀚なレンブラント解剖画の研究にみられる。William Heckscher: Rembrandt's Anatomy of Dr. Nicolaas Tulp, New York 1958. William Schupbach: The Paradox of Rembrandt's ‚Anatomy of Dr. Tulp', London 1982.

（8）一七〇三年においてもまだ、ヴェサリウスの解剖学教科書の簡易版のアウグスブルクの編者は、その木版画がティチアンのものだと推定していた（A. Vesalius: Zergliederung des menschlichen Körpers. Auf Mahlerey und Bildhauer-Kunst gericht. Augsburg, 1706）。事実、ティチアンの弟子であり、ヴェサリウスがパウダで解剖学の経歴を歩み始めたときヴェネツィアにいたカルカーのヤン・シュテファンに制作されたのだった。数年後、バーゼルで解剖学の古典であるアンドレアース・ヴェサリウス『人体解剖（De humani corporis fabrica septem libri）』（Basel, 1543）が、カルカーの木版画で出版された。

（9）以下から引用。Filippo Bottazzi: Leonardo als Physiologe. In: Leonardo da Vinci. Das Lebensbild eines Genies, Stuttgart/Zürich/Salzburg 1955, S. 374. とくに同書の以下の論稿を参照。Giuseppe Favaro: Anatomie und Physiologie, a. a. O., S. 363ff.

（10）ここで読者への意味ある象徴伝達が問題となっていることは、以下のことからもはっきりしている。すなわち、解剖学のテクスト自体、全体的な意味解釈で始まってはおらず、純粋な分析的態度で体の構成部分を説明することから始められている。またすでに、中世のテクストの叙述もこの規則にしたがっている。George Washington Corner: Anatomical Texts of the earlier middle ages, Washington 1927 を参照。

（11）こうした伝統的解釈の詳細な証明は、W. Schupbach, a. a. O., S. 57ff. の付録„The special significance of the hand"にある。

（12）たとえば、F. J. J. Buytendijk: Mensch und Tier, Hamburg 1958, S. 105f.［ボイテンディク『人間と動物』浜中淑彦訳、みすず書房、一九七〇年］と Arnold Gehlen: Der Mensch. Seine Natur und seine Stellung in der Welt, Bonn 1950.［アルノルト・ゲーレン『人間――その性質と世界の中の位置』池井望訳、世界思想社、二〇〇八年］

（13）W. S. Heckscher の前掲書のなかにこれに関する多くの事例が載っている。また、どのように罪人がゆっくり苦しみながら死んでいったかを、当時一〇歳の子どもだったフェーリクス・プラッターが報告している（a. a. O., S. 96）。

（14）たとえば、初期一三世紀の Anatomia Magistri Nicolai Physici において。これは G. W. Corner, a. a. O., S. 67 に復刻されている。

（15）同時代の者にとって解釈の両義性が働いていたことは、とりわけ印刷図版の表現にさまざまなタイプがあったことに現れている。ヴェサリウスの解剖学の一頁目の口絵にあるような、いわば「リアルな」場面があるかと思えば、他方で、見物の人垣が生きた人間でなく意味ありげなポーズをとった骸骨によって描かれる、寓意的で身の毛のよだつような描かれ方のものもあったからである（図版４、一三七頁を参照）。

（16）W. S. Heckscher, a. a. O., S. 32ff. 参照。

（17）この場合、私はとくに Heckscher と Schupbach の二つのすでに引用した絵画分析、そして下記のM・イムダールの会話構造の視点から見たトゥルプ博士の絵画分析に依拠している。M. Imdahl: Sprechen und Hören als szenische Einheit. Bemerkungen im Hinblick auf Rembrandts Anatomie des Dr. Tulp, in: K. Stierle/R. Warning, Das Gespräch, München 1984, S. 287-296.

（18）W. Heckscher, a. a. O., S. 117ff. を参照。

（19）H. Jantzen: Rembrandt, Tulp und Vesalius, in: ders., Über den gotischen Kirchenraum und andere Aufsätze, Berlin 1951, S. 69-71 で展開されているこの仮説の説明を参照。実際、ヴェサリウスの著作で手がついた前腕が描かれている場所においては、左頁にテクスト、（レンブラントの絵では隠れている）右頁に図版がある。

（20）ファン・レーネンとは、絵でもっとも高い所に配置された同僚の名である。Heckscher の前掲書 S. 188ff. で展開されている名前の帰属問題と、Schupbach の前掲書 S. 27ff. で展開されている手のジェスチャーに関する議論を参照。

（21）とくに M. Imdahl, a. a. O. を参照。

（22）W. S. Heckscher, a. a. O., S. 135.

（23）トゥルプ博士の絵のわずか三年前、レンブラントはこの自画像だけではなく、すべて眼が影で隠れている一連の自画像を描いている。（Christopher Wright: Rembrandt. Self-Portraits, London 1982.）

（24）Kenneth Clark: Rembrandt and the Italian Renaissance, London 1966, S. 94ff.

（25）Michael Baxandall: Die Wirklichkeit der Bilder, Frankfurt/M. 1977, S. 174ff.

（26）K. Clark, a. a. O., S. 193ff.（レンブラントの財産目録 1656）

（27）この出会いは、もっとも、コメニウス最初のアムステルダム滞在中の一六四二年にすでにあり得たに違いないのだ。しかし、こうした出会いはたしかに可能性としてはありうるのだが、おそらく実際にはなかったのである。それはデカルトがひきこもって生活しており、あまり社交的ではなかったからだ。しかし、何年もかけてデカルトの著作と集中的に取り組んでいたコメニウスは、レンブラントともしばしば話すこともできただろう。レンブラントがダイマン博士の絵を描いていたとき、コメニウスはほとんど毎日その家の前を通りすぎていたからである。それはコメニウスが Opera Didactica Omnia の印刷を隣にある印刷工房でチェックするためだった。さらにいえば、レンブラントの弟子は同時期におそらくコメニウスの肖像画を描いていた。M. Blekastad: Comenius, Oslo 1969. とくに S. 572f. を参照。

（28）M. Eisler: Der alte Rembrandt, Wien 1927. は、単純に「すでに用意されていた頭蓋骨」（S. 91）と推測しているが、これはおそらく間違っている。

（29）この仮説は、トゥルプ博士の絵よりもダイマン博士の絵に関し説得的に妥当する。後者の絵に関しては W. Schupbach（a. a. O., Appendix III "Cognitio sui, Cognitio Dei", S. 66ff.）が必要な証明を行っている。

（30）これに関しては以下を参照。Jacques Lacan: Schriften 1, hrsg. von N. Haas, Frankfurt/M. 1975, S. 61ff.

（31）フェーリクス・プラッター（a. a. O., S. 111）は、おおよそ一四歳の少年だったとき、動物の屠殺の場面に出くわし、次のように考えたことを報告している。「君は自分の中に驚くべきものをもっていて、肉屋はそれを発見するだろう。」

（31ａ）R. Descartes: Meditationes de prima philosophia, hrsg. von H. G. Zekl, Hamburg 1959, S. 51.

（31ｂ）すでに一世紀以上前から、教育施設と貧民施設の歴史においてとくに顕著に読み取れるのは、子どもたちや社会の周辺グループとの関わりにおける身体技術の隆盛が挙げられる。これは「解剖学的構想」の合理的眼差しを、生きた身体との関係にも拡大しようというものである。たとえば、身体表出は、合理的活動と都市文化の経済という観点からみた機能的身体の表出を基準に、調査吟味の対象とされた。機能的と見なされたものは理性的として許容され、育成された。「身体」は、肉体という物体に様式化されるが、それはせいぜいのところ、理性がすでに保証している目的に仕える道具でしかなく、まっさきに洞察に達するための道具とはみられてはいない。一六、一七世紀の学校規定はこのための豊かな資料を含んでいる。（たとえば、福音主義の以下の学校規定を参照のこと。Hrsg. von R. Vormbaum, 2 Bände, Gütersloh 1860.）

（32） Johann Wolfgang Goethe: Wilhelm Meisters Wanderjahre, Gedenkausgabe, hrsg. von E. Beutler, Bd. 8, Zürich 1949, S. 349. ［ゲーテ『ヴィルヘルム・マイステルの遍歴時代』関泰祐訳、岩波書店、一九九一年］。

（33） Goethe, a. a. O., S. 351.

（34） A. a. O., S. 359.

（35） 一七七〇／七一年、シュトラスブルクでゲーテは若い頃、頻繁に解剖場を訪れている。しかも、それは、「嫌悪を催させるもの」への感受性から解放される目的で訪れたのだった。（Richard Friedenthal: Goethe. Sein Leben und seine Zeit, München 1963, S. 84.）

（36） たとえばそれは、ホガースの連作「狂気の四段階（The Four Stages of Cruelty）」（一七五一年）、とくに「狂気の報酬（The Reward of Cruelty）」に現れている。以下を参照。Ronald Paulson: The Art of Hogarth, London 1975.（一四七頁の図版9を見よ）。

（37） 「文化批判」概念の区別化、とくに「保守的な文化批判」と「進歩的な文化批判」の区別については以下を参照。Hauke Brunkhorst: Romantik und Kulturkritik, in: Merkur, Jg. 1985, Heft 6, S. 484ff.

（38） これについては、同巻のS. 120ffも参照のこと。

（39） 「古典的なモチーフの現存は、見逃しがたくなされている。しかし同時に、絵＝イメージとしてこうした表現は近代のスティグマを示してもいる。すなわち、イメージ身体 Bildleib の分割化、構図の喪失、統一の喪失を示している。伝統的な絵画上のレトリックを越え、そこには、「意味」の不在が表示されているのだ。意味は場面の内容読解を経由し、なんとか獲得できる程度にしかなっていない」。（Bernd Growe: Modernität und Komposition. Zur Krise des Wertebegriffs in der französischen Malerei des 19. Jahrhunderts, in: W. Öhlmüller（Hg.）, Kolloquium Kunst und Philosophie, Bd. 3, Das Kunstwerk, Paderborn 1983, S. 177.）。さらに以下も参照。Werner Hofmann: Edouard Manet. Das Frühstück im Atelier, Frankfurt/M. 1985.

（40） フロイトが「無意識」の「発見者」だった、ないしはその最初の理論家だったとするよく聞く仮説に、以下の著作は真っ向から立ち向かっている。Odo Marquard: Zur Bedeutung der Theorie des Unbewußten für eine Theorie der nicht mehr schönen Kunst, in: H. R. Jauß（Hg.）, Die nicht mehr schönen Künste. Grenzphänomene des Ästhetischen, München 1968, S. 375-392.

（41）このテーゼは、ヴォルフガング・イーザーによって、サッカレイからベネットに至る文学史を事例に、説得的に論じられている。以下を参照。Wolfgang Iser: Reduktionsformen der Subjektivität, in: H. R. Jauß, a. a. O., S. 435-492.

（42）本当をいえば、この問題設定はすでにもっと以前から、遅くともカール・フィーリップ・モーリッツの自伝的作品『アントン・ライザー』［大澤峯雄訳、同学社、二〇〇〇年］からはじまっている。その前書き（一七八五年）でいわれていることは、「特に人間の内面の歴史を述べようという」この作品においては、「**多様な登場人物**［強調は著者自身による］は期待できないであろう」。したがって「多様な登場人物」が関心を引くのではなく、その人間関係が関心を引くのであって、まさに、これをK・Ph・モーリッツは表現したのだった。この本は、「心が自分を見る目を鋭くしようと」するはずだといわれる。だが、読み取れるのは人間関係とその帰結に関する解剖学である。自分自身の人生を書き記すことで生じることを厳密に診断する語彙がまだ十分ではなかったことは明らかである［引用部分は邦訳一一頁から］。

（43）Fr. Nietzsche: Fröhliche Wissenschaft, Werke in 3 Bänden, hrsg. von K. Schlechta, Bd. II, München 1977, S. 12. 以下も参照。H. Rumpf: Die übergangene Sinnlichkeit, München 1981.［『悦ばしき知識』信太正三訳、ちくま学芸文庫版ニーチェ全集８、筑摩書房、一九九三年、一三頁］

（44）Piet Mondrian: Neue Gestaltung, Mainz/Berlin 1974.（初版は一九二六年で「バウハウス叢書 Bauhaus-Büchern」として出された。）

（45）Helmuth Pleßner: Die Stufen des Organischen und der Mensch, Berlin 1965（2. Aufl.）, S. 70.

第五章　教育解釈学への注釈*

一九二四年ライナー・マリア・リルケは、ハーグのクレラー夫人に『ドゥイーノの悲歌』の一冊を謹呈し以下のような詩を捧げている。

長き経験のあと、「家」や「樹」や「橋」は
今までとは違った次元で危険にさらされるがよい。
つねに運命に囁きかけながら
最後は己に向かいみずからの言葉を語れ！
誰もが異なって経験する日々の本質をその束縛から解きほぐすこと。
すでに知っている形象から夜の星座を作り出そうではないか。(1)

この詩はファン・ゴッホの晩年の作品の解釈(2)であるだけでなく、大変簡潔な形でなされた解釈学「理論」を含んでいる。もっとも正確にはおそらくこういうべきかもしれない。この詩は解釈学の出発点となる問題を示している、と。いずれにせよ、シュライアマハー以来知られ、ラカンによって先鋭化されることになった解釈学の形式をま

とって示していることは確かだ。この意味で、この詩には解答というよりむしろ問いが含まれている。しかも詩という途方もなく深い形をとって。この詩作を論述的な語り方に解きほぐしてしまうことは、もちろん、詩のもつ特性を損なうことに等しい。詩のなかで語られたことが、その意味を失わず論述的な語りで再現可能であるとしたら、それは詩である必要はないだろう。しかし、子どもの生の表現や自己表現を分析的に、しかも私たちの科学的素養や「実証されたもの」と認められたカテゴリー、または身体的－心的の出来事の次元で解釈しているわけであるから、詩にこうした「傷」を負わせることもまた許されてよい。私たちは子どもの場合よりも詩に対し傷を負わせる行為をかなり多く行ってしまうだろうが、詩は、そうした分析にもかかわらず、それがそれ自身であるものにとどまり続けるものだ。

私はリルケの詩に以下のような解釈学的根本問題をみている。すなわち、どのような方法で、「日々の本質」を解き明かすことに成功するのだろうか、すなわち、どのようにすればそこになにか「形象」のような**一般的なもの**をうまく取り出すことができるのだろうか、といった問題である。さらに、この「誰もが異なって経験する［ことが］日々の本質」であるのなら、いったいどのように一般的なものへ遡ることなど可能なのか。さらには、「すでに知っている形象」という表現でどんな知のタイプが語られているのか。最後に、主観的経験のそのつど異なるものは、「夜の星座」という類型的なものとどう関係しているのか。この「夜の星座」、ファン・ゴッホの絵やリルケの詩において、[3]単に心理的投影だったり、神秘的特異体験だったりするのではなく、メッセージとして、すなわち伝達可能な解釈を要求するものでもある。

この詩を著す何日か前、リルケはある手紙のなかで次のように書いている。「もちろん、詩の言葉は私たちに欠けている自由の雰囲気をまとっている。詩の言葉は、やはり同じような価値をもつ他の形態（Bildungen）を除けば、隣人をもたない。詩の言葉とそうしたものとのあいだには、広々とした空間が広がっているだろう。それは星のきらめく天空の空間に似ている」(4)。私は、解釈学をこうした「広々とした空間」のなかで展開可能となる営みと考えている。その際、この空間を成立せしめる境界点が美的対象や判断によって決定されるということが本質的に重要である。

しかし、以上のことは私たちが教育学と呼ぶものとどこで関係してくるというのだろうか。私は、架橋すべく、リルケの解釈学的根本問題をもう一度、定式化し直してみたい。以下の試みはこの再定式化を内容とするものであり、次の四段階をとる。すなわち、⑴問題への接近、⑵シュライアマハーの構想、⑶ラカンを参照する、⑷解釈学的な判断と知、の四段階である。

1　問題への接近

テクストの意味の技巧的かつ文献学的解明以上のことが解釈学理論に要求されて以来、解釈学理論は科学的で分業的な「説明」理論と個別科学の方法論と対立関係にあり、次のような哲学的問題を出発点としている。すなわち、語り行為する人格、ないしは人格からなる語り行為する集団は、そこで語られ、なんらかの形で制作された（行為によって産みだされた）所産に対しどんな関係をもっているか、という問題である。もしくは、逆の方向から問題にすれば、私たちは人間の所産（「夜の星座」）の研究を通じ、その所産と結びついている人間自身や集団に関しどれほどのことを知りえるのだろうか、という問題である。この問題はありふれており、簡単に答えられると思われるかもしれない。精神諸科学、社会化研究、文学研究、芸術史はこれと違ったことをしているというのだろうか。

そこにはあるコンセンサスが存在し、一見まったく問題ないかのようにことが運んでいるようである。だが、このコンセンサスは人間諸科学の対象に関してある想定の上に立っている。すなわち、私たちは、ごく普通の事例における対象を、個々特殊な現象としてではなく、すでに普遍的なものとして、すなわち、すでに相互主観性という「中間」に位置づけられる伝達可能な「形象」として想定している。私たちは、案外、主観のなかにおけるこの種の形象の発生を丹念に調べる努力をしていない。この普遍的なものは、その学問の帰属先や理論的立場に応じ、様式、時代、社会階層、ハビトゥス、構造、密にまとまった階級というかたちで視野に入ってくる。関心の中心にあるのは**類型**なのである。(5)

だが、こうした学問実践の周縁で問題が生じてくる。教育学者の理論的立場にとって、この問題はとりわけ馴染み深い問題である。なぜなら教育学者は陶冶過程の本質に関わっているからである。この陶冶過程、子どもが「あれ」とか「いや」とか「僕」とか言い始めるときに少なくとも始まる。すなわち、三つの基本的な境界設定(事物に関する、他者の意志に関する、意識のない状態に関する境界設定)を開始することで、個は個として存在し始めるからである。もちろん、もっと以前から子どもは「ママ」と言い始めるのではあるが。これらのことは事態の困難さを示している。すなわち、この境界設定が言われた瞬間の前の前にあったものは何なのかという難問を。その前にすでに子どもは「何者か」だったわけだが、決定的なことに、デカルトの「コギト・エルゴ・スム(我思うゆえに、我あり)」という意味で存在していたわけではない。加えて、子どもがかつてそうであったものに関して、どんな個性理論も語ってくれはしない。というのも、「個(Individuum)」、すなわち分割できないという意識をもつ「分割できないもの」が存在できるのは、あの境界設定を通じて自分自身を規定するようになってからであり、『囁く者たち』(ペーター・ハントゥケ)[*1]にしたがえば、言語(構造)によって子どもに提供された可能性の条件に子どもが適応したときからだからである。自分が他者と異なることを知っていることと、自分が他者に属していることを知っていることとは、同じメダルの裏表であり、両方の契機の共存においてのみ存立しうる対立関係である。(6) 言語によって導かれ、自己解釈と世界解釈を始める瞬間に何が人間に起きているのかをラカンがつきつめて考えるとき、その関心を導いているのは、生活史的にも理論的にも重要なまさにこの状況なのだ。しかし、ラカンによって注目されたこの問題は、前言語的主体から言語的個体への個体発生の移行問題、もっともこの場合、個体にとって自分を文化的に現存するコードやハビトゥスもしくは構造のなかで規定する以外に他の選択肢はないのだが、この問題に限定されるわけではない。ラカンの問題は人間のすべての陶冶段階にあてはまる。すなわち、プログラム化されていない「主体」と、程度の差はあれ言語および行為の能力を獲得した構成員としての社会能力ある「個人」とのあいだの、あの差異はいつまでも残り続けるからである。この考えによれば、解釈学の基底にある問題とは、この差異について何か理解可能で有意味なことが語ることはできるか、となる。誰もがこの問いへ試みられてきたさまざまな解答を知ってはいる。少なくともそれは世紀転換期以来検討されてきたものである。たとえば、「疎外」(マルクス)、自我-エス-超自我(フロイト)、「主我」と「客我」(ミード)、「ジュ(Je)」と「モワ(Moi)」(ラカン)、人格と役割(ダーレンドルフ)、「ひと(man)」(ハイデガー)、「構造」(レヴィ＝ストロース)、「構成」と「人格化」(サルトル)、「語りうるもの」と「語りえないもの」(フランク)などである。しかし、これらは、正確にいえば、解答ではなく、つねに新たな衣装を着けて再登場してきた根本問題にすぎない。

その前史は語らずにおくが、「私(自我)」の主題化で始まり「啓蒙」と自己理解するようになった近代社会の歴史に対し、人口爆発や資本主義経済や標準化された行政、近代の人間科学の類型化と分類学のせいで、この類型化と人間存在の「主体」的性格との関係に対して疑念がもたれるようになったが、それは当然の帰結のように思われるのだ。

2　シュライアマハーの構想

近代解釈学の祖であるシュライアマハーはこの事態をかなりの程度で予感していた。シュライアマハーは一八二六年の教育学講義で近代の教育学的根本問題を導入するのに成功しただけではなかった。シュライアマハーは心理学においても解釈学的根本問題で始めている。すなわち、私とシステムはどのようにかかわり合うかという問題である。(7) 現代の心理学者にはめったにみられない繊細さで、シュライアマハーは、心理学の出発点がどこに、そしてどのように見出されるのか、という問いで始める。彼は対象規定の際の古典的定義の仕方を批判するのだが、それは、「人が具体的に列挙できるもの、すなわち知覚可能なもの」が重要ではないし、「心はそうした仕方で与えられているわけではまったくない(8)」からである。むしろ心は「各自に純粋に内的に」与えられている、とする。しかし、このように心が与えられているとすると、「それが他者と同じものと前提してよい」とする根拠をどう示せるのか。この「純粋に内的な」与えられ方は、まずは、「私たち」にとってどんな客観物も、どんな所与の状態も排除するように思えるからである。いずれにしても、単に推測されたり、仮説的に想定されたりするだけでなく、**主張する**ことが許される所与の状態という意味ではそうである。この「純粋に内的な」所与の状態が普遍的なものだと主張しうるためには、言語に準拠する以外に手立てはない。ここに私たちは普遍的で信頼のおける出発点を見出す。すなわち、私たちが「私は（Ich）」と言うその限りにおいて「私（自我）」を定立できるという事実にである。「私の定立がまったく現れない場合、私たちの対象すなわち心が存在するという確実性は与えられていない」、「このこと

（私の言明であり定立）が存在する場合、私たちは心を想定する」、この二つは同様に確実である。これはもうほとんどデカルト主義である。しかし、シュライアマハーは、この自分の出発点に対し懐疑的である。しかも二つの方向で。まず、語りうるものに出発点を置くということは、「私」が言述の既知の形をとって発話されないと心も存在しないとするところに［シュライアマハーの］真意があるのではない。なぜなら、「これではすでにあまりに多くのことが主張されてしまうからである」。シュライアマハーは教育学において、この指摘を生産的に逆転し、子どもの発達のどの段階においても、すなわち子どもがまだ言語の形をとって直接対してこない時期であっても、「知性的なもの」を想定することが教育学的には必要だ(9)とする原則を示している。（ところで、教育学－解釈学的「予感」への努力、すなわち察知したりかすかに感じたりすることへの努力が、どんなものであったとしても放棄されてはならない理由がここにある。）

言語は、シュライアマハーが自らに対して行う第二の自己批判によれば、必ずしも信頼に足るわけではない。たとえば、第一人称単数で自らを語る人間は「心と身体とから成る」と言うとする。しかし「**成る**（besteht）」とは何を意味するのか。この表現でたいてい考えられていることは、何かがさまざまなものから構成されており、その構成要素は互いの結びつきなしに存立しうるということである。この言語表現にこだわれば、さまざまな言語や文化を比較するなかでこの種の構成の仕方がさまざまでありうること、共通性はなんら見出されないことがはっきりしてくる（シュライアマハーはこのことを私たちのものとは完全に異なる古代ギリシアの表象に関し示してみせる）。シュライアマハーは、入念に注意深くこの難問をすり抜けていく。このこと自体が、彼が偉大な解釈学者であったことを示しているのだが、その指摘とは以下のようなものである。「**私の身体**」「**私の心**」というシニフィアンは、やはり歴史的差異を越えて、意味あるものと受け取られるだろう。すなわち、この言い方に対応するシニフィエがあることを誰も疑ったりはしないだろう。このように心と身体について語るのが「私」であるのだから、この二つはもうすでに結合されているのである。すなわち、私とは私の身体かつ私の心で「ある」。私たちは、この両者の関係に関しそのつど生じてくる歴史的ヴァリエーションについてぐらつく必要はない。「私たちは、心と身体の共在にまったく関係ない心のなにごとかを語り、それがどのように私を構成しているかを語る理由はない」[10]。私はつねに両者、すなわち心と身体である。

だが、まさにここに難問が存在するのだ。シュライアマハーははっきりと、私（自我）は、私の言明で自らを定立することで、同時に「心理的なもの」としても、すなわち「身体と心の共在」としても生じると考えた。しかし、問題は、このことが言語獲得前の子どもの状況とどう関係してくるのかという点にある。しかも、子どもが最初の言語表現を産出するとき、まだ「私」とは言わない。シュライアマハーはこの問題をわかっており、漸次的移行というイメージを使ってなんとか切り抜けようとする。自分自身を意識した私を心的なものの解釈学の出発点であり到達点である（というのも、このことが彼の「心理学」で問題とされているからである）という考えを保持するため、子どもの成長過程を、私（自我）の諸機能の連続的増加過程と想定する。すなわち、まず私（自我）の言明の地点まで遡り、それからこの段階を脱し、認識・意志・感情といった諸能力が断絶なく増大していく過程、とくに**私（自我）という統一をつくり出していく活動**がより明確に現れてくる過程を想定するのだ。

3　ラカンを参照する

以上のことは、たしかにドイツ観念論の読者には説得力のあるものだが、構造主義者や精神分析家は誤っているというだろう。リルケも、「夜の星座」や「星の像」について、たしかにそれは私たちの自我－機能の力で作られるものの、わずかに「一瞬」、「漠然と秩序づける自然」を凌駕しただけと述べたとき、暗に異議を差し挟んでいた。「漠然と秩序づける」もの、それは心理分析家は「エス」、構造主義者は「構造」と呼ぶ。フランスの精神分析家ジャック・ラカンはこの二つを統合した。シュライアマハーが語る「私（自我）」は、支配的な意義の文脈で自分を自己同一なものと定立する「モワ（Moi）」であるが、しかしそれは、それが主体としてかつてあったもの、ないしはありえるかもしれないものを失うという代償を払ってなされる。（当然だが、ラカンの見解をわずか数行で表現しようなどとは、かなり向こう見ずな試みではある。しかも、私がラカンを本当に理解したかどうか、一度も確信をもったことがない。私は、ただ、解釈学的問題への関心から、このように言及する権利を主張するだけである。その問題とは、語る私（自我）は自分自身とどのような関係をもつのか、この問題に関し新構造主義の側からどんなことがいいえるのか、という問題である。）

シュライアマハーの場合、語る人は語りのなかで徐々に**自分自身を**告げ知らせ、明るみにもたらすが、ラカンにとってはまさにそこで語る人は隠されてしまうのだ。G・H・ミードの客我（Me）と似て、「モワ」は、社会的なシンボル・システムによっていわばある形式へもたらされ、そこにおいて私（自我）が定立されるだけでなく、人格の自己意識化された「部分」と「無意識」の部分の差異もまた同時に定立されることになる。「無意識なるものは、私の歴史に**属する**一章であり、それはとどまり続けることを知っており、嘘によって保持所有されている」(11)。所有する者は、言語や親族体系(12)や事物や経済の構造的秩序であり、簡潔にいえば、私たちに外的現実として現れてくるものである。フロイトの有名な文章「かつてエスがあった場所に私（自我）が生成するはずである」の啓蒙主義的な読み方は、したがって、この観点に立てば疑わしくなる。すなわち「本来の」私（自我）とは**この**私（自我）のことではなく、前言語的「欲望」（これはすでに言語化された「望み」と区別され「デジール」といわれる）のなかで自らを告げ知らせてくるものである。この「欲望」は構造的秩序のなかにいわばその場をもたない。言語を通じてあの諸秩序を取り込んだもう一つの私（自我）が、そのすべての場所を占有したままなのである。「この私（自我）は日々の活動で効果的に共同作業を仲間と行うことができ、余暇を推理小説や回顧録、教育講演や整形外科、咲き誇る文化の愉しみをもたらすグループ関係によって飾り立てることができる。こうした文化は、実存と死を忘却させ、同時に間違ったコミュニケーションで生の特別な意味を見損なわせてしまう材料を提供する」[13]。

しかし、「実存」、すなわち社会現実の構造の背後にただ潜んでいるだけのもう一つの私（自我）、本来の主体は消えてしまっているわけではなく、たとえその痕跡でしかないとしても、たとえば身体的表出、想起、語彙の不一致[14]という形でその存在を告げ知らせる。**この**「欲望」の主体が、日常的、学問的論述という意味での言語表現に上ってこないことは事柄の性格上当然である。そうした論述において、その主語＝主体は空所のままである。その主語＝主体が自らを語るなんらかの語り方が存在するとしても、それはせいぜい「シンボルのズレの同意語」[15]である**隠喩**によってでしかないだろう。しかし、あえてこのズレを表面へと押し出そうと、すなわち支配的秩序の構造へ織り込もうとするならば、フロイトの文（「かつてエスがあった場所に私（自我）が生成するはずである」）の啓蒙主義的読みに満足することはたしかだろうが、そうした隠喩では、「モワ」と「ジュ（je）」の対立、すなわち、一方で現実に即し反省的な私（自我）と他方でその欲望によって自発的に駆動されるが、文化には統合されえない私（自我）との対立として表現される自己形成の出来事はきれいに清算されてしまうだろう。

この問題設定は、心理分析的に、ただ個々人の人生のトラウマを伴う断絶箇所を指摘するだけではない。それは、すくなくともアウグスティヌスの謎の問い[16]以来、一般解釈学の、とりわけ教育学の関心に関わってくる問題であり、教育学の根本問題が陶冶過程の状態に向けられるという事実において自己理解しあっている限り、そうなのである。支配的な学問習慣の基準にしたがえば、こうした境界領域に関わるのは危険であるように思われる。「陶冶」より「社会化」の方が頻繁に語られるのは、おそらく、社会的で行為能力があり「社会化された」個人という概念の方が、主体と個、内と外、私（自我）と私たち、「欲望」と意味とのあいだのまさに境界領域を主題とする陶冶概念よりも、「合理的」な論述にうまく順応するからなのだ。自閉症児やカスパー・ハウザーやアヴェロンのヴィクター[17]といった極端な事例は、それゆえ、教育学に特異な問題を投げかけているのではない。子どもの理解、その表出行為の理解、陶冶過程の理解がいかに可能かという問題の核心を突いているのである。

私が正しく理解しているならば、芸術作品はその性格上それ自体において、社会化された私（自我）と陶冶運動のなかで把握される私（自我）のあいだのこの差異を保持している。リルケの詩句（「誰もが異なって経験する日々の本質をその束縛から解きほぐすこと。すでに知っている形象から夜の星座を作り出そうではないか。」）は、もしかしたら、もっとわかりやすい意味をもっているのかもしれない。そこで語られている知は、あの前言語的な欲望の主体がもつ「知」なのだ。この知は、詩ないしはイメージの言語へもたらされ、ある両義性を隠喩的に告知する。この知は、「夜の星座」として、欲望の主体と、「欲望の主体としての」私を欠如としてしか気づけない構造的ゲームの参加者であるもうひとつの主体（モワ）の両面を指し示しているのである。

4　解釈学的な判断と知

欲望の主体は、上記にしたがえば、意識なしの知であり、すなわち論理的には不十分にしか定式化できないことになってしまう。だが、ラカンは、教育的出来事の解釈の場合あきらかに回避しがたい問題を指摘する。（もう一度違ったかたちでまとめてみれば）どんな教育の出来事であってもつねに二つの前線のあいだで演じられているのだが、この事実とどう関わるべきか、という問題である。この二つの前線とは、歴史的に与えられている生活形式の秩序とまだ論述能力をもたない衝動である。主体はこの衝動をやはり自分の衝動と承認しなければならず、そして、遅かれ早かれ、いかにしてその衝動が個々の独自性とコミュニケーション共同体へと統合されるかという問題がもち上がってくる。(18)

この問題規定は思われるほど抽象的ではない。まず、簡単に指摘しうることは、学問分業体制の分類序列によって規定され、根本では因果関係の想定を伴い「説明」を提示せんとする科学的語り方ではこの問題の核心に到達しないということである。このジレンマをもっともはっきりと示している例が、シンボル的相互行為論から生まれ、教育学においてしばしば主張されたラベリング理論である。そこでは、成長過程の子どもが従属させられる秩序が、たしかにしばしば切れ味鋭く明らかにされ批判された。しかし、ラベルを貼らない言い方を詳しく提案することはなかった。こうして、学問レベルでだが、ラカンが「モワ」と「ジュ」の関係に関して主張したことが繰り返されている。これはアポリアなのか。

もしこれがアポリアだとすれば、私たちはやはり理論的再構成に依拠した方がよいのではないか。それは、学習理論、ノイローゼ理論、環境理論、逸脱行為の理論という個別科学を私たちに提供してくれる。教育の解釈学を求める試みは無駄であるかのようにみえる。しかし、気を取り直し、もう一度シュライアマハーとともに接近を試みてみよう。シュライアマハーの解釈学理論は文献学者の技術論のためだけに構想されたのではなく、解釈の一般理論として、**すべての**人間科学のために構想されていた。私は、それゆえもう一度、シュライアマハーがその心理学を始めるにあたってまったく非科学的に始めたことを思い出そうと思う。すなわち、それは、人間の形成の諸問題は、私（自我）とは何であり、それはどのように考えられねばならず、私（自我）はどのようなものとして自身の意識に把握されるのか、こういう難問を通過する必要はないのかという問いで始められていた。解釈学や教育学講義のテクストから知られるように、これは心理学の問題であるだけでなく、教育の中心問題、子どもの陶冶の中心問題でもある。テクストの理解とまさに同じように、人間の表現の理解一般、したがって子どもの表現の理解は、互いに不可欠な二つの方式を用いる。**文法的**解釈と**心理（学）的**解釈の二つである。「文法的」解釈は生活形式の構造の文脈のなかで解釈すべき出来事を探求する。この構造のなかで最重要とシュライアマハーが見なすのが、当然だが、言語である。他方、解釈の「心理（学）的」部分は、出来事を私（自我）が自分を意味ある仕方で伝達しようと試みる際の表現として、しかも、すでに引用したが、身体と心の「共在」と関連する表現として探求する。語りと言語に限定すれば、このことは、「どんな語りも二重の関係をもっている。すなわち、言語の全体性への関係と、語りの原著者の思考全体への関係とである。したがって、どんな理解も二つの契機から成る。その語りを思考者内部の事実として理解するべく、その語りを言語から取り出されたものと理解する、という二つの契機である」[19]。

しかし、「心理（学）的」側面において、すなわち「思考者内部の事実」としての語りの解釈に際して難問が生じてくる。もしある人を、文法的解釈の基準にしたがい、すなわち秩序の内部で適切に位置づけたならば、今度は、私たちは**その人自身に**自分を関わらせねばならないからである。その場合、対話でのように、私たちはその人の表現に差し向けられる。そしてその表現は当然ながら、秩序の規則に必ずしもしたがわない。シュライアマハーはまるでラカンの問題をすでに考えていたように思われる。というのも、シュライアマハーは大変慎重に次のようにこの問題をまとめるからである。「しかるに対話は逸脱も許容する。その場合、話者がどのようにそう至ったのかという問題が生じる。課題は、そうした逸脱の生成を認識することである」[20]。ではどう認識するのか。一六〇年後の私たちがすぐ思いつくのは、精神分析に問いかけてみることである。けれども私としては、この種の思考の補助手段なしで、どの程度シュライアマハーの路線でやっていけるか見極めることに意義を見出したい。以下、仮にだが、想定しうる答えの輪郭を描く助けとなるような五つの要素を挙げてみよう。

1　「逸脱」が理解可能となるのは、「テクスト」を思考の所産と理解するだけでなく、**身体と心の共在の表現と**しても理解する場合に限られる。

2　この種の表現が理解可能になるのは、一般に、人間／子どもを**感受的**／**受容的存在としてだけではなく、活動的**／**自発的存在として自己を形成していく**存在とみる場合である。これは根本的で「エレメンタールな」心理機能である[21]。子どもは受容的である限りで秩序を受け入れる。また、子どもは活動的である限りで秩序に対立する。「あらかじめはっきり**意識された意欲**[22]」が、この過程における「自己活動の展開の最高到達点」である。それ以前に存在するものは、心身の連関から発し、まだ秩序すなわち「文法」の基準にしたがい形成されていない表現であり、それは、シュライアマハーにとってまったく理解不能であり続けた夢も含む[23]。

3　だが、この場合において、「思考」を語ることは当然できないにせよ、「漠然と規定する自然」（リルケ）だけが想定されてよいわけでもない。理解不能にみえるものも自我の統一に組み込めるということも、語る者にとって、もしくはどういう形であれ自己を表現する者にとって、抗しがたい事実だからである。それゆえ、シュライアマハーによれば、「私たちの意志が受動的である場合の表象の自由な戯れ」だけは語ることができるし、「精神的存在は活動している」[24]のである。

4　以上のことを私たちは決して確実な仕方で**知る**ことはできない。たとえば、論理の一貫性や自然現象の法則を知ることができるという意味で知ることはできない。私たちは、私たちが**自分自身についてすでに知っている**場合に限ってそう想定できるだけである。すなわち、「この場合、私たちは自分自身の自己観察を基礎におかねばならない」[25]。私たちが自分自身を知っている範囲内で、他者を理解することができるし、しかも他者を秩序の交点以上のもの、交点とは違ったもの、またそうありうるものとして理解できる。

5　こうしてみると、シュライアマハーの問題圏を構成する五番目の構成要素は驚くにあたらない。すなわち、もし「自己観察」が、他者表現の「逸脱」の理解の確実性を成り立たせる唯一のものだとすれば、私たちは明らかに、そして結局のところ、**自分を認識するのは他者を通じてしか、そして他者を認識するのは自分を通してしかできない**ということになる。すべての解釈衝動の源泉でもあり、他方、解釈学的理解の到達目標でもあらねばならない根源的対立関係とは、我と汝の関係のことなのである。フィヒテに批判的に向き合いながらシュライアマハーは、「私（自我）の定立」において、この私（自我）がただ単に非-自我に対し自らを立てるというだけでは不十分だと考えている。この［フィヒテの］対立関係は、そこから何か運動が展開しうるようなものではないというのだ。なぜなら、この「非-自我」は結局のところ可能なものであれば何でもありうるからであり、「単なる一つの否定」でしかなく、それ以外の何ものでもないからである。こう批判し、シュライアマハーは、「私と言明することは、たえず汝を探すこと」、もしくは、少なくともこの「汝」を「要請すること」[26]だとし、そこから出発することを提案する。このように限定された条件の下で、ようやく「自己観察」を解釈学的理解の最終基準にすることが意味をもってくることになる。

以上は、精神分析的にみればまだ解明が足りない状態にとどまっており、近代心理学に役立つこともない。しかし、このことはそれほど悪いことなのか。ラカンのある「女子学生」は、深く解釈学的伝統と関わることなしに、以下の二つのことを並行して試みた。マウド・マノーニは、パリ近郊のボネイユにある精神疾患の子どもたちのための「反精神医学」的施設について本を著し、そのなかで、この場合は精神分析となるが、この施設の活動方法の基礎に認められる個別科学的理論素を論じている。他方、彼女は、徹底して科学的語彙を避けながら、プロトコールや事例記述のなかで、**物語《ゲシヒテ》を語っている**。マノーニはそうすることで、シュライアマハーが提案したかもしれない規則にしたがったのである。すなわち、子どもの、しかも精神疾患のある子どもの表現に隠されている意味は、文法的解釈の道を進むこと、すなわち特殊を一般の下に包摂する規定的判断（カント）のタイプに方向を取ることでは部分的にしか解明できない。もう一つの、ひょっとしたらより重要な教育解釈学の部分は、理解すべき出来事に対し正しい概念が新たに発見されねばならないとき、すなわちカントの術語によれば反省的判断が発揮されるときに成し遂げられる。以上から教育解釈学の根本問題は次のように定式化できる。この新しい概念の発見をどのように考えることができるか、もしくは、シュライアマハーの定式にしたがえば、「私の言明」と「汝の探索」の同時性がどんな操作のなかで遂行されるのか。G・H・ミードはこの問題に関して、教育学にとりわけ実り豊かで実効性を約束する解答を試みた。表現、すなわち「身振り」、これは言語的であっても非言語的であってもよいのだが、そうした表現の意味が理解されるのは、一方の者が自分自身のなかで、他者がまさにそこで産出したその身振りを追遂行し、同時に、その他者の身振りに対し、他者に同じ操作を許すような自分の身振りで反応することによってであると論じている[27]。この理解についての考え方を「対話的模倣」と呼ぶことができるが、それは、この場合の「模倣」を、ある身振りの表面的内容を単純に反復することではなく、その身振りの基底にその存在が考えられる内的運動を想像する行為とする場合に限られる。しかし、そこでは、「私の」内的運動と「汝の」内的運動の同一性が確実に想定できるわけではない。したがって、「私」とは、そのシニフィアン［表現］が、表面上同じではあるが内面において違うものをシニフィエしているそんな存在である。「汝を探索する」ことは同時に「私の言明」でもある。教育学的事例に即して言えば、子どもを理解する行為は次のような遂行過程をとる。まず、その身振りを模倣し、その内的運動を想像し、それを私たち自身の自我－能力の基準に応じ変形する、こうして私たち自身や子どもは、ある同じ解釈行為のなかで、自己理解と他者理解に達する。

思考的、対話的に理解していく私（自我）が自分自身と他者に向かうこうした操作において、私（自我）は、定式化しうるあらゆる独我論的命題のなかでも、「私（自我）は自分自身（そして他者も）を理解しない」という命題を提出するだろう。心理学や精神分析という「囁く者たち」（ハントゥケ）は限界を認めようとはしないだろうが。シュライアマハーは言う。「理解不可能性を完全に解消することはけっしてできない[28]」。私たちはそれゆえ、「予言者的大胆さ[29]」をもってどんな解釈学的課題にも接近しなければならない。経験や体験の小片、記憶の断片、身体感覚と記憶に残るその散逸した痕跡、想像の破片。解釈すべき教育の出来事に関する予感を得るために、学問的ディスクールには組み込めないこうしたものすべてを、私たちは持ち出してこなければならない。私たちの学問的知識、すなわち規定的判断は、このときほとんど何の役にも立たない。それはただ枠組みを定めてくれるだけである。

R・ルッバースは、教育の出来事をそのスコア（総譜）に関係づけ読解することを提案した(30)。これは二重の精妙な意味をもつ。まずスコアは作品が演奏されねばならない規則を含んでいる。すなわち、スコアは作品の演奏者にとってひとつのコードであり、几帳面に演奏をコード規則の下にしたがわせるため、それは演奏者の特殊性を抑圧するものとなる。しかしスコアはまた、それがよい場合、どんな包括的規則にも屈しない美的出来事の表現でもある。もっともJ・S・バッハが語ったように「一致する」ケースもありはするが。私たちはどちらに立つことを望むだろうか。子どもはスコアの演奏者なのか、それとも子どもは自分でそうしたスコアを作り出しているのだろうか。ひょっとしたら、後者の場合、「一致する」ように作り出しているのだろうか。

私はこの問いに本当の意味で答えることはできない。「予言者」能力を駆使せよというシュライアマハーの勧めもこの場合助けにはなってくれない。ただ、ヒントもしくは見通しを与えてくれるようなものなら以下の二つが思いつく。

まず、理解しがたいところもあるスコアにそって生きるのは、なにも子どもだけではない。大人もしばしば、これまでしたがって生きてきたスコアの困難を実感する。私の知る限り自伝はもっとも卓越した教育学の資料であると思うが、これは事後的にそうしたスコアを書く試みだといえる。この文脈にもっとも相応しい事例としてナタリー・サロートの著作『子ども時代』がある。シュライアマハーかラカンを、またはその両者を読んだかのように、この人生の思い出は、「私」と「自身」との対話という形式で書かれている。スコアのイメージを使って語れば、この本で起きていることは以下の通りである。想起する私が語るわけだが、その私が語るのは、イメージ、状況であり、すべて断片的で、非連続的に見え、またそれは心的なものの隠喩でもある。しかし、その意味が明確になることはない。こうした想起の流れに、たえず、もう一人の私が入り込んでくる。それは、反省し、照合し、想起の活動をより深く駆り立てる私である。これは、「それは本当にそうだったか」「お前はなにか忘れてはいないか」「それはあまりに型通りではなかったか」「お前は、なぜやはり存在したXについて語らないのか」「お前は当時、今語っているように本当に幸せだったのか」「もう一度よく考えてみろ」「ごまかそうとするな」といった問いかけや自分への要求とともに起こる。これによって、最初の想起する私は、その想起の活動を拡大し、その想起を補ったり変えたりする。その結果、たしかに動機の断片から完全なスコアはできないものの、読者によって補われることは可能な「遊びの余地のある」ものは出来上がる。

二番目のヒントないしは見通しだが、それは美的なものに関わる。美的出来事に関わる二つの事態が、解釈学の根本問題に独特な仕方で歩み寄ってくる。すなわち、まず美的対象の独自性であり、もう一つは美的判断の独自性である。たとえば、**美的対象**、すなわち芸術作品は独特な認識方式を表すが、それはまさに、芸術作品が論述的議論ではほとんど把握しがたい主体の文法諸形式との戯れを表現するからである。**美的判断**は、少なくともカント的定義においては、どんな「目的」にもしたがわない。すなわち美的判断は「無関心的」であるのだが、それは美的対象のなかにそれ**独自の**概念を探しもとめるのであって、理論的カテゴリーや一般化された実践目標にしたがい「規定」しないことを意味する。以上二点が、教育解釈学が何でありうるかという問いへのヒントになると思われる。だから、私が冒頭に取り上げたリルケの詩は、レトリックを気取る気まぐれな即興ではなく、事柄の本質解明に寄与するおそらくもっとも重要なテクストだったのである。

注

＊これは一九八五年一月ユトレヒト大学で催されたシンポジウム「解釈学的心理診断」での講演原稿である。

（1）U. Fülleborn/M. Engel（Hg.）: Materialien zu Rainer Maria Rilkes “Duineser Elegien”, Frankfurt/M. 1980, S. 313f. を参照。

（2）この指摘と歴史学的‐文献学的裏付けに関しては、オランダのドイツ文学者H・マイヤーが一九八四／八五年の冬学期にゲッティンゲン大学文学研究コロキウムで行った講演に拠る。

（3）これについては、たとえば、『オルフェウスへのソネット』の第二部28を参照。そこにはこうある。「汝、ほとんど子どもよ、一瞬、ダンスの姿を補え／あのダンス、純粋な星のイメージのために／そこで私たちはむなしく漠然と規定する自然を越えようとする。」

（4）一九二四年八月九日付けのミルバッハ夫人への手紙を参照。U. Fülleborn/M. Engel 1980, S. 310.

（5）ここに含まれる科学論的な問題がもつ困難さを鑑みれば、これはあまりに単純化し過ぎている。「社会階層」とか「構造」といった概念は、たとえば、かなり違った理論的位置価をもっている。そして、ピアジェの陶冶理論、もしくは心理分析に対しても、これらが主体の構造の発生に関心がないと批判することはできない。

（6）その意味では、この対立の前に「共生 Symbiose」が存在する。もしくは、この対立の後で欠損として存在する。共生において「個」は存在しない。

（7）シュライアマハーにとって、この意味で「システム」という語はまったく未知のものだったが、その問題設定は今日でもこのシステムという定式で把握しうる。たとえば、一八一三年と一八二六年の教育学講義のなかで、シュライアマハーは教育学に、教育が未成年世代を国家や教会や社会や言語といった大きな「共同体」へ「引き渡す」と同時に、私（自我）を自己反省的に自己形成させるのはいかにして可能かという問題への解答を求めたときなどがそうである。

（8）この、そして次に続く引用は全部、シュライアマハーからのものである。Sämmtliche Werke; dritte Abtheilung Zur Philosophie, Bd. 6 “Psychologie”, hg. von L. George, Berlin 1862, S. 3f.

（9）はじめてはっきり出てくるのは、一八一三年の教育学講義においてである。（F. Schleiermacher: Pädagogische Schriften, Bd. 1, hg. von E. Weniger/Th. Schulze, Frankfurt/M. 1983.）

（10）シュライアマハー前掲書 S. 8 を参照。ところで、シュライアマハーは、「私（自我：das Ich）」を語ることに躊躇している。これはささいなことではない。彼は明らかに、客観主義的な語り方へ移行する際に難問があることに気づいていたのである。

（11）Jacques Lacan: Schriften 1, hg. von Norbert Haas, Frankfurt/M. 1975, S. 98. ラカンの解釈学理論への意義については、とくに、M. Frank: Was ist Neostrukturalismus?, Frankfurt/M. 1983, S. 367ff.

（12）「というのも、親族関係の遠近を言葉で名づけること以外に、幾世代も通じて血筋のつながりを拘束し結び合わせる恩恵とタブーのシステムを制度化する権力は存在しないからである。世代を区切る境界の消失は、言葉（verbe）からの聖性剝奪や罪人からの神の離反と同様に忌まわしいものとなる」（Lacan, a. a. O., S, 118）。親族体系の人間学的意味に関するC・レヴィ＝ストロースによって述べられた理論への近さが、ここではっきり出てきている。

（13）Lacan, a. a. O., S. 123.

（14）A. a. O., S. 98.

（15）A. a. O., S. 99.

（16）アウレリウス・アウグスティヌスの自伝『告白』の冒頭（J. Bernhart の翻訳と解説によるラテン語／ドイツ語版：München 1955 の S. 21 以下）を参照。

（17）これに関しては、L. Malson（Hg.）：Die wilden Kinder, Frankfurt/M. 1972 と J. Hörisch（Hg.）: Ich möcht ein solcher werden wie ..... . Materialien zur Sprachlosigkeit des Kaspar Hauser, Frankfurt/ M. 1979. を参照。

（18）これに関しては、N. W. Bolz: F. D. Schleiermacher, in: Klassiker der Hermeneutik, hg. von U. Nassen, Paderborn 1982, S. 108ff. を参照。

（19）F. D. Schleiermacher: Hermeneutik und Kritik, hg. von M. Frank, Frankfurt/M. 1977, S. 77.

（20）A. a. O., S. 202.

（21）このエレメンタールな選択肢をシュライアマハーは『心理学』のなかで詳しく展開している。（S. 176 以下では「受容する活動」を、S. 216 以下では「外に流れ出す自発的活動」を論じている。）そして教育学のなかでこの二つの活動を教育行為の基礎づけに使用し、そこでは受容性と自発性という言い方をしている（Pädagogische Schriften, a. a. O., S. 51ff. und S. 388ff.）。

(22) Schleiermacher: Psychologie, a. a. O., S. 220.

(23) Schleiermacher: Hermeneutik und Kritik, a. a. O., S. 203.

(24) 同上。この主張が実践にいかに実り豊かな成果を約束するかは、たとえば自閉症の子どもたちとの教育的関わりにおいて明らかになる。この主張は、「まったく希望のない事例は存在しない」（Lubbers）という教育学の原則を理論的に条件づけるものである。

(25) 同上。

(26) Schleiermacher: Psychologie, a. a. O., S. 18.

(27) G. H. Mead: Geist, Identität, Gesellschaft, Frankfurt/M. 1968, S. 115ff. und S. 157ff. を参照［ジョージ・H・ミード『精神・自我・社会』稲葉三千男・滝沢正樹・中野収訳、青木書店、二〇〇五年］。

(28) Schleiermacher: Hermeneutik und Kritik, a. a. O., S. 328.

(29) A. a. O., S. 327.

(30) R. Lubbers: Hermeneutische Psychodiagnostik（Manuskript）, S. 13f.

訳注

＊1 ハントゥケの一九六七年オーバーハウゼンで初演された戯曲『カスパー』中、言語を身につけず育った孤児カスパー・ハウザーに言語を教えようとする者たちを指す。

第六章　初期ロマン派の教育学者　F・D・シュライアマハー

「もちろん教育は独特のものです。自分に教育の才能があるのかどうかは僕にもわかりません。シュロビッテンでの経験だけでこの問題に答えを出すのは無理というものです。でも、経験だけはたっぷりしたし、今も毎日経験を重ねています。楽しみも増しています。ただ、自分に教育できることなんか何もないんじゃないかと思うと時々とても心配になります。アイヒマン家やザックク家を訪ねたり、ヘルツ夫人の末娘とその二人の友だち、とても愛らしい娘さんたちで年はみな一七歳ですが、彼女たちと一緒にいるときには、いつも多少彼女たちを教育しています。でもこれが今のところ僕にできるすべてなのです。もう約束したのですが、冬になったら彼女たちにどんなことでも教えたいと思っています。他人を教育するということは、相手が年長者であれ子どもであれ、またそれが自分の子どもであれ他人の子どもであれ、すべての人間の義務であって、しかもいちばんゆるがせにしてはならない義務なのだと、僕にはそう思われます。これまでのところ、僕がこの義務のために十分なことをしたとはとうてい言えません。将来のことはわからないのだから、どんな機会も逃さないようにしたいものだと思います。僕は時々自分に言い聞かせてみます。本を書いたとしたら、それは最良の知識に向けて世間を教育することになるのだ、と。でもこれは真実ではありません。立派な出来栄えの本だったとしてもそれだけの話で、本など生命もなく具体性もなく役にも立たないのです。説教はもう少しましでしょう。しかし現在の制度でやるのではやはり不十分です(1)」。

シュライアマハーは一七九八年ベルリンで妹のシャルロッテに宛ててこの手紙を書いているが、いささか耳障りな響きをもった手紙である。少なくとも私のなかには一種の反感のようなものが自然とわいてくる。たとえば、「自分に教育できることなんか何もないんじゃないかと思うと時々とても心配になります」といった一節。あるいは娘たちについて「いつも多少彼女たちを教育しています」と述べた部分。これは私たちにはまことに耳障りに響くのである。こうした一節は、ヨーハン・ハインリヒ・カンペが編集し一七八五年に刊行を開始した『教育総点検』全一六巻(2)の、あの教育熱心ながむしゃらぶりを彷彿とさせる。それは、理性に則り市民的有用性を目指してなされる目標志向的で計画的な教育努力が、まるで国民最重要の課題であると言わんばかりであった。そして今や、一見したところではシュライアマハーもこの大規模コーラスに同調し、言うところのこの「義務」に向かって猛進し、本を書くことは役に立たず、「説教は少しはまし」だが「現在の制度でやるのではやはり不十分」だと考えているわけだ。シュライアマハーは、通常は手紙においても非常に注意深く言葉を選び、人間関係のあらゆるニュアンスに実に繊細に心を配る人である。彼は後に、予見的な――つまり推測し予感するような――態度が子どもに対しては不可欠だと述べることになる。そのシュライアマハーが、自分には「教育できることなんか何もない」と、あるいは自分は「多少（他人を）教育して」回っているだけだと嘆いているのである。彼はこの一年ほど前にフリードリヒ・シュレーゲルと知りあい、七か月前からはシュレーゲルと一緒に生活していた。シュレーゲルは、もし手紙のなかの上のような言い回しを知ったとしたらカンカンになって怒ったことだろう。意図のこのような直接性、若い世代にそれと実感できる形で影響を及ぼそうとするこのあからさまな願望は、シュレーゲルの目から見れば、あけすけな表白、ブルジョア的な父権へのまったく非文学的な欲望であり、非ロマン的でイロニーを欠いたものと映ったことであろう。幸運なことにシュレーゲルはこの手紙を知らず、親密な、しかし最初から問題含みであった二人の友情はなお一両年続くことができた。

しかし、上の引用は、暗示的にすぎないとはいえ別のトーンを含んでいる。「もう約束したのですが、冬になったら彼女たちにどんなことでも教えたいと思っています」。この一節を実際に手紙を読むように読んでみると、はっきりした意図と同時にためらうような問いが含まれていることがわかるだろう。つまり、「どんなことでも」とは何か？　冬が過ぎてから、彼はある手紙のなかに書いている。再び妹宛の手紙である。「僕は人間についてはかなり通じているつもりです……でも、人が世間と呼んでいるものについては……ひどく不器用なのです。これがそもそも何を意味するのか、一度少し書いてみたいと思っています。しかしそれには何年もかかるでしょう」(3)。何年も――実際ほぼ一五年を要したのであった。つまり、シュライアマハーが最初の教育学講義を行う一八一三／一四年の冬学期まで。そこではすべてが実にきちんと体系のなかにおさめられている。一八二〇／二一年冬学期に再度講義したときにはさらに改善され、一八二六年の講義はもっとも体系的で詳細である。しかしこうしたことはそれほど私の興味をひくものではない。それに、こうしたことについては、しかるべきシュライアマハー文献のなかで委細を尽くし論じられてきた。私の興味をひくのは、むしろそれ以前の時代のきちんと体系だっていない部分である。そしてこの部分は私たち自身にとってごく身近なものだと私は推測している。現在専門の枠を越えて広がりを見せているロマン主義ルネサンスを兆候と捉えて、私は初期ロマン派の圏内に算入できそうなシュライアマハーのテーマや問題設定に注意を集中したいと思う。

1　断章

シュレーゲルとシュライアマハー――二人の名前が同じフリードリヒだということを、シュライアマハーはまるで何かの吉兆であるかのように満足をもって書き留めている――が一七九七年にベルリンで友情を結んだとき、シュレーゲルはシュライアマハーに、計画中の雑誌『アテネーウム』に何か自分の考えを書くようにと迫った。シュライアマハーは躊躇し、シュレーゲルは自分に「ちょっとした道化」を演じさせようとしているのだと不満をもらしている。シュレーゲルは、女友だちのヘンリエッテ・ヘルツとドローテア・ファイトを「口説いて……僕が本を書くべきだという彼の昔からの願望に二人して調子を合わせるように仕向けています。二九にもなって大した仕事も残していないとは何事かと、彼は勧めをやめようとしません。というわけで僕は、年内にも何か書き上げるつもりだと、冗談抜きの厳粛さで誓うはめになってしまいました。この約束は僕を気重にします。というのも物書き仕事は僕にはとうてい向いていないからです」[4]。しかし彼は約束を守ることになる。『アテネーウム断章』の名で知られる、軽い冗談と論争的・イロニー的草案と哲学的・美学的着想の集成――それ以外にこのロマン主義的な何でもありの集成をどう呼ぶにせよ――は、それに関与した書き手の名前を伏せて公刊された。しかし文献学者のおかげで私たちが知っているとおり、シュレーゲル、彼の兄のアウグスト・ヴィルヘルム、それにノヴァーリスの他、シュライアマハーも著者の一人にかぞえられる。シュライアマハーは自分の筆になるアフォリズムや断章を見つけ出すようにと妹に謎をかけたが、この謎はもう解かれている。断章のうちのおよそ三〇をシュライアマハーが書いた[5]。テキストを同定することはほとんどの場合困難ではない。私が思うに、シュライアマハーは、トーマス・ベルンハルトの小説『破滅者』の語り手と同じ考えをアフォリズムについてもっているのである。

「……ぼくはアフォリズムを書いている、と彼は繰り返し言ってたっけ、と私は思った。これは精神的な息の短さからつくられる価値の低い芸術で、思うにある種の人たちは、とりわけフランスでは、これを生業《なりわい》として飯を食ってきたし、今日でもそうしている。夜勤看護婦の読書用の、いわゆる半哲学者というやつで、万人向きのカレンダー哲学者と言うこともできるだろう。そうした連中の言葉は時とともに、あらゆる病院の待合室で上から下へ読み流されるばかりとなるのだが、いわゆるネガティヴなものでも、いわゆるポジティヴなものと変わることなく胸をむかつかせる代物だ。とはいえ、そんなものであるアフォリズムを書くのをやめることはできなかった。とうとうぼくは、書いたものがもうすでに何百万にもなることを恐れずにはいられない、と、そう彼は言ったっけ、と私は思った。これらを廃棄しにかかったほうがいいと思っている。というのもぼくは、いつか自分のものが病室や司祭館の壁に、ゲーテやリヒテンベルクとその仲間たちよろしく貼られるようになることなど、もくろんではいないからだ、と、そう彼は言ったっけ、と私は思った。哲学者に生まれついてはいないので、いくぶん意図的にではなくもなく、と、そう言わざるをえないのだが、ぼくはアフォリズム家になったのだ。あれらの何千といる、むっとする哲学関係者のひとりにね、と彼は言ったっけ、と私は思った(6)」［邦訳八二―八三頁］。

このアフォリズムという形式に着手することは、明らかにシュライアマハーにとって努力を要した。彼にとっての問題は、寸鉄人を刺す着想と熟考を要する論証の糸との間で適切な中庸を保つことであった。にもかかわらず、彼がともかくそれに着手したという**事実**は重要な表れである。ディルタイは、そのシュライアマハー伝のなかで、この事実を考慮するのに苦労している。ディルタイにとって、それは、やがて来る「生活理想」を暗示するだけの前兆にすぎぬものに思われた。しかし、『アテネーウム断章』の誇張や機知はある種の生活観を表現しており、その意味は、その後に続くものから解釈されれば失われてしまう。ディルタイの見方は歴史的な制約を負ったものであった——もちろん私の見方もこの点では同様である。さまざまな強調点を許すさまざまな回顧の仕方がある——これは解釈学的な常識である。ともあれシュライアマハーは、躊躇したにもかかわらず、アテネーウムに参加しようと決めたわけだ。たとえば以下のような形で。

「キニク派は本来いかなる物も所有してはならないはずだろう。人間が所有するすべての物は、ある意味でその所有者を逆に所有することになるからである。」

ここまではフリードリヒ・シュレーゲルが書いているが、シュライアマハーがこのアイデアを受けて次のように続けている。

「従って物を所有する場合には、まるで何も所有していないといった風に所有することだけが肝腎である。」

ここまでは、ベルンハルトの批判が当たっていると思えるようなアフォリズムの常套句である。しかしシュライアマハーは、この一見寸鉄人を刺すと思える句の常套句ぶりを明らかに意識しつつ、最後に次のように付け加える。

「だがもっと芸術的でもっとキニク派的なのは、物をいかにも所有しているといった風にして、実は所有していないことである。」(7)

これによってある社会学的な意味がアフォリズムのなかに入り込む。というのも、一八〇〇年頃に市民革命にふさわしい新たな陶冶論を描こうと努力していた人々は、その大多数が、「物」として持てるようなものは現実に何ひとつ手にしていなかったからである。彼らが、最近のジャーゴンで言うところの自己の「再生産」をしていたのは、頭脳労働によってであって、ほとんどの場合財産によってではなかった。この限りで彼らはすでに私たちの同類であった。給料と謝金で生きていたのである。この種の状況は、思考の生存条件についても、教育理論の「経験的」な射程についても、さらには、教育という事柄について「思弁的」なやり方で本当に「一般的」なものに到達できるのかという問いについても、熟考を促すことになる(8)。

こうした人々は、(何人かの例外はあるが)領地をもった貴族ではなかったし、商人やその跡取り息子でもなく、設備の整った工場を相続してもいなかった。このことは念頭に置いておく必要がある。彼らは、大部分、自分の思考という財以外に頼るものをもたなかったのである。しかし、思考というものは、生活の全体を包括するはずのものであった。「物を所有しない」こと、にもかかわらず「いかにも所有しているといった風にして」そのことについて考えること。教養《ビルドゥング》は、それと引き換えに出される公的な給金以外に何ももたない彼らにとっては、生存の基盤であった。後の一八一三／一四年の最初の教育学講義になると、そこには民主主義的な業績社会にふさわしい教育システムの草案が含まれており、今日なお議論されているような論争点も関わってくる(9)。つまり、賃金労働者のための陶冶論、という問題である。

しかし、ここ『アテネーウム断章』においては、私たちはまだ問題の核心にいる。つまり、学校やその他の教育施設のなかで答えが出るのに先立って、そもそも何が「陶冶」と呼ぶに値するのか、という問いである。たとえば以下のような問題。

「誰か他の人の輪郭を、あらゆる起伏にわたってくまなく触れ、なおかつその人に苦痛を与えないでいられたことが一度でも君にあるか。君たち両人は、自分たちが陶冶された人間であるということについてそれ以上の証拠を示す必要はない[10]」。

この考えは教育学的自己反省に人を突き落とすものだと、私が述べても誇張にはならないと思う。これは教育学的事態に向けられたロマン主義的なイロニーである[11]。アメリカの社会哲学者G・H・ミードに先立つはるか以前に、シュライアマハーはあらゆる教育問題の基礎を人間関係という状況（「相互行為」）のなかに探索したのだが、このことについてまだ何か証拠を差し出す必要があるとすれば、上の引用こそがそれである。引用の二つの文は、その堅い殻のなかに、今日の心理療法のプロジェクトにまで入り込んで私たちを動かしているような問題設定を含んでいる。それは将来性のある考えであったたし、また当時においては新しい考えであった。一七世紀はもちろん、ルソーでもまだそのようには考えられなかったであろう。ここに示された考えはなぜ私を引きつけるのか、すぐにも私の頭に浮かぶアカデミックな歴史的言説とは無関係のところで、また一八五年の距離を越えて、なぜ私を引きつけるのだろうか。

トーマス・ベルンハルトの語り手なら、このアフォリズムに対しても嫌悪感を隠さなかったに違いない。しかし、にもかかわらず私はこのアフォリズムに深入りしたい。対話的であると同時に自己反省的であるような運動への導きの糸に、それがなっているからである。「君たち両人はそれ以上の証拠を示す必要はない」――これは、証拠はすでに最初の一文のなかに、あるいは最初の一文の理解のなかにあるということをほぼ意味している。この最初の一文を理解するためには、原理的には誰にも起こりうる経験の表現としてそれを捉えることがまず必要である。まったく非学問的な用語法――それはよく考えられた日常語と論証否定との間の境界線上にある――からみても、このことは誤解しようがないほど明確である。たとえば、「誰か他の人の輪郭」「起伏」「触れる」「苦痛を与える」、読者への「君」という呼びかけ、対話の他者である「君」が「君たち両人」へと自明であるかのように直ちに結びつけられること。[12]もう一度読み返してみて、この断章をそもそも理解しようとすれば、自分自身の経験にそれを結びつけ**ねばならない**。そして、そのようにして自分自身の経験を見直すとすれば、人はアポリアを追体験せねばならない（これは相互行為の論理からくる「ねばならない」である）。それは、私たちが一方で他者の個性を正当に評価し尊重するよう要求し、他方でそれぞれが個性であるお互い同士の対話を私たちが欲する場合には生じてくるアポリアである。対話は必然的に一般的なものを含み、したがって、それが対話の名に値するものであれば他者の独自性の「起伏」に「触れる」必要が出てくる。ところが、この「触れる」ことが「苦痛」をもたらすこともまた避けがたい。互いが個性――場合によっては発達する個性――として尊重しあっているとすれば、人間は、それぞれの独自性の形成を互いが制限して妨げることなしにいかにして社交的な交通へと歩み入るのか、また歩み入ることができるのか。これは、「陶冶された」教育者であれば、多少繊細さに欠けていても誰もが困難を感じる問題である。子どもが年長になるにつれてこの困難は大きくなる。とすれば、いったい子どもに対するいかなる「介入作用」あるいは「対抗作用」が正当であるのかという問いを、なぜシュライアマハーが後の教育学講義であれほど詳細に論じたのか、ということもよく理解できる。[13]「自分に教育できることなんか何もないんじゃないか」という冒頭に引用した書簡でのシュライアマハーの嘆きも、最初に自然と私の頭に浮かんだのとは別の読み方がおそらく出てくる。というのも、あの書簡とこの断章はほとんど同時に書かれているのである。

シュライアマハーの教育理論を正しく理解するためには、したがって上に述べたような思想をその実践的帰結も含め追体験することが（最低限）必要である。「自分に教育できることなんか何もないんじゃないか」というのは、「作り手」でありえないということについての嘆きを意味していないし、子どもを望んだ形にもっていこうというモチーフを意味してもいない。それは経験への「欲望」を意味している。(14) つまり、先に述べた反省の原理を尊重した場合に、教育はいったいいかにして可能になるのか、ということである。というのも、通常、あらゆる教育が、他者、とくにより弱くまた傷つきやすくもあるような他者に、非常に敏感な形で「触れる」こととして理解されているのだから。シュライアマハーが求めたタイプのこうした経験は、感覚的経験と道徳的命令との**あいだに**位置している。シュライアマハーにとっては、「人間というものを知り尽くしている、と思わせるようなイギリスやフランスの実践哲学」も、「当為で始めて当為で終わる」ような、この問題について「現実の足場をまったく失ってしまった」実践哲学も、ともに疑わしいものであった。「人間が何をなすべきかを言うためには、人は人間の一人でなければならず、かつそのことを知ってもいなければならない(15)」。

こうした言い回しは一見そうみえるほどトリヴィアルではない。人間が何であり何であるべきか、という経験論的な問いは、歴史的に与えられるとともに生み出され自分が現に生きているさまざまな関係や状況のなかに、身を置くことによって以外――シュライアマハーの考えでは――答えようがない、ということなのである。「教育する」ことはその一部なのだ。人間が何であるかという経験論的な問いと、人間が何であるべきかという実践的・倫理的問いの間には中間地帯がある。日常的な、とりわけ教育的な、生活実践がそれである。――ただしこの生活実践はシンボルに満ちている。自分が何であるかを「なおかつ知っている」――これは、そうした生活実践の記号を読んで理解した、ということを意味している。では、年長者と年少者のあいだの「触れること」は、一方でそうした知識へと至ることができ、他方ではしかし他者の内面への介入にどうしても付随する痛みを最小限に抑えるために、どのようなものでなければならないのだろうか。

こうしたことについてどう考えればよいのかについて、シュライアマハーの『アテネーウム断章』に参考になる部分がある。たとえば以下のような断章。

「真の好意というものは、他人の自由の促進を目ざすものであって、動物的な享受を認めようとすることではない[16]」。

望ましい話し相手については次のように言われている。

「その称賛された人の好意とイロニーを探してみて、両方とも見つけられなかったら、私たちはその人にうんざりしてしまうだろう……意識と自由とをもって他者の意図のなかに入っていく好意を彼がもっておらず、あるいは彼にイロニー……が欠けていたとしたら彼が仲間のなかで占めている席に誰か他の人が座ってほしいと私たちが望むのは自然である[17]」。

起こりうべき誤解を避けるために、ここでの「イロニー」の意味について多少とも示唆しておくことが必要だろう。「イロニー」とは、引用の事例に関して言えば、「意図的に自分を怜悧さから切り離し、怜悧さを放棄することによって、社会のなかの自然物となって自らを自由な使用に委ねる[18]」ということを意味する。イロニーとは、したがって、**他者を見下す**ような態度やそれに付随した語り方ではなく、**私自身の**出来上がった能力を宙づり状態にもち込むような語り方を意味する。しかもこれは「怜悧さを放棄」するところまでいくのである。「他者の自由の促進」を問題にする「**好意**」が、いかに**イロニー**と結びつくか、好意とイロニーというこの対概念がいかに**受容性**と**活動性**、**従属性**と**自由**に結びつくか、そして、以上の全体がいかに「動物的な享受を認めようとすること」に関係するか、今や見通すことができる。つまりこうである。

単なる「認めようとすること」は本来人間を軽視するものであり、決して「好意」ではない。これには二つの理由がある。一つには、——これはシュライアマハーが後の教育学講義で述べていることである——いつであれ、胎児の時期においてさえ、有機体的・身体的な特性を「知的」な特性から区別できると考えるに足る経験的に信頼のおける根拠は存在しない。このような想定が経験的に信頼できる形では不可能である以上、私たちは、人間のあらゆる有機体的な事柄のなかに「知的」なものを少なくとも可能性としては想定するという義務を負っていることになる[19]。それゆえ「動物的な享受を認めようとすること」は、これがそもそも「好意」の名に値するものであるなら、せいぜいのところある種の抽象物に向けられた好意、当時まさに生まれつつあった医学の構築物に向けられた好意なのである。しかしここには——この誤解を塞いでおくことも重要である——身体性や感性の価値切り下げは何ら含まれていない。これは『宗教論』のさまざまなメタファーにも見られる通りである。と言うより、それはメタファーではないのであって、次のように言われている。「あらゆる感覚知覚において生じる最初の神秘的な瞬間、直観と感情が別れる以前の、感官とその対象がいわば混じり合い一つになったような瞬間」——この瞬間は、「花嫁の抱擁」の「よう」ではなく、「現にそれらのものそのものとしてあるのだ」[20]。**この**点に関して言えば分解は許されない。「解剖学の講義の対象のように自己自身を分解することなど誰に許されよう……また、もっとも繊細で壊れやすいものを言葉によっていわば吹き飛ばし、形もわからぬほどに拡散させてしまうことなど誰に許されよう。

内的な生命はこうした扱いのもとでは消え去ってしまう。[21]」これは議論の差し止めではなく、「語りうるものと語りえないもの」（M. Frank）の境界線に注意を促すものだ。語りえぬものは語りうるものの参照枠だということ、科学主義的な抽象も、「精神」と「身体」、「情動」と「認知」、「欲動」と「超自我」、「土台」と「上部構造」といった私たちの構築物も、たしかに概念的な補助手段とはなるかもしれないが、「生活世界」のなかの潜在的な経験――とりわけ、教育が避けて通るわけにはいかず、にもかかわらず科学的な議論では部分的にしか近づけないようなエレメンタールな経験――を見逃してしまう危険といつも隣り合わせだということ、このことに注意を促しているのである。

「動物的な享受」でしかないものの認可が人間を軽視するものであるゆえんは、この認可が抽象であり、受容性ないし依存性を主題化するのみで、自発性ないし自由をテーマにしていない、というところにある。それゆえ、他者の個性に余地を与えるような、つまり他者の自発性、活動性、「自由」を促進するような態度のみが、「好意」の名に値するのである。このように言うことが理にかなっているのは、社交的な交通においては、とりわけ教育的な状況においては、受容性は常にあらかじめ前提にすることができるからだ。したがって、問題はもっぱら他者の活動を促進するということにある。

そのために何ができるのだろうか。こう考えたとき、「イロニー」は、それが自己自身に対するイロニーである限りにおいて有益である。イロニーは二つのことを保障してくれる。それは、他者への自らの介入を括弧に入れるため、ただ受動的であるような状況へとこの他者を追いやるのを防いでくれる。それはまた、個人的な「流儀」にすぎぬものを自由と見誤ることから守ってもくれる。「好意」とイロニーは、したがって他者の自由のみならず自己自身の自由をも促進するのである。これによってある種の危うい関係が要請されていることは言うまでもない。

シュライアマハーは、彼にとって重要な問題設定を説明するために、繰り返し男女間の愛の経験から比喩を取り出している。そこで、それに対立するようにみえる以下の断章をあえて引用しておくことにしたい。

「しばしば愛と呼ばれているものは一風変わった磁気作用にすぎない。それは、やっかいだが心そそられる関係に入り込むことで始まり、混乱のなかで存続し、吐き気を催すような洞察と大いなる疲労で終わる。そんななかでもたいてい一方の側は冷静なものだ(22)」。

2　社交

こうした関係のなかでの冷淡な態度は、好意でもなければ、シニシズムでもイロニーでもない。それは、シュライアマハーの言葉で言えば「タクトを欠いた」ものだということになる。これは、社交的な関係のなかで、受容性と活動性、共同性と独自性とのあいだのバランスに対して無頓着である、ということをほぼ意味している。このバランスを保ちうる人は、陶冶されている。教育とは、世代間の社交的交通という媒質のなかでこうした能力を生み出すことなのである。

フリードリヒ・シュレーゲルは『アテネーウム断章』に「精神とは内的社交性である(23)」と記している。この一節は、陶冶の構造と生成の双方について、ある示唆を含んでいる。この命題はもう一人のフリードリヒの作だと言っても不自然ではないであろう。このことは、『アテネーウム断章』のすぐ後に書かれた「社交的振舞いについての理論の試み」を精読すればはっきりしてくる。そのなかでは、「内的社交性」としての「精神」の形成が可能になるための条件を問う形で、シュレーゲルのあの命題がいわば調査検討されている[24]。シュライアマハーのこのエッセイは、すぐれてロマン主義的と言えるような経験を概念的に捉えて提示している。その経験とは、ハレやベルリンの裕福な友人たちの家で午後や夜に開かれたパーティ（今風に表現すれば）の経験であって、そこでは市民的な生活における目的合理的行為の強制から自由になって、気楽な形式で世界や自己についてのさまざまな考えが吟味され、したがって——少なくともそうした時間的・空間的飛び地の上では——、受容的でもあれば活動的でもあるような諸個人のあいだの相互行為としての陶冶という構想が——「互いに形成しあうような理性的諸個人の自由な交際を通して[25]」——実現可能であるように見えた。そこでは、職業や家族さえ一撃を免れない。「職業は精神の活動を狭い領域に閉じ込める」のであり、「一面性と限定をもたらす」（同時代に書かれた職人の生活記述に身を置いて彼らの視点から見れば、よくもそんなことが言えたものだ、ということになるだろうが）。同じように、「家庭生活」も制限をもたらす元凶となる。当時まだ一般的だったキリスト教的な家父長文学や道徳週刊誌を、明言してはいないが明らかに示唆しつつ、シュライアマハーは次のように述べている。「家庭生活は、私たちをごくわずかの、そしてつねに同じ人と接触させるにすぎない。道徳の最高の要求さえもこうした範囲のなかではすぐに陳腐なものになる」し、知的な収穫は「日々……わずかになる」。要するに、陶冶の環境は年若い人間が年を重ねるにつれて貧しいものになる[26]。それゆえ、この制限を補完するような社交的な状態が必要なのである。

この社交的な状態、この形成的な社会形態においては、望まれた目的を技術的に達成するというわけではないために職業においては役立たず、家族の「道徳経済」を脅かすために家族においては有害であり、議論による論証を必ずしも益しないために学問においては歓迎されない、そのような語り方が許容されていた。社交という媒質において適切なものとして現れる修辞的形姿を「冒険的推測」と名づけることができるかもしれない。それは社交の

「道徳的目的」を促進するのであった。社交の道徳的目的は次のように規定されている。

「個人の圏域を……他者の圏域とできる限り多様に交わらせること、そして個人の圏域を区切る境界石の各々が別の見知らぬ世界への眺望を開くようにすること。そのことによって、人類の現象の全体が次第に個人に知られるようになり、もっとも疎遠な心情や状況さえもが身近になり、いわば近所づきあいができるようになる(27)」。

このテーゼがエッセイの進行とともに編曲されていく。つまり、このテーゼを演奏家として応用するための楽器と規則（こういう音楽的なメタファーが十分許される）が解説されるのである。これは、今日の言い方で言えば「相互行為分析」であって、教育学や陶冶論の文献に概念的に整備された相互行為分析が現れるのはこれがほとんど初めてのことだ。さらに言えば、このテキストは、ヘルムート・プレスナーが一九二八年に述べた人間学的テーゼの模範的解説のように読める。そのテーゼというのは、「精神」の本質は「自らの自我のわれわれ－形式（Wirform）」にある、というものだ(28)。しかし、プレスナーと同様シュライアマハーも、どう振る舞うのがいいのかについて世渡りのための助言をしようとしてこうした議論をしているのではない。クニッゲの『人間交際論』が依然としてそのもっともよく知られた著作物であったようなジャンルの文献に対する論争的態度は見逃しようがない(29)。ついでに言えば、「社交的振舞いの理論」を『宗教論』の対応する論述と比較すると、シュライアマハーの思考の、「イロニー」とも関わるある重要な特質が明らかになる。つまり、彼は『宗教論』の第四講演で、明らかに「ヘルンフート」兄弟団での経験に触発されたと思われる宗教的社交性の概念を構想しており、彼自身はこの概念を目標にしている(30)。ところが、「社交的振舞いの理論」において彼はこの自分自身の立場をいわば括弧にくくり、教会生活と比べて世俗的な一般性が得られるような社交性概念を描いている――教育学講義においても、（彼自身の）教育学の理論と倫理学の理論のあいだの関係が問題になるような場合に彼がとる「イロニー的」な手法である。このことは、彼が市民的社交性の概念によって理論的に**要請**する社交的徳を、理論的な著作のなかで**実践**しようと試みている、ということを意味するものに他ならない。そこに表現されている態度は、民主的であると同時に科学的でもあるような文化のための印象深い一例であるように私には思われる。共通の問題設定の圏域――異なる選択肢や利害のあいだでの――を構成すると思えるような事柄に、自分自身の選択肢を否定することなしに理論的な注意を向ける、という態度がそれである。

シュライアマハーの思考経路は、以上からみれば一つのユートピア的メタファーであるように思える。社交的交通というイメージに即して人間関係の道徳的状態が想像（「予感」）され記述される。そうした人間関係のなかでは、利害に導かれた特殊なもの**と**企図された一般的なもの、外部**と**内部、現在に顔をのぞかせる過去**と**未来、精神**と**身体が、重大な意義をもったものとして共に両立可能となる。その場合、身体が特別な重要性をもつことになる。

3　羞恥心

私たちはいかに自分自身の物理的肉体とつきあいうるのか、またつきあうべきなのか、という問いに、シュライアマハーは彼の教育学講義の中心となる部分で繰り返し取り組んでいる（マンフレート・フランクはシュライアマハーとフランスの精神分析学者ラカンとの間に理論的一致点を見出しているが、これもさして驚くべきことではない）[31]。シュライアマハーは、自分の思想の糸口を取り出すために、まったくトリヴィアルに見える問いから出発する。つまり、「知的なもの」ぬきの「身体的なもの」が、子どもの生活のいずれかの時点・場所で現れることがあると想定してよいのか、という問いである。こうした場合にシュライアマハーの講義ノートによく出てくる「私は否定する」という簡潔な一文が続いたとしても不思議ではない。しかし実際にはこの問題に関する当時の経験的知識の検討が続いており、そうした知識が問題の問いに関してはほとんど頼りにならないことが示される。知識が不確実であることを前提として、どのような類いの想定をするとよりひどい過ち（つまり修正不可能な帰結）が出てくるのか、という比較考量がなされる。その結論は、子どもの生活において「知的なもの」を何ら想定しなくてよい時期あるいは状況がある、と私たちが考えるような場合に、よりひどい過ちが生じる恐れがある、というものだ。そういう過ちを避けるためには「知的なもの」を想定しなければならない、ということになる（今日なお関心をひくような極論が副次的に論理的帰結としてここから出てくる。つまり、私たちはこの「知的なもの」を胎児という驚くべき場合にさえ想定せねばならないのである）。

とすれば、あらゆる精神的なものが身体的側面をもち、あらゆる身体的なものが精神的側面をもつという想定は、（以上の費用効果計算からして）**実践的に意味のある**想定だということになる。こうした問題構成のデリケートな場合の一つが羞恥心である。フリードリヒ・シュレーゲルの小説『ルツィンデ』は、羞恥心を甚だしく傷つける小説だと当時言われたのだが、この小説を擁護するために匿名で著された文書によせて、シュライアマハーは「羞恥心についての試論」という小さな論文を書いている(32)。ロマン主義的社交性の精神にまったく合致する形で、テーマの「イロニー」的扱いを期待させる次のような一文で彼は試論を始めている。

「最悪なのは、羞恥心について論じること、あるいは誰かがそれについて述べているのを聞くことが、すでに恥知らずなことなのではないか、といった問いがあらかじめ生じてしまうことである(33)」。

もし羞恥心を徳の一つに数えようとするなら、羞恥心はそれについて語ることを許されない（おそらく）唯一の徳だということになろう。これは興味深い事態であって、この困難は社会的状態の何らかの欠陥を示しているのではないか。一八四年の距離を越えてシュライアマハーが私の対話の相手だったと想像してみる。私は彼に、今日の私たちはどうやらそれとは逆の事態を前にしている、と伝えることになりそうだ。羞恥心についての議論が現代人にとって最悪なのは、羞恥心から来るものではなく、これがどうでもよい問題になったことによるのである。より正確に言えば、それが過ぎ去った時代の残りかすのような問題だとみなされているからなのである（たとえば宣伝写真を撮る写真家はこう考えているとしか思えない）。以上のような態度を一言で言い表せば、羞恥心は偽善だ、ということになろう。

まさにその通り、とシュライアマハーなら言ったであろう。ただし（一八〇〇年頃の）私たちは逆の事態を前にしている。つまり偽善家が羞恥心をもった存在として現れており、このことこそ**私たちの**問題なのだ、と。私（シュライアマハー）は自分の考えを諸君に説明しよう。私が相手にしているのは、自分の身体について語ろうとせず、それどころか身体について自分が持っている**観念**さえすでに抑圧してしまうような人々、愛においてはたしかに身体的側面を享受しているが、あたかも精神的側面しか存在しないかのような顔をしている人々、愛を断念しようと欲しているわけではないが、それについてのどんな報告もズタズタに寸断せずには世に出すことを許さない人々、なのだ。シュライアマハーは皮肉をこめて述べている。こうした人々には「その有徳な望みを喜んで認めてやってもよい」。しかしこの望みを一般的な道徳律にしようとするなら、それは少なく見積もっても「最高度の必要性をもつあまたの芸術・学問を破滅させる」であろう。[34] ついでに言えば、ヴィルヘルム・ディルタイは、それ以外の点についてはシュライアマハーについて多くの重要な知見を私たちは彼に負うているわけだが、この問題について言えば、明らかにヴィクトリア朝的偽善の犠牲になっている。このエッセイはディルタイの気に入らなかったのだ。それはよいとしても、このエッセイが「シュライアマハーにふさわしくない」[35] とする主張は判断力の狭隘さを露呈するものだ。一八〇〇年と一八七〇年のあいだに生じた展開がディルタイのような人にさえ生み出した部分的後退を感じさせる。ディルタイの興味を引いたのは、シュライアマハーの明言され成熟した「生活理想」のみであり、感性的でありながら象徴的に表現された経験への、シュライアマハーの原初的な「欲望」ではもはやなかった。『ルツィンデ』についてのディルタイの章は、偽善によって歪められたシュライアマハー解釈になっている。

羞恥心論の論証を厳密に再構成することはせず、ここではその帰結のみを指摘しておきたい。シュライアマハーによれば、羞恥心の核心は、「人間の気分や心の状態への何らかの作用の回避」が求められるという点にある。[36] このことは、「その全能の力が最古の時代から神格化されてきた」ところの**あの**「本能」を例とすることでもっともよく説明される。回避されるべき作用とは、「他者の心の状態を……暴力的に中断する」ことであり、したがってまた他者の「自由への不当な介入」である。[37] そうした介入は、「折悪しく」当人に身を守るすべを与えないままに「激情的な要求」が目覚めさせられるような場合に、当人が——ここでシュライアマハーはほとんど行動心理学的な用語法を用いている——「刺激」と反応に、つまりはまったくの身体性に、還元された状態に置かれるような場合に、つねに生じる。しかし不当な介入は、「享楽の状態や感性が支配した状態」という「それなりの聖性」をもっている状態が暴力的に中断されるような場合にも生じるのである。[38]

羞恥の感覚は、自分自身の身体性に関してそれを感じるような場合も、他者への作用行使に関してそれを感じるような場合も、自己自身への関係に、本来身体＝精神統一体である自己自身に、結びついている。まさにこの点に関して、ゲオルク・ジンメルが、羞恥心に関するシュライアマハーのテクストをおそらくは知らぬままに、一〇〇年後この考えを引き継いだ(39)。ジンメルによる継続はほとんどシュライアマハー解釈のように読める。ただしそれはその後に形成されたミクロ社会学の概念を支えとしていた。ジンメルは、社交性の理論を羞恥心の理論に結びつけているのである。「精神は内的社交性である」ということの意味は、言葉も違い問題の立て方も違っているのであるが、ジンメルの言葉で言えば次のようになる。

「私たち自身のなかの社会集団の議会代表がそうであるように、私たちは自分自身に対して最初から他者に対しているのと同じように感じる(40)」。

私たちはいわば二重の存在だということになる。私自身と、私に向けられる他者の期待の代理人がそれである。羞恥は、両者の間のバランスの損傷によって生まれる。もっと言えば、「自律的で自己自身に対して責任を負う自己」が内なる「議会代表」の下位に置かれることによってこの損傷が生じたような場合、羞恥が生まれることになる。シュライアマハーの「社交」はジンメルにおいて制度に、シュライアマハーの徳はジンメルにおいて社会規範に変わっている。その一世代後（一九三九年）、ノルベルト・エリアスは、この問題の歴史性という上に示唆された考えを厳密化した。羞恥心はヨーロッパの文明化過程の所産だというのである(41)。羞恥ときまり悪さという枠は、「情動の型取り」の手段であり、自分の肉体が外部から日々脅かされるという不安を軽減するために存在する社会の必然的機能である。というのも、こうした軽減は情動の自己統制を前提とするからである。羞恥心は、もはや道徳的に議論されるのではなく、心理社会的なメカニズムとして議論される。

ジンメルとエリアスを参考にして、私たちはもう一度シュライアマハーに立ち返ることができる。エリアスが記述した文明化の過程に彼自身組み込まれつつも、シュライアマハーは中断を試みている。(42) 内部を外部から、精神を身体から、文明を本能から、区別するあの過程のなかでいったい何が起こっているのだろうか。そうした歴史的展開は何を意味し、同時代の状況についてのシュライアマハーの観察は何を意味しているのだろうか。当時は、「ワインが卓上に上るだけで……イギリス人女性」が社交の場から立ち去っていたのであったし、子どもの身体のなかの快楽の兆候はすべて、ますます強まる不信の目で見られてもいた。(43) その一方で、合理的な知能トレーニングが学校や家庭に広まり、またそれとは別に、教育の純粋に「身体的」な形態だと自称する、いわゆる「体操《トゥルネン》」が広がりを見せていた。何が起こっているのか、と彼は自問する。古代ギリシアにおいて「体育《ギムナスティク》」と呼ばれたものから、この「体操」なるものはいかにかけ離れていることか。この種の過程が「文明」と呼ばれるのだとすれば、この過程は危機的な限界に達しているのではなかろうか。身体が事物に、あるいは商品になるような「快楽の雇い人」(44) の破廉恥と、身体を感知しようとしない偽善との間に、「文明化の過程」のただなかにあって答えを見出さねばならない問題が横たわっている。

これはロマン主義的な探索運動である。感性のなか、身体の諸機能のなかに精神的なものを見出そうとする探索運動、あらゆる「知的なもの」のなかに身体の拘束をも経験しようとする探索運動なのだ。シュライアマハーが友人のシュテフェンスを介して知ったフィーリプ・オットー・ルンゲの絵や、シュライアマハーが個人的によく知っていたカスパー・ダーフィト・フリードリヒの絵は、私にはこの問題の美的表現であるように思われる。(45)

この問題の美的表現は、シュライアマハーの考えにしたがえば、根本的な教育学的意味をもつことになる。「羞恥心論」を後の教育学講義と比較してみると、問題の美的表現に彼の教育理論の中心点を見出すことができる。

「……二つの支配が存在する。肉体においては、肉体的なものの支配であるか……あるいは肉体において精神を代表するものの支配であるかのいずれかであり、精神においては、精神が……措定するものの支配と、精神において肉体を代表するものの支配である。この両者、つまり肉体と精神は本来は互いに照応する」――というのも「神経の活動は肉体において精神を、快楽は精神において肉体を代表しているのだから(46)」。

鍵となるのは「代表する（repräsentieren）」という言葉である。シュライアマハーの教育学は、彼の解釈学とまったく同様に記号学的である。私なりに上の引用の行間を読んでみると、教育学は恥知らずになる恐れがあるし、あらゆる実践のなかでもっとも恥知らずなものになるという危険におそらくはつねにさらされてきた。子どもの身体への直接的な介入は、身体のしつけであれ、いわゆる「ほんもの」の身体経験に向けての身体の様式化であれ、それが恥知らずだという点では、その逆の場合、つまり「学習過程」や教育手順やカリキュラム構成からの肉体の排除に、勝るとも劣らないのである。

こう見ると、羞恥の範囲の変更という歴史的運動のなかでのシュライアマハーの「中断」は、同時に教育にとって根本的な中断だということになる。精神と身体のバランスは――神話や儀式が自明の均衡を作り出してくれない私たちの文化では少なくとも――子どもを教育するなどという傲慢を働きつつ、それによって生じる危険を真剣に考慮しようとするすべての人にとって第一の挑戦の対象となるのである。

羞恥心論の二年前、子どもを教育することは「すべての人間の義務であって、しかもいちばんゆるがせにしてはならない義務」だと妹に書き送ったとき、シュライアマハーは何を考えていたのだろうか。この「義務」はどこに向けられ、この義務に応じる際にとるべき態度とはいかなるものなのだろうか。

このとるべき態度の根拠を問題設定の社会・歴史的配置状態そのもののなかに求めては**ならない**、ということ、これはシュライアマハー解釈として間違いなく正しい。しかしシュライアマハーにとって同様に間違いなく確かだったのは、一般的なものはそのつど歴史的な特殊性においてのみ記述可能だということであった。当時身体問題において支配的となった非常な小心さ——その三〇〇年前にエラースムスが同じ事柄について論じた際の大らかさと比較してみてほしい——は、彼にとって「危険……とりわけこの堕落した時代における危険(47)」を意味した。教育者は、子どもの生活の個々の瞬間に注意を集中し、この一見個別的な瞬間のなかに含まれているものを——観察において、経験において、論証において——展開させるすべを心得たなら、そうした小心さから自らを解き放つことができるとシュライアマハーは繰り返し強調している(48)。この考えは『独白録』(一八〇〇年)においてすでに完成している——ついでに言えば、C・D・フリードリヒの「海辺の僧侶」(一八〇八年頃)は、シュライアマハーが『独白録』で述べ、後にそこから教育学的思考を展開することになった反省問題を、絵画という形で厳密に表現しているように私には思われる(49)。

しかしこれは純粋な現在の称揚ではない。一人の子どもの人生のどのような瞬間も、常に「歴史的生の全体(50)」の瞬間だからである。精神と身体はともに、それらが教育学的な、教育についての議論のなかに持ち込み可能である限りにおいては、過去と未来を持つ。しかし未来のための教育とは最高度に危険な目論見である。啓蒙主義教育学の楽観主義をシュライアマハーは共有していなかった。彼の考えるところ、いかなる能力や技能が次の歴史的段階で必要になるかを私たちは信頼のおける形で知ることができない。山師的な未来予測に加わろうとはシュライアマハーは考えない(51)。さらに、「その人の個性の独自性を探り、その独自性に徹底して忠実であり続ける」のが他者の陶冶の「主要原則」であって、なぜなら「あらゆる性向を一つの基準に服させようとする一面的な要求があまりに一般に広まりすぎて」いるからだ(52)、という一七九七年のヴィルヘルム・フォン・フンボルトの言を考慮するなら——つまり、当時の状況についてのそうした評価を考慮するなら、なぜ個性や個々の人間の独自性や子どもの生活の個々の瞬間がかくも卓越した問題設定へとせり上がってきたのかが理解されるだろう。未来は、確実に予測できるような理性にかなった歴史の進行としては考えられず、可能性としてのみ考えられる。人間のあらゆる実践のなかで、教育ほど挑戦に値するものはない。というのも、教育者は、子どもがまだ**生成**途上にある以上(53)、子どもに関わるその行為のすべてにおいて、その生成の可能性を、つまりその未来を、予見するほかはないからである。しかし教育者は、未来を知ることなしにそのようなことができるのだろうか。

教育者の活動のこの一見すると矛盾と見えるものは、解釈学的な、単に「比較的」ではなく「予見的」でもあるような子どもとの接触において、公共的なものも含めた子どもの生活の未来が見出されたなら、解消させることができる——これがシュライアマハーの教育学の根底にあるプロジェクトであった。そして、彼の考えによれば、身体と精神、過去と未来が、可能性として、真剣な遊戯であるとともに真剣な状況の遊戯的先取りであるようなものとして現前するのは、個々の瞬間においてである。こうした瞬間を理解できること、つまり、そうした瞬間が含む記号を読むことができること、瞬間のなかに含まれる意味を傷つけることなしに、時間的に伸び広がる子どもの陶治過程の瞬間としてその瞬間を捉えそこで行為できること、これが教育であり教育学なのだ。私たちの「予見」能力のみならず自己意識にも、私たちの解釈学的繊細さのみならず生活形式にも、かなりのものを要求せずにはいないような高度なプロジェクトである。こうした努力を放棄し、子どもの肉体の自己解釈や精神の表出として語られ示唆される肉体に対し冷淡に振る舞うような教育学は「恥知らず」なものとなる。さしあたりは子どもとは無関係に、大人たち同士の生活を問題にしている『アテネーウム断章』三五一番の、すでに触れたあの一節の教育学的意味も、おそらく理解できるようになったのではなかろうか。「誰か他の人の輪郭を、あらゆる起伏にわたってくまなく触れ、なおかつその人に苦痛を与えないでいられたことが一度でも君にあるか。君たち両人は、自分たちが陶冶された人間であるということについてそれ以上の証拠を示す必要はない」。

注

（1）Aus Schleiermachers Leben. In Briefen; hg. von L. Jonas und W. Dilthey, Bd. 1, Berlin 1858, S. 190.

（2）J. H. Campe（Hg.）: Allgemeine Revision des gesamten Schul- und Erziehungswesens von einer Gesellschaft praktischer Erzieher, Berlin 1785ff.

（3）Briefe, a. a. O.（Anm. 1）, S. 226.

（4）A. a. O., S. 173.

（5）私はここでH. Eichnerのテクスト同定に従う。Friedrich Schlegel, Charakteristiken und Kritiken 1（1796–1801）, Kritische Friedrich-Schlegel-Ausgabe, hg. von E. Behler, Bd. 2, München/Paderborn/Wien 1967, S. 165ff.（以下ではFragmenteとして引用。）

（6）Th. Bernhard: Der Untergeher, Frankfurt/M. 1983, S. 94.［トーマス・ベルンハルト『破滅者』岩下真好訳、音楽之友社、一九九二年、八二頁］

（7）Fragment Nr. 35, S. 171〔『ドイツロマン派全集、第一二巻、シュレーゲル兄弟』国書刊行会、一九九〇年、一四二頁〕.

（8）1813/14年と1826年の教育学講義での関連する区分を参照。E. Weniger/Th. Schulze（Hg.）: Friedrich Schleiermacher, Pädagogische Schriften, Bd. 1, Frankfurt/M. 1983, S. 7ff. und S. 371ff. その解釈については、H. Weil: Die Entstehung des deutschen Bildungsprinzips, Bonn 1930 参照。

（9）Weniger/Schulze, a. a. O. のとくにS. 377ff. を参照。ただしそこでの議論は一般的な原理の形にとどまっている。

（10）Fragment Nr. 351, S. 227.

（11）ロマン主義的イロニーと、陶冶問題にとってのその意味については、W. Benjamin: Der Begriff der Kunstkritik in der deutschen Romantik, in: Schriften, Bd. 2, Frankfurt/M. 1973 および P. Szondi: Satz und Gegensatz, Frankfurt/M. 1964, S. 5ff. 参照。

（12）『アテネーウム断章』におけるシュライアマハーの「説話法」については、J. Hoffmann-Axthelm: "Geisterfamilie". Studien zur Geselligkeit der Frühromantik, Diss. Berlin 1970, S. 126ff. 参照。

（13）Pädagogische Schriften, a. a. O.（注8）, S. 78ff. およびS. 126ff.

（14）この「欲望」という表現は、ラカンが"le désir"（願望あるいは欲望）を必要あるいは欲求から区別していることから考えて、ここで使用するのにふさわしいと思われる。J. Lacan: Schriften 1, hg. von N. Haas, Frankfurt/M. 1975, S. 210ff. さらにM. Frank: Das individuelle Allgemeine. Textstrukturierung und -interpretation nach Schleiermacher, Frankfurt/M. 1979, S. 61ff.

（15）Fragment Nr. 355, S. 228.

（16）Fragment Nr. 86, S. 178.

（17）Fragment Nr. 362, S. 230f.

（18）Ebd. 注11をも参照。

（19）Vorlesung von 1813/14, Weniger/Schulze, a. a. O.（注8）, S. 373 u. 389.

（20）Fr. Schleiermacher: Über die Religion. Reden an die Gebildeten unter ihren Verächtern, 1. Aufl. 1799, hg. v. R. Otto, Göttingen ^{6}1967（欄外記載の初版頁数で引用）, S. 73f.〔シュライエルマッハー『宗教論―宗教を軽んずる教養人への講話』高橋英夫訳、筑摩書房、一九九一年、六〇頁〕

(21) Fragment Nr. 336, S. 223f.

(22) Fragment Nr. 340, S. 226.

(23) Fragment Nr. 339, S. 225.

(24) これについては、W. Hinrichs: Schleiermachers Theorie der Geselligkeit und ihre Bedeutung für die Pädagogik, Weinheim 1965参照。さらにJ. Hoffmann-Axthelm: a. a. O.（注12）も参照。

(25) Versuch einer Theorie des geselligen Betragens, in: Schleiermacher, Werke in Auswahl, hg. von O. Braun, Bd. II, Leipzig [2]1927（Nachdruck 1967）, S. 4.

(26) A. a. O., S. 3.

(27) A. a. O., S. 3f.

(28) H. Pleßner: Die Stufen des Organischen und der Mensch, Berlin, 2. Aufl. 1965, S. 303ff.「精神とは内的社交性である」というフリードリヒ・シュレーゲルの定式はここにその人間学的な正当化を見出した。

(29) A. Freiherr von Knigge: Über den Umgang mit Menschen, Leipzig 1911（1. Aufl. 1788）.

(30) Über die Religion, a. a. O.（注20）, S. 111ff.

(31) M. Frank, a. a. O.（注14）, S. 61ff. 経験と認識の身体性が、シュライアマハーの初期著作においても後期著作においても重要な問題だったということは、おそらく彼が自身の身体に問題をかかえていたということとも関係する。彼は軽いくる病にかかっていたといわれる。

(32) Fr. Schleiermacher: Vertraute Briefe über die Lucinde, Sämmtl. Werke, 3. Abth. Bd. 1, Berlin 1846, S. 421-506.

(33) A. a. O., S. 450.

(34) A. a. O., S. 454.

(35) W. Dilthey: Leben Schleiermachers, Bd. 1, 2. Aufl., hg. von H. Mulert, Berlin/Leipzig 1922, S. 550. ついでながら、ディルタイ本のこの一節は――望まずして――彼の解釈学理論に一つの証拠を与えるものになっている。テクスト解釈の地平は解釈者の歴史的状況によっても規定されるのである。

（36）Fr. Schleiermacher: Vertraute Briefe über die Lucinde …, a. a. O.（注32）, S. 455.

（37）A. a. O., S. 455f.

（38）A. a. O., s. 456, 458, 459.

（39）G. Simmel: Schriften zur Soziologie, Frankfurt/M. 1983, S. 140ff.

（40）A. a. O., S. 145.

（41）N. Elias: Über den Prozeß der Zivilisation, 2 Bde., Basel 1939.［エリアス『文明化の過程』（上）（下）、赤井慧爾他訳、法政大学出版局、二〇〇四年］とりわけ Bd. 2, S. 397ff.

（42）「中断する」（innehalten）という言葉自体がすでに事態を表現している。たとえば「停止する」（anhalten）とは違って、innehalten は身体運動だけでなく同時に心の動きをも意味している。それは、ある運動の停止によってその運動が「内」（innen）へと引き継がれて精神的な運動となり、外的な運動において生起した事柄や停止したことの根拠についての反省となる、ということを表現している。

（43）Schleiermacher: Vertraute Briefe über die Lucinde …, a. a. O.（注32）, S. 460.

（44）ジンメルは売春婦について次のように述べている。「愛とともに、また愛においては、彼女の自我全体が男との関係に入り込む。これに対して、彼女の職業的奉仕においては、彼女の自我の一面的な部分が働くだけで、全体が関係のなかに持ち込まれることはない」（A. a. O.［注37］, S. 143）。シュライアマハーによれば、「享楽だけを求める冷血な連中や、金のためなら何でもする無感情な連中でさえ、一旦情愛を抱いた場合には、その感覚や努力の対象になってきた動物的なものについての、粗野きわまりない観念や反省は嫌悪感を引き起こすことになる。こうしたものは、真に愛する者にとっては嫌悪の対象なのである」（A. a. O［注32］, S. 461）。

（45）H. Steffens: Lebenserinnerungen, hg. von F. Gundelfinger, Jena 1908, S. 248ff. および一八一八年九月九日付の妻宛のシュライアマハーの書簡を参照。

（46）Vorlesung 1813/14, in Weniger/Schulze, a. a. O.（註8）, S. 389.

（47）Versuch über die Schamhaftigkeit, a. a. O.（注8）, S. 454.

（48） Pädagogik-Vorlesungen von 1813/14 und 1826, a. a. O.（註8）, S. 379f. und 45ff. これに関してはN. Luhmann/K. E. Schorr: Reflexionsprobleme im Erziehungssystem, Stuttgart 1979, S. 158ff. およびM. Winkler: Geschichte und Identität, Stuttgart 1979も参照。

（49） これに関しては、H・v・クライストによるこの絵の描写と、それについてC・ブレンターノとA・v・アルニムが書いた対話が、有望な手がかりになるだろう。

（50） M. Frank, a. a. O.（注14）, S. 182による引用。

（51） J・G・フィヒテの『現代という時代の基本線』についてのシュライアマハーのきわめてアイロニカルな書評（in Dilthey/Jonas, a. a. O., Bd. 4, S. 624ff.）を参照。

（52） W. v. Humboldt: Werke in 5 Bänden, hg. von A. Flitner und K. Giel, Bd. 1, Darmstadt 1960, S. 482.

（53） これに関しては、われわれの意識と知にとっての「可能性」としてのみ構成されるような「生命あるもの」の諸原理について述べたH. Pleßner, a. a. O.（注28）, S. 171ff. を参照。

第七章　ヨーロッパ教育学の経由地

一六五七年、ドイツ語で「あらゆる人にあらゆる事柄を教授する完全な技法」〔『大教授学』（鈴木秀勇訳、第一巻、明治図書出版、一九七一年、一三頁）〕が出版された。一年後、同じ著者が、子どものためのラテン語―ドイツ語対訳の絵入りの読本、「小さな書物……、それにもかかわらず世界全体と言語のすべての概要」〔『世界図絵』（井ノ口淳三訳、平凡社、一九九五年、一一頁）〕を刊行した。この驚くべき約束の著者こそヨーハン・アモス・コメニウスであった。今日、教育と教授について考える者は――それに気づいていようといまいと――このコメニウスの教育学の恩恵に与っている。コメニウスは、まるでティンパニーでも打つように、教育学的な問題に対する体系的な論究を――もちろん他の多くの人々に支えられてではあるが――ヨーロッパの文化に導入したのである。それはどのようにして可能になったのだろうか、何がその基盤なのだろうか。

教育学的な問題といったものが存在するということは、それ以前の世代にもよく知られていた。コメニウスの「ティンパニー打ち」は、数百年以上にわたって準備されてきた耳に届いたわけである。この準備は、カール・ヤスパースが「枢軸時代」と名づけたあの歴史の画期（およそ紀元前八〇〇年―二〇〇年）にまでさかのぼる。この時代は、先史文化から、人類としての共通の歴史を自らの主題とするような文化へ向かっての転換点を記している。それ以前には――そう見えるし、またいわゆる原始的文化を例として文化人類学が私たちにそう教えているのだが

——私たちが今日的な観点で「教育学的な問題」と名づけるようなものは存在しなかった。先史文化は、その種の問題を問題としては知らなかったのである。後進世代とのかかわりはあるコスモス的連関に埋め込まれており、そのかかわり自身、この連関の変化することのないひとつの契機となっている。「自然」と「社会」という、私たちにとって自明の区別は、まだ分離していない。分離線はむしろ、「既知のものを未知のものから、「不気味なもの」を「不気味でないもの」から」（Zimmermann 1983, S. 140）分離しているのである。そこには「教育学」のための場はなく、この文化実践への全的参加、「贈与交換」のための場があるのみである。「枢軸時代」とともにようやくこれが変化する。生活形式の世界と自然現象の世界は別だということを人々に考え至らせるような条件が整うことによって、個々の大人は彼に与えられた個々の子どもに対し個人的な責任を負うことができるし、年長世代は年少世代とのかかわりにおいて、この年少世代が文化の現状を引き継ぎ、それどころかそれを改善していくよう配慮すべきであるという考え方もまた、可能になったのである。しかし、これはすでに、ルソーやシュライアマハーに依拠した、後の近代的な言い方である。そこに至るまでの道のりは危機に満ち、数多くの経由地を経てきているのだ。たとえば、古典的ギリシア古代における自我の発見と、それにともなって生じた個人と社会のあいだの均衡化という教育問題、後期中世における開かれた未来の発見と、それと結びついて生じた、いかにしてキリスト教によって伝承された人間像を守りつつまだ知られていない明日のための教育が可能かという問い、市民的産業および民主主義と、そのことで設定された、高度な専門能力と教育機会の公正さとのあいだの釣り合いをとるという課題などがそれである。

1　貨幣経済と都市文化

キリスト教的ヨーロッパの教育思想を捉えた最初の大きな動揺は中世後期に始まり、そこからの出口を都市文化のなかに求めることになった。貴族や僧侶や農民とは別に、都市のなかでは新しい生活形式――かつての古代ギリシアのポリスにおけるのと同様の――が、ポリスとはまったく別種の物質的基礎とともに姿を現した。都市建築の観点からみれば市場に象徴されるような商品交換がそれである。このような都市の住民は、倉庫に商品をもつばかりでなく、財布にカネをもっていた。人はこれとどのようにつきあうべきであろうか。どのような結果になるかは予測できない状態であった。というのも、同じ身分の個人が互いに平等であるというにとどまらず、平等と不平等とが貨幣所有という基準によって測られるかにみえてきたからである。人間が貨幣交換以外のものでは生きられない（銀行）など、ばかげたことのように思われた。これはキリスト教的伝統とも、異教的‐農民的伝統とも合致しない。誰が支配すべきなのか。商人であろうか、それとも職人であろうか。あるいは、もしかすると――一四世紀フィレンツェで急増した賭け事への参加者が信じたように――誰もがカネ／権力の方程式に参加できるのだろうか。ジロラモ・サヴォナローラ[*1]は、一四九八年、この種の「無価値なもの」をフィレンツェのシニョーリア広場で焼き捨て――そして間もなく同じ場所で自らも焼かれた。彼の抵抗は見込みのないものであった（Warnke 1973）。ところが、すでにその五〇年以上も前に（一四三〇年頃）、商人の息子であり人文主義者であり建築家であったレオン・バッティスタ・アルベルティは、ある長い論考［『家族論』］（Alberti 1962）のなかで、やはり――一見したところいかに伝統と一致しないところがあろうと――商人的な、貨幣経済に規定された新しい都市市民の生活形式も道徳的に正当化可能ではないかという点に考慮を促していた。彼はその際、ある作家に依拠できたのかもしれない。

カラブリアの修道院の院長ヨアヒム・フォン・フローリス［フィオーレのヨアキム］がその人であって、彼はすでに一二〇〇年頃、これまで想定されてきた二つの時代（新約の時代と旧約の時代）に第三の「聖霊の時代 sub tipico intellectu」をつけ加えていたのである。この第三の時代においては、聖霊が直接人間の理性のなかに自らを現すのであり、この時代が間もなく始まるであろうとされた（Tondelli 1953; Grundmann 1927）。このテーゼはルネサンスの都市文化にとって歓迎すべきものであった。というのも、この第三の時代がいまや現実に始まったように見えたし、人間の理性――僧侶的な教義の敬遠や商人の貨幣経済や経験に立脚する学問のなかに現れた――は将来的に見込みのあるプロジェクトであるかのように見えたからである。サヴォナローラが新しい生活形式のさまざまな象徴を焼き払ってから二〇年あまり後、ヨアヒム・フォン・フローリスの作品がヴェネツィアで初めて、しかも大部数で出版された。この間、グーテンベルク（あるいは他の誰か）の発明によって、都市文化はそのメディアを創り出しており、それに助けられて――この他にも商業があるが、このメディアは普遍的な教育手段であった――都市文化は世界史に対するその見方を隅々にまで広めることができたからである。

以上のような歴史的事実についての示唆――ここでは概略のみが示されたにすぎないのだが――は、教育学的問題とどう関係するのだろうか。言及されたような事態が一般的な意味をもち始めるのは、もちろんゆっくりと、およそ二〇〇年という時間を経てのことである。そして、ほとんど想像しようのないことであるが、この時代は当時の人々にとって、さまざまな種類の方向性のあいだで揺れ動く困難に満ちた時代であったに違いない。ダンテ、ペトラルカ、ラブレー、そして最後にシェークスピアといった人々を頂点とする当時の文学のなかで演じられていたことは、教育的日常という低地のなかに、また新たに出現してきた教育に関心をもつ作家集団という中間地帯のなかに、それ相応の現実をもっていたのである。

日常という低地。ニュルンベルクの織物職人は、バーゼルの印刷職人は、一五二〇年頃、自分の子どもに何を望んでいたのだろうか。市参事会や旅館のなかで何が語られ、腕のよい職人や芸術家が何を生産し、説教師によって何が勧められ、一般に広まっていた印刷版画のうちのどのようなものが市場で売られていたかを、もし彼らが知っていたとすれば、私たちは彼らを次のように想像してかまわないだろう。すなわち、彼らは提供されるさまざまなもののうちどれが将来的に見込みがあるかを模索中であり、確信をもてないでいる人々であった、と。市参事会の世俗的介入から配下の僧侶を守った修道尼長カリタス・ピルクハイマー（デューラーの友人の妹）は正しかったのだろうか。理論、すなわち数学と構成に、そして創造的個人に全幅の信頼を置いていたアルブレヒト・デューラーの、見事に遠近法的で前衛的な木版画は正しかったのだろうか。子どもを学校へやるのがよいのだろうか――そしてどんな学校へ？　修道院学校か、市参事会学校か、読みと計算を教える教師（彼らのために、ホルバインはバーゼルでなんとすでに宣伝用の看板を描いていた）の誰かのところへであろうか。坊主どもの助言にしたがうのがいいのか。それとも、有名なロッテルダムのエラースムス――彼の本はルーヴェンとクラカウのあいだにあった数多くの印刷所でせっせと印刷されていた――の勧めにしたがったほうがよいのではあるまいか。そして、すべての人が読む能力をもつべきだという、アウグスティヌス修道会士マルティン・ルターの意見は、私の子どもにもあてはまるのだろうか。さらに計算はどうか――それは生活に必要ではないのか。

教育に関心をもつ作家たちの中間地帯。中世的な形態から近代的な形態へという教育制度の転換が目前に迫っているということは、当時の人々に意識されていた。しかし、いかなる問題が解かれるべきであり、いかなる原理が見出されるべきなのだろうか。人文主義的 - 宗教改革的な批評家たちが、この問題状況を引き受けることになった。たとえばフィリップ・メランヒトンは、新しい教育課題の**歴史的な**構成要素を明確に取り出している。

「というのも、次のことはひとつの都市にとって何を意味するであろうか／そこではあらゆる市民が大いなる富と／平和と享楽のなかに生きながら／にもかかわらずそのような都市において神の認識はなく／読み書きできる人とてなく／暦もなく／われわれの生活の鏡たるべきであり／またわれわれにあらゆることを思い起こさせる／歴史について／また昔の出来事について何ひとつ知らないとしたら／理性ある誰がそのような都市に住もうと望むだろうか」（Ballauff/Schaller 1970, Bd. II, S. 60 から引用）。

エラースムスは、始まりつつある近代に対して妥当性を要求しうるような、**教養ある礼儀正しい**態度の諸原則を打ち立てようと試みている。モンテーニュは、伝統的な「教師風のやり方」への批判として、**自由な教育活動**の原理を定式化した。

「教師は……生徒にしゃべる番を与えて、それに耳を傾けてほしいのです。……われわれの魂は……他人の思想の欲するところに拘束され、その教えの権威のもとに奴隷となり捕虜となっているからです。われわれは手引き綱にすがることに慣れ切って、もはや自由に歩む力を失っているのです。われわれの力と自由は消えてしまったのです」（Montaigne 1953, S. 186f.［邦訳第一巻、二八五頁以下］）。

近代の教育理論と陶冶論のこのような端緒が展開してきた条件には、したがって、新しく生じつつある生活形式に対してはやはり「正しい」教育学的解釈と展望を見出しつつ、中世的方向づけの危機に対しては将来的にも見込みのある打開策を見出すという歴史現実からの挑戦があったのである。このような状況において、歴史的な伝承（とりわけ古代の）と未来の課題との間にひとつの連関を打ち立てたことこそ、上に挙げたような作家たちの理論的達成である。そして、このような危機にあって何らかの教育学的に正当化できる生活様式を見出し、同時にそのなかで、教育学的な省察をこの生活様式に統合された構成要素として規定したことは、都市の初期市民層の実践的達成である。このような危機の成果は、コメニウスの最初の包括的な教育理論にとどまらない。新たに形成され、母国語と「実科」にますます方向づけられていく学校制度、「家長文学」[*2]における市民的‐家父長的な家庭教育の理論、市場経済的にみれば非生産的な住民群をも対象とする教育学的配慮への関心（貧民教育）、小児医学への関心もまた、この危機の成果であった。とはいえ、この過程——その出発点を一般に初期ルネサンスにとるものだが——はほぼ二〇〇年を要したのであった。

2　自由思想と大産業

そのようにして見出された教育学的構想、明確に教育学的である省察の、この新たに樹立された基盤は、しかしながら、すでに新たな危機の萌芽を含んでいた。コメニウスは、単にすべての人間にすべて（「全体」）を教えるよう要求しただけでなく、これを書籍印刷という手段で実行したのであったが、この書籍印刷こそ、若い世代の陶冶世界に、おそらく他の何にもまして革命をもたらした当のものであった（vgl. Postman 1983）。書籍が上に挙げた要求を実現するための教育手段になればなるほど、その宛先や知識内容は「抽象的」になる。語りかけられるのは、もはやこの家のこの具体的な子どもではなく、子ども一般である。伝達されるのは、この子どもの個人的な生活にとって重要な知識ではなく、知識一般である。教育的関係のこのような道具化は、ある新しい質を備えている。後進の教育は、もはや大人の日常へのある程度教育的配慮を伴った子どもの参加としてではなく、ある種の人工世界のなかで行われる。近代的な「子ども」の概念が登場し、発達段階に細分化され、大量に生じた学校を通して定着させられるとともに駆り立てられ、教育学の諸説によって支持され、書籍によって普及させられた知識という背景に結びつけられることになった。「教育学」というこのような新しい文化構想の成果は疑いようがなかった。読み、少なくとも自分の名前を書くことのできた者の数を、一五〇〇年頃にはせいぜい全人口の一〇%と見積もってよかったのに対して、一五〇年後にはすでに約四〇%となっている。しかも就学義務もなしにである。しかし、この教育史的過程は影の側面ももっていた。書籍や他の学習手段による、今や急速に成長しつつあるオモチャ産業の製品による、年齢別に段階づけられた授業組織による、そしてますます広がる衝動コントロール法に関する出版を通じての教育関係の道具化は、たしかに一面では「文明化の過程」（Elias 1939）の一契機ではあったが、他方では社会的な類型化の過程でもあった。この類型化の過程において主題化されたものは、子どもの具体的な独自性というよりも、むしろ子どもに向けられたさまざまな学習期待のうちの典型的なものであった。

ヴィルヘルム・フォン・フンボルトは、一七九七年、「あらゆる本性をひとつの筋道に従属させるという一面的な要求があまりにも一般的に広まってしまっている」と嘆いている（Humboldt 1960, Bd. I, S. 482）。これは、とりわけ後進世代の教育過程に対して向けられた言葉であった。つまり、ある特定の職業において利用可能で有用な市民をすでに子どものなかにみながら、子どもの本質――その未来を大人はまったく知りえないのであり、その独自性、「個性」が、まずは心おきなく発展していくべきである――をみない、ということに対して向けられたものである。フンボルトは、このように考える際、ジャン゠ジャック・ルソーに依拠することができた。ルソーは一世代前、次のように書いていたのだった。「かれらは子どものうちに大人をもとめ、大人になるまえに子どもがどういうものであるかを考えない」（Rousseau 1963, S. 102 〔邦訳一八頁〕）。大人になるまえに子どもがどういうものであるか――この定式は「私的なもの」の局面を指し示している。これに対して、子どものうちに大人を求めること、あるいは「あらゆる本性をひとつの筋道に従属させる」ことは、「公的なもの」の局面を指し示している。つまり、教育と陶冶が——フランス革命におけるマルキ・ド・コンドルセやプロイセン改革におけるヨーハン・ヴィルヘルム・ジュフェルンの市民的‐進歩的な学校法制の構想に至るまで——公的な関心事になるにつれて、市民の家庭内の教育は「私的」なものとなる。公的な教授施設は子どもを類型に、これに対して私的な市民的‐小市民的諸関係は子どもを「個性」に教育する。事実はどうであれそう考えられていたのである（ジュフェルンとシュライアマハーの初の総合学校理念はこの差異を架橋しようとしたが、当局側の反発のために挫折した）。

教育課題の公的な方向づけと私的な方向づけという差異と交わるのが、もうひとつの差異、すなわち理念史的に理性的とみえたものと事実史的に生起した、または実現可能であったものとの差異である。市民的な人間形成論（たとえばフンボルト、ゲーテ、シュライアマハー、フレーベル）がその理想主義的展望を構想したとき、ヨーロッパの教育の日常はすでに別の諸力によって規定され、経済史的‐社会史的発展は生活形式を変えていた。非識字者が間もなく消え去るであろうことは予測できた。プロレタリアートや、それとともにプロレタリアートの家族の諸問題が歴史の舞台に登場したのである。大量の児童労働——これが最初に起こったのも、もっとも激しかったのもイギリスであった——は市民的な教育理想を無力なものにみせた。女性たちの新しい自己意識の始まり——プロレタリアートにおいては女性の職業労働によって、市民層においては「サロン」のなかでの知的な自己表現によって、それぞれ支えられていた——は、「女について」のイデオロギー的論争と（たとえば von Hippel 1792, Brandes 1802）、そして、女性解放の教育学的帰結について理屈を並べる広範にわたる文献——私たちの現代に至るまでの——を誘発したのである。

これに関連していえば、一見副次的ではあるが、教育の出来事の全体にとってきわめて兆候的なひとつのデータがある。一九世紀の半ば以降、問題なく受け入れ可能となった避妊を実際に行う数が急増したこと、そしてそれに先立つ数十年間の、結婚前に生まれる子どもの数の急激な上昇がそれである（Shorter 1977, S. 101ff.〔邦訳八四頁以下〕）。この事態は多くのことを象徴している。伝統に規定された生活形式の解体、それと結びついた、「私的」な行動領域におけるインフォーマルな社会統制の減退、個人的‐情緒的に親定された関係の範型が優位に置かれることによる慣習的方向づけの喪失、家政（家族）の縮小、生活様式の個人主義化、子ども数の制限の誘因となった、住民のかなりの部分における経済的窮乏、――そしてもちろんなんといっても、性道徳の劇的な変化。この性道徳の変化は、この発展の頂点で生まれたジクムント・フロイトの理論を真剣に受け取るとすれば、人間の関係行動、とりわけ大人と子どもの間の関係行動にも重要な帰結をもつはずのものであった。

ヨーロッパ的な生活形式のなかへの産業革命の侵入は、教育の思考と行為を、おそらくはその歴史におけるもっとも困難な危機に陥れた。啓蒙主義によって伝統的な権威、とりわけ教会から解き放たれ、民主主義的な未来構想による挑戦を受け、社会の階級分化によって窮地に追いやられ、大産業の成長によって進歩を義務づけられ、理性的で同時に現実を考慮した教育の方向づけはその拠り所を失ったように思われた。教育と陶冶という事柄の実質は、一方では、いまや資本主義的に形成されている社会的生活条件への若い世代の準備のなかに、他方では、理想主義的‐ロマン主義的な教育イデオロギーへの逆戻りのなかに、かろうじて保証されうるにすぎないように思われた。プロレタリアートは両方に苦しまねばならず、ブルジョアジーは両方から利益を得た――いずれにしても、ハインリヒ・ハイネやカール・マルクスのような知識人の批判者たち、あるいは教育者アードルフ・ディースターヴェークには、事態はそのようにみえたのである。しかし、誰にとっても、知識人であれ実践家であれ、市民であれ労働者であれ、教育的行為のための真に信頼のおける方向づけがみえない状態であった。このことを証言しているのは、なにも矛盾に満ちたその生活を叙述している労働者層や教養市民層の自伝だけではない。一―二世代前にルソーやペスタロッチ、カントやシュライアマハーによって書かれたものと比較できるような教育理論的構想が欠如していることも、このことを証している。ルネサンスや宗教改革におけるのとはまったく異なって、この社会的大変動はまずもって教育学的生産性の一種の麻痺を引き起こしたのである。

3　民主主義と正義

「ヴィクトリア朝」のイギリス、フランスの王政復古と第二帝政、ドイツの「ヴィルヘルム」時代のイデオロギー的な様式が促進したものは、将来性があり、社会や歴史の状況に即した解決策の探究よりも、むしろ「実証された古いもの」へと回帰した教育学だった。これは単に、因習の表面下で進行していた動揺が無視されたために可能となったのだった。ルソー、フランス革命、古典主義とロマン主義の時代におけるドイツの理想主義的でリベラルな教育学によって社会運動のなかで定式化された教育問題は、放置され、忘れ去られ、抑圧された。第一次世界大戦とともに、シナリオは変わる。危機のなかから新しい生活形式を産み出すことができるのではないかという期待が、ダダから「バウハウス」の芸術家たち、シェーンベルクからウェーベルン、カフカからハインリヒ・マンに至るまでの芸術のなかに感知計のように示されている。教育実践の水準では、世代相互間の関係が変化した。家父長的－権威的家族関係は、とりわけ市民層において、自分自身の生活の展望を構想することに着手した青年運動の批判のもとに置かれるようになった。教育制度においては、新憲法の一四六条で、すべての人のための平等な基礎教育という一〇〇年前からの要求がようやく満たされた。「公的な学校制度は有機的に構築されねばならない。すべての人に共通の基礎学校の上に、中等および高等の学校制度が置かれる。この学校制度の構成に関しては、職業の多様性を基準とし、特定の学校への子どもの入学に関しては、経済的‐社会的地位または両親の宗教的信条ではなく子どもの素質と傾向を基準とする」。数多くの実験学校で新しい授業の形態が試され、学校と生活の関係が新たに考え抜かれた。教師という伝統的な職業とは別に、全国青少年福祉法（一九二二年）に支えられて、社会教育者という新しい職業集団が登場した。彼らは学校外の教育問題に取り組み、たとえば生活保護や「非行青少年」の教育のなかで教育学的展望を発展させた。

このように、戦争によってヨーロッパが陥った動揺は、教育学的には生産的なものになるかのようにみえた。しかも実践だけでなく科学理論においても。私たちが今日ドイツで、アカデミックな学説や研究という意味で教育学と名付けているものは、ヴァイマル共和国の時代に形成された。近代の初期や一九世紀初頭の理想主義的陶冶論の時代とは違って、教育と陶冶についての考察は、今や実践における強力な運動に支えられていた。試行や政治的‐世界観的立場の数の多さは、まずは、全体としての教育課題に向けられた体系的関心を促したが、これに対して経験科学的な詳細を促すことはあまりなかった。このようにして、実践的な出来事を歴史の文脈のなかで解釈する試みとしての精神科学的教育学（たとえば、ヴィルヘルム・ディルタイ、ヘルマン・ノール、テオドール・リット）、あらゆる教育に不可避的に内在する原則を取り出す試みとしての原理科学的教育学（たとえば、パウル・ナートルプ、アルフレート・ペッツェルト）、社会の経済的革新という課題をその教育学的な前提と帰結に関して考え抜く試みとしての社会主義的教育学（たとえば、ジークフリート・ベルンフェルト、パウル・エストライヒ）、が生まれた。そして最後に、非常にためらいがちにでしかなかったとはいえ、精神分析理論の新しい洞察も知られるようになった。

しかしながら、信頼のおける教育学的方向づけ、教育的関係の形成にとって将来的に見込みのある形式を今こそ見出したのだという楽観主義は、ある妥協の上に成り立っていた。一般のドイツ人によって国家社会主義に対して企てられた抵抗が今日の私たちから見て今なお唖然とするほど少なかったという事実が、このことを明示しており、直面する教育課題をまとめる際に当時使われた多くの公式の曖昧さは――それを使った人たちがどれほど政治的に清廉潔白であったとしても――そうした抵抗の少なさに一役買っていたのである。たとえば、一九二〇年代の教育運動のもっとも重要な理論家であったヘルマン・ノールは、一九三三年に次のように書いた。「どのような教育運動も三つの局面を経過する――これは教育運動の法則である。**第一**の局面は、つねに、生命を失いもはや硬直的に受け継がれていくにすぎないような、また自立的に自分の力で生きる個人に対抗するような、古くなった陶冶形式に対する対立の局面である。……それに続くのが**第二の**局面であり、それは、第一の局面で個々の貴族的個人が獲得したものをすべての人に役立てようとする、つまり社会的‐民主的な転換が行われる局面である。……第一の局面の標語が「人格」であるとすれば、第二の局面のそれは、人間から人間への生き生きした関係としての「共同体」である。両局面に対する一般的な定式は「すべての力を目覚めさせ、生き生きとさせる」というものである。しかし、次に疑問が生じる。内容を与えることなしに力を目覚めさせることは可能であろうか。力は方向を持たなくてもよいのだろうか。……こうして、**第三の**局面が始まる。……**私たちの**世代の教育運動も、いまや第三の局面に入った。……この第三の局面の標語は、もはや人格や共同体ではなく、「奉仕」である。……運動の第三の局面は、結合と集中、権威と実行を強調する」(H. Nohl 1949, S. 119f.)。

これらの局面を弁証法的運動として理解したノールは、国家社会主義者たちによって職を追われた――しかし彼の言い回しは誤解されやすいものであり、野蛮のために濫用することも可能であった。世紀始めの危機は――女性運動や労働者運動や青年運動や美学上の前衛に支えられて――科学の規準にも自らを合致させうるような教育理論をもたらした。しかし、こうしてできあがった教育学の探針は、たとえこの世紀が向かっていた危機がおそらくまだ十分には見通せない状態であったにせよ、明らかにまだ十分深く達することはなかったのだった。

4　現代の状況について――コミュニケーションと環境世界

後に生まれた者は、それ以前の者よりよくものを知っていると信じるものだ。というわけで私たちも、五〇〇年間のヨーロッパの教育史を回顧してその輪郭を確定し、それによって私たちの歴史的状況にふさわしいと思えるような問題を展望するための高台に到達しようと、少なくとも今日試みることは可能である。第二次世界大戦後、教育学の綱領的著作や科学的分析においてのみならず、新聞の文芸欄や保護者向けの解説書においても、若い世代の教育の基準となるような方向づけに関して私たちが深い動揺の局面にあるという主張がますます広範に広まったのは、決して歴史の偶然ではない。その原因は、近代初めの影響の大きい歴史的諸決定によってもたらされた諸帰結が、現代になってようやく意識され始めたという点に求められると思われる。すなわち、科学文明、生まれや身分を顧慮しない人間どうしのキリスト教的‐人道的交際、理性にかない――膨大な人口という条件のもと――自由思想としての陶冶へ方向づけられた大衆の教授、がそれである。これらの構成要素は、どれもそれぞれに影の部分をもっており、「啓蒙の弁証法」（テオドール・アドルノ）のプロセスをなしている。

コメニウスのプロジェクトは、生活形式の全体性という中世から伝承された理念の崩壊を食い止めることができなかった。フンボルトやゲーテやシュライアマハーの理想主義的陶冶論は、一九世紀の反動化や階級社会に対して無力であった。ヴァイマル共和国の教育運動――他のヨーロッパ諸国でも同様であるが――は、人間的な教育という問題とは無関係に、人間が生活を送っているその諸条件を決定づけているような社会的諸力を過小評価していた。今日、つまり西洋の教育史の今までのところ最後の危機において、ある問題の相貌が際立ってきているが、それは以下の構成要素から成っているように思われる。

1　自然に対する人間の関係

人間の環境世界が人工的になるにつれて、「自然」が陶冶過程のなかで果たす役割も位置を変えてきた。自然を代表するものが子どもの生活のなかでますます乏しくなったというだけではない。自然は、近代自然科学との関連において、ある分析的な枠組みのなかで捉えられる。その枠組みのなかでは、自然は本質的に、人間の豊かさのために利用されるべき源泉として現れる。そのようなものとしての自然は、人がそれを十分強力に利用しようとした場合、広大無辺なものに思われた。この目的のためには、自然は構成要素に分解されなければならなかった。そうすることで初めて、自然を効果的に支配することができたのである。近代の教育態度は、とりわけ授業において、しかしまた大人の生活における日常的な模範を通しても、この図式に次第に強く従っていくようになった。近代の始め、パラケルススにとっては、教育課題はまだ、自然の形成法則を内的な人間生成の法則と同じものとみなし、ミクロコスモスをマクロコスモスに同調させるのを学ぶことにあった。これに対して啓蒙主義の教育学においては、たとえばリンネの植物分類の導入に見られるように、分析的な態度が覆いようもなく前面に出ている。それは、すでに子どものなかに、あの即物的で非道徳的な態度を産み出している。このような態度に対し、ゲーテは彼の自然科学的な著作や『ヴィルヘルム・マイスターの遍歴時代』において「畏敬」の教えを対置していたが、そのような教えも今日では危機に陥っている。人類の自己絶滅の可能性が目に見えるようになってやっと、陶冶の課題が操作可能性への導入で終わってはならず、「宇宙における人間の位置」（マックス・シェーラー）を明らかにしなければならないということが、再び私たちの意識に上るようになったのである。しかし、このような課題に対して、私たちはまだ準備不足である。

2 「親密圏」の問題

科学技術的文明や近代的合理性や民主主義的公共性の発展は、教育のレベルにおいては、学校、機会均等の要請、それに教育過程のなかで「経験」として子どもに提示されるあの特徴的な抽象化をもたらしただけでなく、一種の対抗運動をももたらした。最初、一八世紀頃には、市民的‐私的な生活の領域は子どもの「個性」を形成する場であり、この個性はその後で「力強く」(シュライアマハー)公的な領域に改良的に介入できるかのように、まだみることができたのに対して、二〇世紀の半ば以降、別の問題のパノラマが示されるようになった。つまり、「公共性」がさまざまなシステム変数の競技場となり、個人が行政的、政治的、あるいは経済的手続きのためのデータとなり、市場が具体的な諸欲求に対して無関心で、社会の諸機関において人生の意味について合意することが不可能と思われるようになるにつれて、個人を規定する関係や生活世界、「共同体」や「コミュニケーション」がそれに代わる意味を持ってくるのである(vgl. Sennett 1983)。教育学的にみて意味のある兆候としては、たとえば次のようなものがある。居住環境の親密化、幼児教育のための父母のサークル、フリースクール運動、急速に成長しつつある「療法」形式、氾濫するカウンセリング制度、学校の授業におけるコミュニケーション・スタイルの普及、若者の性行動における深刻な変化、若者のサブカルチャー環境、結果重視から動機重視への若者の生活主題の移行、「反教育学」への共鳴、精神分析の理論範型にしたがった父母の自己解釈、若い世代の大部分が抱く「国家への無関心」。この種の現象のなかには、遅くともビーダーマイヤー時代に始まり、いまや何らかの理論的‐実践的な解答を要求する頂点に向かいつつある、ひとつの問題設定が示されている。つまり、もし、「民主主義というプロジェクト」が生き延びる力をもつことを私たちが**望む**とすれば、私たちは——そのようにみえるのだが——公的な、しかし冷淡な部分(学校)と、熱心な、しかし私的で親密な部分(家族、サブカルチャー、隣人関係など）への陶冶課題の分裂を阻止するような教育様式を見出さねばならない。「システム」と「生活世界」（Habermas 1981, Bd. II, S. 171ff.〔邦訳九頁以下〕）は、たしかに、そのおかげで、近代の過程を問題ある対立物の形成として了解することを可能にしてくれる二つの理論的構成物ではある。しかし、私たちの教育現実にかかわる**実践的な**問いとは、その一方に注目することがもう一方を犠牲にすることにならないような教育的実践を、つまり両方がそのなかに代表されているような教育的日常を私たちが形成できるか否かという問題なのである。

3　メディアの問題

公的な参加と親密で私的な満足や意味充足との間にバランスを打ち立てるというこの問題の解決は、マスメディアの機能によって、阻止されているとはいわないまでも困難にされている。書籍印刷の発見が、一五〇〇年頃教育の歴史に新しい局面を導き入れたように、二〇世紀のマスメディアの新しい質も――みるところ――新しい局面を導き入れている。マスメディアの制作物の普遍的な理解可能性は子どもと大人の間の区別を曖昧にする（Postman 1983）。映像の世界は、書かれた文章によればまだ引き起こされる理解と論証の努力を不要なものにしてしまう。小さな周辺集団（たとえば「パンク」や市民層の伝統主義的サークル）に至るまで、年齢に特有の服装は消え去っている。映画のテーマは、すべての人を巻き込んでいく傾向にある。広告は大人と同様に子どもにも向けられている。学校は、これに対してほとんど何の論評も提供せず、子どもたちがその日常的知覚から導き出す見かけの経験内容を過小評価している。こうした展開は納得できるものであり、歩いたり数えたりできるすべての人に入手可能なひとつの相互行為様式を、商品市場が提示しているわけである。しかし、このことによって、「子ども」についてのヨーロッパ古来の理念は消滅する。この理念にしたがえば、世界の獲得は苦労して通過すべき発達段階を介して進行するものであり、発達段階は、各々の段階に固有の権利が認められ、子ども期全体に、類概念の本質的な構成要素として妥当するような経験と世界展望の質が認められた場合にのみ、人間の陶冶に役立つものとなる。ジュネーヴの心理学者、哲学者、教育学者であるジャン・ピアジェは、子どもの陶冶過程の不可欠の諸段階に関する説のなかで、教育思想の近代的伝統を集大成した。彼は一種のドン・キホーテだったのだろうか。あるいは、彼の考えていたことは、すでに古代の生活形式のなかで示され、ナザレのイエスによって暗示され、アウグスティヌスによって論述され、初期ルネサンスによって「現実的」道筋にもたらされ、ルソーによって論争的に概念化され、エレン・ケイ（『児童の世紀』一九〇〇年）とマリア・モンテッソーリ（『子どもは異なる』［邦訳タイトルは『子供の秘密』］一九三八年）によって綱領的に定式化されている考え方なのだが、より人間に沿った表現形式でなされたものといえるのではないだろうか。

教育学の危機。それは人間の自己理解の危機である。人間学と教育理論、人間生活における現実の諸関係と子どもとの交際における実践は、分かち難く互いに依存しあっているのである。一五世紀に始まった「近代」というプロジェクトは、その終わりに達してしまったのだろうか。若い世代を所与の世界に段階的に導き入れながら、同時に、あらゆる段階において、「永遠の相のもとで（sub specie aeternitatis）」[*3]人間性を疎かにしない、そのような体系的努力としての教育学は、余計なものになってしまうのだろうか。永遠の相のもとでは、ありうる事態のように思われる。「教育学」が、中世後期の危機から生まれ、五〇〇年前歴史に登場したのと同じように、それは今日再び、再度の危機的転換という条件のもとで、消え去るのかもしれない。しかし、私たちはそれを望むのだろうか。

訳注

＊1　ジロラモ・サヴォナローラ　一四五二―一四九八年。ドミニコ会修道士。フィレンツェにおいてメディチ家の独裁体制を批

判、政治顧問として市民に清貧の生活を強いる神権政治を行ったが、反発を買い、最後は火刑に処せられた。彼による世俗的な書物や贅沢品の焼却は「虚栄の焼却」と呼ばれる。

＊2　家長文学　一五世紀から一八世紀後半のドイツ語圏で、主に農村部の裕福な家族の家長を読者層として刊行された、家政に関する手引書の一群。衣食住や人間関係、宗教や道徳、結婚や子どもの教育、農耕、牧畜、狩猟、家計や土地の管理等、家政全般にわたる規律や指南をその内容とする。しばしばプロテスタントの聖職者がその著者であった。

＊3　永遠の相のもとで　スピノザがその主著『エチカ』（一六七七年）のなかで、哲学的なものの見方の特徴を指して用いている言葉。多様で虚偽の可能性をはらむ表面的な現象ではなく、その背後にある、「神」ないしは「自然」と呼ばれる永遠で唯一普遍の実体を捉えようとする姿勢がその特徴であるとされている。

引用・参考文献

・ADORNO, Th. W.: Ästhetische Theorie, Frankfurt/M., 1973.〔テオドール・W・アドルノ『美の理論』大久保健治訳、河出書房新社、一九八五年〕
・ALBERTI, L. B..: Über das Hauswesen（Della famiglia）, Zürich 1962.〔レオン・バッティスタ・アルベルティ『家族論』池上俊一・徳橋曜訳、講談社、二〇一〇年〕
・ARIES, Ph.: Geschichte der Kindheit, München 1975.〔フィリップ・アリエス『〈子供〉の誕生――アンシァン・レジーム期の子供と家族生活』杉山光信・杉山恵美子訳、みすず書房、一九八〇年〕
・ASEMISSEN, H. U.: Las Meninas von Diego Velasquez, Kassel 1981.
・AUGUSTINUS, A.: Confessiones/Bekenntnisse; lateinisch und deutsch; eingeleitet, übersetzt und erläutert von J. Bernhart, München 1955.〔『世界の名著　一四巻　アウグスティヌス』山田晶編訳、中央公論社、一九六八年〕
・BALLAUFF, T. / SCHALLER, K.: Pädagogik. Eine Geschichte der Bildung und Erziehung, Bd. II: Vom 16. bis zum 19. Jahrhundert, Freiburg 1970.
・BARTHES, R.: Mythen des Alltags, Frankfurt/M. 1964.〔ロラン・バルト『神話作用』篠沢秀夫訳、現代思潮社、一九六七年〕
・BATKIN, L.: Die italienische Renaissance, Basel/Frankfurt am M. 1979.
・BAXANDALL, M.: Die Wirklichkeit der Bilder. Malerei und Erfahrung im Italien des 15. Jahrhunderts, Frankfurt/M. 1977.〔マイケル・バクサンドール『ルネサンス絵画の社会史』篠塚二三男・豊泉尚美・石原宏・池上公平訳、平凡社、一九八九年〕
・BENJAMIN, W.: Der Begriff der Kunstkritik in der deutschen Romantik, Frankfurt/M. 1973.〔ヴァルター・ベンヤミン『ドイツ・ロマン主義における芸術批評の概念』浅井健二郎訳、筑摩書房、二〇〇一年〕
・BERGMANN, W.: Die Zeitstrukturen sozialer Systeme, Berlin 1981.
・BERNHARD, Th.: Der Untergeher, Frankfurt/M. 1983.〔トーマス・ベルンハルト『破滅者――グレン・グールドを見つめて』岩下真好訳、音楽之友社、一九九二年〕
・BLANKERTZ, H.: Die Geschichte der Pädagogik. Von der Aufklärung bis zur Gegenwart, Wetzlar 1982.
・BLEKASTAD, M.: Comenius, Oslo 1969.

・Böhme, H./Böhme, G.: Das Andere der Vernunft, Frankfurt/M. 1985.〔ヘルトムート・ベーメ、ゲルノート・ベーメ『理性の他なるもの』第二章「物質と抑圧されたライプ」の第一節が「「天界の一般自然史と理解」における物質構成の力動理論」として部分訳されている。『現代思想』一九九九年九月号所収。〕
・Bolz, N. W.: F. D. E. Schleiermacher, in: Klassiker der Hermeneutik, hg. von U. Nassen, Paderborn 1982.
・Bourdieu, P.: Zur Soziologie der symbolischen Formen, Frankfurt/M. 1972.
・Bourdieu, P.: Entwurf einer Theorie der Praxis, Frankfurt/M. 1979.
・Bourdieu, P./ Passeron, J. -C.:Grundlagen einer Theorie der symbolischen Gewalt, Frankfurt/M. 1973.〔ピエール・ブルデュー「生成文法としてのハビトゥス」三好信子訳、福井憲彦・山本哲士編『アクト』第二号、日本エディタースクール出版部、一九八六年、一二六―一五一頁〕
・Bottazzi, F.: Leonardo als Physiologe. In: Leonardo da Vinci. Das Lebensbild eines Genies, Stuttgart/Zürich/Salzburg 1955.
・Brainard, O.: Die Choreographie der Hoftänze in Burgund, Frankreich und Italien im 15. Jahrhundert. Diss. Göttingen 1956.
・Brunkhorst, H.: Romantik und Kulturkritik, in: Merkur, Jg. 1985, Heft 6.
・Buytendijk, F. J. J.:Mensch und Tier, Hamburg 1958.〔フレデリック・ヤコブス・ヨハネス・ボイテンディク『人間と動物――比較心理学の視点から』浜中淑彦訳、みすず書房、一九九五年〕
・Campe, J. H.（Hg.）: Allgemeine Revision des gesamten Schul- und Erziehungswesens von einer Gesellschaft praktischer Erzieher, Berlin 1785ff.
・Cicourel, A. V.: Sprache in der sozialen Interaktion, München 1975.
・Clark, K.: Rembrandt and the Italian Renaissance, London 1966.〔ケネス・クラーク『レンブラントとイタリア・ルネサンス』尾崎彰宏・芳野明訳、法政大学出版局、一九九二年〕
・Corner, G. W.: Anatomical Texts of the earlier middle ages, Washington 1927.
・Descartes, R.: Meditationes de prima philosophia, hg. von H. G. Zekl, Hamburg 1959.〔デカルト『省察』山田弘明訳・注解、筑摩書房、二〇〇六年〕
・Dilthey, W.: Leben Schleiermachers, Bd. 1, 2. Aufl., hg. von H. Mulert, Berlin/Leipzig 1922.〔『ディルタイ全集　第九巻　シュライアマッハーの生涯（上）』森田孝他編訳、法政大学出版局、近刊予定〕
・Dülmen, R. van（Hg.）: Kultur der einfachen Leute, München 1983.

・Dürer, A.: Schriften und Briefe, hg. von E. Ullmann, Leipzig 1978.［デューラー『自伝と書簡』前川誠郎訳、岩波文庫、二〇〇九年］

・Duhm, D.: Warenstruktur und zerstörte Zwischenmenschlichkeit, Köln 1975.

・Eisler, M.: Der alte Rembrandt, Wien 1927.

・Elias, N.: Über den Prozeß der Zivilisation, 2 Bände, Bern/München 1969（1. Aufl. Basel 1939).［ノルベルト・エリアス『文明化の過程（上・下）』赤井慧爾・波田節夫他訳、法政大学出版局、二〇〇四年］

・Elias, N.: Was ist Soziologie, München 1970.［ノルベルト・エリアス『社会学とは何か――関係構造・ネットワーク形成・権力』徳安彰訳、法政大学出版局、一九九四年］

・Elias, N.:Über die Zeit, hg. von M. Schröhr, Frankfurt/M. 1984.［ノルベルト・エリアス『時間について』井本晌二・青木誠之訳、法政大学出版局、一九九六年］

・Emmerich, W.: Proletarische Lebensläufe, Bd. 1, Reinbek 1974.

・Erasmus von Rotterdam: Vertraute Gespräche, Köln 1947.

・Favaro, G.: Anatomie und Physiologie, in: Leonardo da Vinci. Das Lenbensbild eines Genies, Stuttgart/Zürich/Salzburg 1955.

・Frank, M.: Das individuelle Allgemeine. Textstrukturierung und -interpretation nach Schleiermacher, Frankfurt/M. 1979.

・Frank, M.: Was ist Neostrukturalismus?, Frankfurt/M. 1983.

・Friedenthal, R.: Goethe. Sein Leben und seine Zeit, München 1963.［リヒァルト・フリーデンタール『ゲーテ　その生涯と時代（上・下）』平野雅史他訳、講談社、一九七九年］

・Fülleborn, U./Engel, M.（Hg.）: Materialien zu Rainer Maria Rilkes "Duineser Elegien", Frankfurt/M. 1980.

・Garin, E.: Geschichte und Dokumente der abendländischen Pädagogik II, Humanismus, Reinbek 1966.

・Gehlen, A.: Der Mensch. Seine Natur und seine Stellung in der Welt, Bonn 1950.［アルノルト・ゲーレン『人間――その性質と世界の中の位置』池井望訳、世界思想社、二〇〇八年］

・Ginzburg, C.: Erkundungen über Piero, Berlin 1981.［カルロ・ギンズブルク『ピエロ・デッラ・フランチェスカの謎』森尾総夫訳、みすず書房、一九九八年］

・Goethe, J. W.: Wilhelm Meisters Wanderjahre. Gedenkausgabe, hg. von E. Beutler, Bd. 8, Zürich 1949.［ゲーテ『ウィルヘルム・マイステルの遍歴時代（下）』関泰祐訳、岩波書店、一九九一年］

· GROWE, B.: Modernität und Komposition. Zur Krise des Wertebegriffs in der französischen Malerei des 19. Jahrhunderts. In: W. Öhlmüller（Hg.）, Kolloquium Kunst und Philosophie, Bd. 3, Das Kunstwerk, Paderborn 1983.
· GRUNDMANN, H.: Studien über Joachim von Floris, Leipzig/Berlin 1927.
· HABERMAS, J.: Theorie des kommunikativen Handelns, 2 Bände, Frankfurt/M. 1981.〔ユルゲン・ハーバーマス『コミュニケーション的行為の理論（上・中・下）』丸山高司他訳、未来社、一九八五—八七年〕
· HECKSCHER, W. S.: Rembrandt's Anatomy of Dr. Nicolaas Tulp, New York 1958.
· HINRICHS, W.: Schleiermachers Theorie der Geselligkeit und ihre Bedeutung für die Pädagogik, Weinheim 1965.
· HÖRISCH, J.（Hg.）: Ich möcht ein solcher werden wie … Materialien zur Sprachlosigkeit des Kaspar Hauser, Frankfurt/M. 1979.
· HOFFMANN-AXTHELM, J.: "Geisterfamilie". Studien zur Geselligkeit der Frühromantik, Diss., Berlin 1970.
· HOFMANN, W.: Edouard Manet. Das Frühstück im Atelier, Frankfurt/M. 1985.
· HUMBOLDT, W. v.: Über den Charakter, in: Ders., Anthropologie und Bildungslehre, hg. von A. Flitner, Düsseldorf/ München 1956.
· HUMBOLDT, W. v.: Schriften zur Anthropologie und Geschichte, in: Werke in 5 Bänden, hg. von A. Flitner und K. Giel, Bd. 1, Darmstadt 1960.
· HURRELMANN, K.: Erziehungssystem und Gesellschaft, Reinbek 1975.
· IMDAHL, M.: Sprechen und Hören als szenische Einheit. Bemerkungen im Hinblick auf Rembrandts Anatomie des Dr. Tulp, in: K. Stierle/R. Warning, Das Gespräch, München 1984.
· IMDAHL, M.: Überlegungen zur Identität des Bildes, in: Marquard, O./Stierle, K.（Hg.）, Identität, Poetik und Hermeneutik VIII, München 1979.
· ISER, W.: Reduktionsformen der Subjektivität, in: H. R. Jauß（Hg.）, Die nicht mehr schönen Künste. Grenzphänomene des Ästhetischen, München 1968.
· JANTZEN, H.: Rembrandt, Tulp und Vesalius, in: ders., Über den gotischen Kirchenraum und andere Aufsätze, Berlin 1951.
· JOCHIMS, R.: Der Maler Antonio Calderara, Starnberg 1972.
· JONAS, G./DILTHEY, W.（Hg.）: Aus Schleiermachers Leben. In Briefen, Bd. 1, Berlin 1958.

・KERN, H./SCHUMANN, M.: Das Ende der Arbeitsteilung? München 1984.
・KNIGGE, A. Freiherr von: Über den Umgang mit Menschen, Leipzig 1911（1. Aufl. 1788）.［アドルフ・F・クニッゲ『人間交際術』笠原賢介・中直一訳、講談社、一九九三年］
・KOSELLEK, R.: Vergangene Zukunft. Zur Semantik geschichtlicher Zeiten, Frankfurt/M. 1979.
・LACAN, J.: Schriften 1, hg. von N. Haas, Frankfurt/M. 1975.
・LANG, S. K.: Die geisteswissenschaftliche, ikonographisch-ikonologische und strukturalistische Methode der Bildbetrachtung, Braunschweig 1982.
・LENZEN, D.: Mythologie der Kindheit, Reinbek 1985.
・LINDESMITH, A. R./STRAUSS, A. L.: Symbolische Bedingungen der Sozialisation, Teil 1, Düsseldorf 1974.
・LIPPE, R. zur: Naturbeherrschung am Menschen I. Körpererfahrung als Entfaltung von Sinnen und Beziehungen in der Ära des italienischen Kaufmannskapitals, Frankfurt/M. 1974.
・LORENZER, A.: Zur Begründung einer materialistischen Sozialisationstheorie, Frankfurt/M. 1972.
・LUHMANN, N./SCHORR, K. E.: Erziehung im Gesellschaftssystem, Stuttgart 1979.
・LUHMANN, N.: Soziologische Aufklärung, Bd. 2., Opladen 1975.［ニクラス・ルーマン『社会システムと時間論――社会学的啓蒙（ニクラス・ルーマン論文集三）』土方昭監訳、新泉社、一九八六年。ただし、本書で言及されている論文 Formen des Helfens im Wandel gesellschaftlicher Bedingungen は訳出されていない。］
・LUTHER, M.: Eine Predigt, daß man solle die Kinder zur Schule halten, in: Kritische Gesamtausgabe, Bd. 30, II, S. 508ff.［ルター「人々は子どもたちを学校へやるべきであるという説教」『ルター著作集』第一集、第九巻、聖文舎、一九七三年］
・MALSON, L.（Hg.）: Die wilden Kinder, Frankfurt/M. 1972.［ルシアン・マルソン『野生児――その神話と真実』中野善達・南直樹訳、福村出版、一九七七年］
・MARQUARD, O.: Zur Bedeutung der Theorie des Unbewußten für eine Theorie der nicht mehr schönen Kunst, in: H. R. Jauß（Hg.）, Die nicht mehr schönen Künste. Grenzphänomene des Ästhetischen, München 1968.
・MARX, K./ENGELS, F.: Werke, Bd. 3, Berlin 1958.［『マルクス＝エンゲルス全集』第三巻、大内兵衛・細川嘉六監訳、大月書店、一九六三年］
・DE MAUSE, L.（Hg.）: Hört ihr die Kinder weinen? Eine psychogenetische Geschichte der Kindheit, Frankfurt/M. 1977.

・Mayntz, R.: Soziologie der Organisation, Reinbek 1963.
・Mead, G. H.: Geist, Identität, Gesellschaft, Frankfurt/M. 1968.［ジョージ・H・ミード『精神・自我・社会（現代社会学大系第一〇巻）』稲葉三千男・滝沢正樹・中野収訳、青木書店、二〇〇五年］
・Möller, H. R.: Innenräume/Außenwelten. Studien zur Darstellung bürgerlicher Privatheit in Kunst und Warenwerbung, Gießen 1981.
・Mollenhauer, K.: Vergessene Zusammenhänge. Über Kultur und Erziehung, Weinheim/München 1983（2. Aufl.）［クラウス・モレンハウアー『忘れられた連関』今井康雄訳、みすず書房、一九八七年］
・Mollenhauer, K./Brumlik, M./Wudtke, H.: Die Familienerziehung, München 1975.
・Mondrian, P.: Neue Gestaltung, Mainz/Berlin 1974（1. Aufl. 1926 in den "Bauhaus-Büchern"）.［ピート・モンドリアン『新しい造形――新造形主義［バウハウス叢書五）』宮島久雄訳、中央公論美術出版、一九九一年］
・Montaigne, M.: Essais, Zürich 1953.［モンテーニュ『エセー』原二郎訳、岩波書店、一九九一年］
・Müller, G.: Bildung und Erziehung im Humanismus der italienischen Renaissance, Wiesbaden 1969.
・Negt, O.: Lebendige Arbeit, enteignete Zeit, Frankfurt/M. 1985.
・Negt, O./Kluge, A.:Öffentlichkeit und Erfahrung. Zur Organisationsanalyse von bürgerlicher und proletarischer Öffentlichkeit, Frankfurt/M. 1973（2. Aufl.）
・Nietzsche, F.: Fröhliche Wissenschaft, in Werke in 3 Bänden, hg. von R. Schlechta, Bd. II, München 1977.［フリードリッヒ・ニーチェ『悦ばしき知識』信太正三訳、ちくま学芸文庫版ニーチェ全集八、筑摩書房、一九九三年］
・Nohl, H.: Die Pädagogische Bewegung in Deutschland und ihre Theorie, Frankfurt/M. 1949.［ヘルマン・ノール『ドイツの新教育運動』平野正久他訳、明治図書出版、一九八七年］
・Osterland, A.:Die Verwendung polit-ökonomischer Kategorien in Lorenzers Vermittlungsversuch von Psychoanalyse und Historischem Materialismus. In: Menne, K./Looser, M/Osterland, A./Brede, K./Moersch,E., Sprache, Handlung und Unbewußtes, Kronberg 1976.
・Ottomeyer, K.: Soziales Verhalten und Ökonomie im Kapitalismus, Gaiganz 1974.
・Panofsky, E.: Das leben und die Kunst Albrecht Dürers, Müunchen 1977.［アーウィン・パノフスキー『アルブレヒト・デューラー――生涯と芸術』中森義宗・清水忠訳、日貿出版社、一九八四年］

・Panofsky, E.: Sinn und Deutung in der bildenden Kunst, Köln 1978.
・Panofsky, E.: Studien zur Ikonologie. Humanistische Themen in der Kunst der Renaissance, Köln 1980. ［アーヴィン・パノフスキー『イコノロジー研究（上・下）』浅野徹他訳、筑摩書房、二〇〇二年］
・Paulson, R.: The Art of Hogarth, London 1975.
・Piaget, J.: Bildung des Zeitbewußtseins beim Kinde, Frankfurt/M. 1974.
・Platter, F.: Tagebuch（Lebensbeschreibung）1536–1567, hg. von V. Lötscher, Basel/Stuttgart 1976.
・Platter, Th. d. J.: Beschreibung der Reisen durch Frankreich, Spanien, England und die Niederlande 1595–1600, hg.von R. Keiser, 1. Teil, Basel/Stuttgart 1968.
・Pleßner, H.: Die Stufen des Organischen und der Mensch, Berlin 1965（2. Aufl.）.
・Postman, N.:Das Verschwinden der Kindheit, Frankfurt/M. 1983（3. Aufl）.
・Pothast, U.: Über einige Fragen der Selbstbeziehung, Frankfurt/M. 1971.
・Rousseau, J. J.: Emile oder Über die Erziehung, Stuttgart 1963. ［ジャン＝ジャック・ルソー『エミール（上）』今野一雄訳、岩波書店、一九六二年］
・Rumpf, H.: Die übergangene Sinnlichkeit, München 1981.
・Sachße, Chr./Tennstedt, F.: Gescichte der Armenfürsorge in Deutschland. Vom Spätmittelalter bis zum 1. Weltkrieg, Stuttgart 1980. ［C・ザクセ／F・テンシュテット『ドイツにおける貧民扶助の歴史――中世後期から第一次世界大戦まで』庄治怜子訳、大阪社会事業短期大学社会問題研究会、一九八〇年］
・Sahlins, K.: Kultur und praktische Vernunft, Frankfurt/M. 1981.
・Salmi, M.: La pittura di Piero della Francesca, Novara 1979.
・Sartre, J. P.: Der Idiot der Familie. Gustave Flaubert 1821–1857, Bd. 1, Reinbek 1977. ［ジャン－ポール・サルトル『家の馬鹿息子　ギュスターヴ・フローベール論（一八二一―一八五七）1』平井啓之他訳、人文書院、一九八二年］
・Schiller, F.: Zerstreute Betrachtungen über verschiedene ästhetische Gegenstände, 1793.
・Schlegel, F.: Charakteristiken und Kritiken 1（1796-1801）, Kritische Friedrich-Schlegel-Ausgabe, hg. von E. Behler, Bd. 2, München/Paderborn/Wien 1967. ［『ドイツ・ロマン派全集』第一二巻、シュレーゲル兄弟』国書刊行会、一九九〇年所収］

· Schleiermacher, F. D.: Hermeneutik und Kritik, hg. von M. Frank, Frankfurt/M. 1977.
· Schleiermacher, F. D.: Pädagogische Schriften, Bd. I und II, hg. von E. Weniger/Th. Schulze, Frankfurt/M. 1983.［このなかの教育学講義に関してはシュライエルマッハー『教育学講義』長井和雄・西村皓訳、玉川大学出版部、一九九九年として訳出されている。］
· Schleiermacher, F. D.: Sämmtliche Werke; dritte Abtheilung Zur Philosophie, Bd. 6 "Psychologie", hg. von L. George, Berlin 1862.
· Schleiermacher, F. D.: Über die Religion. Reden an die Gebildeten unter ihren Verächtern, 1. Aufl. 1799, hg. von R. Otto, Göttingen 1967（6. Aufl.).［シュライエルマッハー『宗教論――宗教を軽んずる教養人への講話』高橋英夫訳、筑摩書房、一九九一年］
· Schleiermacher, F. D.: Versuch einer Theorie des geselligen Betragens, in: ders., Werke in Auswahl, hg. von Otto Braun, Bd. II, Leipzig 1927（2. Aufl.)（Nachdruck 1967).
· Schleiermacher, F. D.: Versuch über die Schamhaftigkeit, in: Sämmtliche Werke; dritte Abtheilung, Bd. 1, Berlin 1846.
· Schleiermacher, F. D.: Vertraute Briefe über die Lucinde, in: Sämmtliche Werke; dritte Abtheilung, Bd. 1, Berlin 1846.
· Schupbach, W.: The Paradox of Rembranbdt's, Anatomy of Dr. Tulp', London 1982.
· Sennett, R.: Verfall und Ende des öffentlichen Lebens. Die Tyrannei der Intimität, Frankfurt/M. 1983（2. Aufl.).［リチャード・セネット『公共性の喪失』北山克彦・高階悟訳、晶文社、一九九一年］
· Shorter, E.: Die Geburt der modernen Familie, Reinbek 1977.［エドワード・ショーター『近代家族の形成』田中俊宏他訳、昭和堂、一九八七年］
· Simmel, G.: Schriften zur Soziologie, Frankfurt/M. 1983.
· Sperber, D.: Über Symbolik, Frankfurt/M. 1975.［ダン・スペルベル『象徴表現とはなにか――一般象徴表現論の試み』菅野盾樹訳、紀伊國屋書店、一九七九年］
· Der Spiegel, 39. Jg., 5. August 1985.
· Szondi, P.: Satz und Gegensatz, Frankfurt/M. 1964.
· Steffens, H.: Lebenserinnerungen, hg. von F. Gundelfinger, Jena 1908.
· Strauss, A.: Spiegel und Masken. Die Suche nach Identität, Frankfurt/M. 1968.

・Titze, H.: Die Politisierung der Erziehung, Frankfurt/M. 1973.

・Tondelli, L. u. a.: Il libro delle figure dell'abate Gioachino da Fiore, Turin 1953.

・Tschechow, A. P.: Briefe, hg. von P. Urban, Zürich 1979.

・Vesalius, A.: De humani corporis fabrica septem libri, Basel 1543.

・Vesalius, A.: Zergliederung des menschlichen Körpers. Auf Mahlerey und Bildhauer-Kunst gericht, Augsburg 1706.

・Vormbaum, R.: Evangelische Schulordnungen, Bd. 1: Schulordnungen des sechszehnten Jahrhunderts, Gütersloh 1860.

・Warnke, M.（Hg.）: Bildersturm. Die Zerstörung des Kunstwerks, München 1973.

・Weil, H.: Die Entstehung des deutschen Bildungsprinzips, Bonn 1930.

・Weingarten, E./Sack, F./Scheinkein, J.（Hg.）: Ethnomethodologie. Beiträge zu einer Soziologie des Alltagshandelns, Frankfurt/M. 1976.

・Winkler, M.: Geschichte und Identität, Stuttgart 1979.

・Wright, C.: Rembrandt. Self-Portraits, London 1982.

・Zimmermann, K.: Über einige Bedingungen alltäglichen Verhaltens in archaischen Gesellschaften. In: Baethge, M./Eßbach, W.（Hg.）, Soziologie: Entdeckungen im Alltäglichen. H. P. Bahrdt, Festschrift zu seinem 65. Geburtstag, S. 135–147, Frankfurt/New York 1983.

初出一覧

第一章　Interaktion und Organisation in pädagogischen Feldern: Hauptvortrag auf dem Kongreß der Deutschen Gesellschaft für Erziehungswissenschaft in Duisburg 1976, veröffentlicht in H. Blankertz（Hg.）: Interaktion und Organisation in pädagogischen Feldern, Zeitschrift für Pädagogik, 13. Beiheft, Weinheim 1977, S. 39ff.

第二章　Streifzug durch fremdes Terrain, in: Zeitschrift für Pädagogik, 30. Jg. 1983, Nr. 2, S. 273ff.

第三章　Zur Entstehung des modernen Konzepts von Bildungszeit, Manuskript 1985.

第四章　Der Körper im Augenschein: Vortrag auf dem transdisziplinären Kolloquium „Der Schein des Schönen", Venedig, März 1985.

第五章　Anmerkungen zu einer pädagogischen Hermeneutik: Vortrag an der Universität Utrecht, Januar 1985, veröffentlicht in: Neue Sammlung, Jg. 1985, Heft 4, S. 420ff.

第六章　Der frühromantische Pädagoge F. D. Schleiermacher: Unter dem Titel „Zwischen Geselligkeit, Scham und Zweifel: bildungstheoretische Notizen zum frühromantischen Schleiermacher" in: Neue Sammlung, Heft 1, Januar/Februar/März 1985, S. 16ff.; und in: D. Lange（Hg.）, Friedrich Schleiermacher 1768–1834, Göttingen 1985, S. 193ff.

第七章　Stationen der europäischen Pädagogik: Unter dem Titel „Historische Umbrüche und ihre Folgen für die Pädagogik" in: Kindlers Enzyklopädie „Der Mensch", Bd. IX, Zürich 1984, S. 363ff.

モレンハウアー『回り道』の方法論へのコメンタール
——教育学的図像解釈はいかにして可能か

眞壁宏幹

はじめに

本書『回り道』は教育学の研究書としては破格な印象を与えるに違いない。というのも、教育思想（史）研究ではふつう取りあげない図像や文学作品も考察対象となっているからである。特に、美術史研究でもないのになぜ図像分析が中心におかれるのか。教育学研究でこれは本当に必要なことなのか、といった疑問がおこってくると思われる。この独特な手法は、出版年としてはこの著作より前（一九八三年）に出された『忘れられた連関（Vergessene Zusammenhänge）』（今井康雄訳、みすず書房、一九八七年）でも試みられ、一九八〇年代以降のモレンハウアー教育学を特徴づけるものになっている。したがって、本書を日本の読者によりよく理解してもらうためには、本書が意識的にとっているこの方法について戦後ドイツ教育学・教育科学の方法論上の流れも考慮したうえで解説する必要があるだろう。

いま『忘れられた連関』を「出版年としては前に出された」と書いたが、この方法を本格的に試みた最初の論稿が、実は、本書第二章の「未知の領域を探検する——一五世紀イタリア・ルネサンス絵画の陶冶論的解釈」なのである。これはまずドイツの『教育学雑誌（Zeitschrift für Pädagogik）』に発表された。テオドーア・シュルツェは、掲載された当時の反響を回顧し、「誤った試みか奇妙で突飛な思いつきのようにみられ、その題名『未知の領域を探検する』はなにか言いわけめいた正当化のように思われた」と記している（Schulze 2010, S. 530）。当時のドイツ教育学界にいかに特異な印象を与えたかがよくわかる。しかし、シュルツェもすぐ補足しているように、その後のドイツの教育研究に与えた影響は決して小さいものではなかった。シュルツェ自身、一七、一八、一九世紀における教育関係の変遷について図像資料を用いて研究しているし（Schulze 1993）、ディーター・レンツェンの『子ども期の神話学（Mythologie der Kindheit）』（Lenzen 1985）、コンラート・ヴュンシェの写真分析とその方法論的考察（Wünsche 1998）、ミヒャエル・パーモンティエやアンドレアース・グルシュカからのレンブラント、ヤン・ステーン、シャルダン、フリードリヒなどに関する教育思想史的な個別研究が続いている。さらにまた、ベルリンの教育史研究図書館（Bibliothek für Bildungsgeschichtliche Forschung: BBF）には教育に関する図像資料のインターネット・アーカイヴ（Pictura Paedagogica Online）が設けられ、ドイツ教育科学学会（Deutsche Gesellschaft für Erziehungewissenschaft: DGfE）の大会や、その「質的研究（Qualitative Forschung）」を専門とする研究部会（Kommission）の研究発表でも図像分析は珍しいものでなくなりつつある。モレンハウアーの図像分析の方法論を検討することは、最近のドイツにおける教育研究の展開を理解することにも通じるのである。

1　なぜ図像解釈なのか？

図像を考察対象とする研究は一見すると教養主義的な印象を与えるかもしれない。しかし、これは決してモレンハウアーの**趣味**に基づくものではない。長い研究生活の末に選びとられた**方法論的立場**である。このことを理解するためには、モレンハウアーの研究の歩みを方法論的観点から振り返ることが必要となってくる。

モレンハウアーはベルリンで一九二八年、少年刑務所の教育者だった父親の下に生まれた。ゲッティンゲン教育大学（当時）で学び、二年間小学校教員を務めた後、ふたたびハンブルク大学や精神科学的教育学の伝統色濃いゲッティンゲン大学で教育学、哲学、心理学、社会学などを学ぶ。エーリヒ・ヴェーニガーのもとで博士論文「産業社会における社会教育の諸起源（Die Ursprünge der Sozialpädagogik in der industriellen Gesellschaft）」で学位を得た後、テオドーア・シュルツェとともにヴェーニガーの助手を務める。その後、ベルリン自由大学、ベルリン教育大学（当時）、キール大学、フランクフルト大学で教え、一九七二年から一九九六年の退職までゲッティンゲン大学教授を務めた。研究領域は一般教育学と社会教育学。どちらの領域でも戦後ドイツ教育科学研究を方向づける研究を展開した教育学者だが、とりわけ戦後ドイツの社会教育学の確立に寄与した功績は大きいとされている。学位論文にあらわれているように、モレンハウアーの元来の関心は施設の少年や社会で労働する青年の社会教育的問題にあり、ハンブルク大学の学生時代からすでに社会教育実践にも関わっていた。六〇年代〜七〇年代の改革に向けた社会状況と、そうした関心から、モレンハウアーはヴェーニガーから受け継いだ精神科学的教育学の伝統に社会科学的思考を積極的に導入することになる。すなわち、教育行為を意識や精神の問題としてだけでなく、社会における複合的な現象としてみる視点を教育科学研究にもたらし、戦後ドイツ教育科学のいわゆる「現実主義的転換」に寄与し、批判的教育科学の推進者の一人とみられることになった。シカゴ学派のミードらのシンボリック相互行為論、バーンステインの社会言語学、ブルデュー再生産論を導入して教育過程を分析した『教育過程の理論（Theorien zum Erziehungsprozess）』（一九七二年）はそうした時代の代表作であり、たとえば、ノールの「教育関係（Pädagogischer Bezug）」を「教育領野における相互行為（Interaktion im pädagogischen Feld）」へ言い換えて分析したところに、精神科学的教育学から批判的教育科学への転換を促したとされるモレンハウアーの仕事の意義が表れているといえよう。

しかし、その後、モレンハウアーは自らも主導した社会科学理論の導入を批判的に捉え返していく。すなわち、モレンハウアーは、社会科学のモデルやタームの導入によって教育行為を社会的条件下で捉えることができるようになった半面、教育学特有の問題設定を見失わせることになりかねない事態を危惧したのである。教育が次世代に対して生活形式と文化との取り組みを求める実践行為であり、しかも大人世代がかつて生きた取り組みを前提になされる実践であるという単純な事実とその具体的様相が、一般的な社会科学的理論やタームの導入によって忘却されてしまうと考えるようになったのである。こうした反省の背後には、フランクフルト学派と学生運動が最盛期にあった頃のフランクフルトで経験し、家族も巻き込んでしまったある社会教育実践の帰結と理論研究とのあいだに生じたズレという苦い経験があったようである。詳しい事情はモレンハウアーの自伝的回想（Mollenhauer 2006）を参照してほしいが、それによればこの経験から次のようなことを学んだという。「ミクロ社会的ディテールとマクロ社会的パースペクティヴはたがいにはげしくぶつかり合うか、互いにすれ違う。これが社会教育の一般理論を不可能にする。一方で政治的な状況拘束性を受け入れつつ、他方で青少年の八方ふさがりのなかでの自己発見の努力を教育学的に評価しようと欲するのであれば、大廻りの回り道が必要不可欠である」（Mollenhauer 2006, S. 153）。この実践と理論のあいだにある対立は一般教育学においても当然妥当するだろう。興味深いのは、モレンハウアーがこの対立を**調和的連続性**へもたらそうとしたところに自分の誤りがあったと告白し、理論は理論としての役割に自己限定すべきであり、実践との「調和的連続性」を得られるという期待をもって隣接学問に助力をもとめるのは理論的禁欲からの逃げでしかないとした点、理論と実践を直接的にではなく、「大廻りの回り道」を経て関係づける重要性を指摘している点である。この「大廻りの回り道」こそ、八〇年代以降、絵画・版画をはじめとする芸術作品や自伝的文学や自伝や日記といったビオグラフィー的資料との取り組みであったと考えてよい。それまでの一般教育学研究が古典的テクストやさまざまな法令、統計資料、そしてせいぜい書簡といった言語テクストに依拠していたことを考えると、これは破格に実験的である。それは、学問、科学、公的機関の外部で記録された教育経験をあえて考察対象とするからである。しかし、これはあくまでも、マクロな社会分析をテーマとする社会科学的研究を前提としたうえで教育という相互行為の具体的様相を考察すること、換言すれば、**社会的条件下における教育経験の質的記述**を目指すものであり、このことを通して、**近代教育のミニマ・モラリア**を、そして**教育学特有の問題設定**（pädagogische Fragestellung）や、教育行為の前提としての大人の自己形成観を問う**陶冶論的問題設定**（bildungstheoretische Fragestellung）を「回想（Erinnern）」しようとする試みであることを忘れてはならない。モレンハウアーは『忘れられた連関』において、教育学を、集団的であれ個人的であれ、その教育経験の回想を助ける学問的営みと規定したが、そのための重要な資料が図像であり、自伝であり、自伝文学をはじめとする芸術的媒体の分析だった。

さて、モレンハウアーによって切り開かれたこの新しい研究方向は、先にも述べたように、その後さまざまなメディア（たとえば写真や映画など）も対象とするようになり、ひとつの研究領域をかたちづくっている。制度的には、生活誌研究（Biografieforschung）とともに「質的研究（Qualitative Forschung）」の一角を占め現在に至っている。質的研究の動向を概観すべく、分厚いハンドブックも一九九七年に出版され（Handbuch Qualitative Forschungsmethoden in der Erziehungswissenschaft, Weinheim/München, 1997）、二〇一〇年には増補改訂された第三版が出された。いずれの版でも図像分析の項目が所収されている。ちなみに一九九七年の第一版の執筆者がモレンハウアーである。二〇一〇年の増補改訂版で、モレンハウアー亡き後この項目を引き継いだのは、助手時代からの盟友（といってよいだろう）テオドーア・シュルツェ。いうまでもないことだが、図像分析を中心とする質的研究のすべてがモレンハウアーを起源とするわけではない。たとえば、写真やフィルムといった画像分析はメディア論や最近の「画像科学（Bildwissenschaft）」（「形象学」の訳もある）から大きな刺激を受けている。しかし、教育科学研究における図像分析の道を切り開き、その方法論的基礎づけを試みた重要な人物の一人がモレンハウアーであることには変わりない。したがって、以下では、この『教育科学研究における質的研究法ハンドブック』の第一版所収のモレンハウアー論文と第三版所収のシュルツェ論文に依拠しながら、彼らが展開した教育科学研究における教育学的図像分析の可能性を考察することにしたい。

2　図像解釈の前提としての一般解釈学

モレンハウアーは図像解釈も基本的には言語テクストの解釈と同様、解釈学的手法に基づくという立場を取る。したがって、シュライアマハー、そしてディルタイの解釈学の伝統に則って、図像を対象とした「理解を方法的に統御する方法」とまずは図像解釈を規定する。すなわち、ある図像がもつ日常的－実利的レベルの意味や制作者の意図を越えた意義を方法的に把握しようとするものであり、具体的には解釈対象が作者の生きた歴史的－文化的環境とどのような関係にあったかを考察することになる。ここが「理解の方法的制御」に関わる部分である。たとえば、それは、ある絵画をその時代その文化圏における絵画文法ないしは記号システムの規則との関係において理解することを意味する。しかし、この「理解の方法的統御」の段階では、まだある特定の絵画の意味と意義を理解したことにはならない。なぜなら、ある時代の絵画記号システムの一事例としてしかその作品を把握していないからである。たとえば、本書で挙げられた例を使えば、ピエロ・デッラ・フランチェスカの「キリストの鞭打ち」は、たしかにイタリア・ルネサンスの中心遠近法という規則の見事な一例であるし、その細部のリアルな描写は初期フランドル派の様式の影響下で理解できるかもしれない。また、当時の生活慣習（たとえば服装や髭など）や西洋伝統の象徴表現の知識も不可欠である。だが、ピエロのこの作品が個として示す意味はそれだけで理解されるわけではないのだ。すなわち、システムや構造を越え逸脱するところにこそ、その作品の意味や意義は宿る。ないしは、そういう作品であればこそ、分析に値するのである。では、この逸脱の部分に接近するためにはどうしたらよいのか。モレンハウアーは制作者のパースペクティヴになるべく接近することを挙げる。具体的には、制作者の自伝、書簡、同時代人の証言、すなわちビオグラフィー的資料を駆使してその逸脱の意味するところへ肉薄すること、である。たとえば、ピエロの「キリストの鞭打ち」の例でいえば、この絵の右に描かれた三人組の真中の若者、すなわちこの絵が贈られた人物フェデリーコ・ダ・モンテフェルトロの息子で、人文主義的教養を身につけ将来を嘱望されていたものの若くして亡くなったブォンコンテの「視線の意味」を把握しようとするときがそうである。しかし、本論文中でもそうだったが、この逸脱や破格の意味を最終的に確定することはできない。つねに「解釈」にとどまる。モレンハウアーはこの事態をシュライアマハーにしたがい「予言的（divinatorisch）」と形容する。シュライアマハーは、牧師ならびに神学者として聖書解釈を、そしてプラトンの翻訳を行った立場からも、解釈の問題に真剣に向き合わざるをえなかった。その結果、文化所産の解釈を考察する一般解釈学の端緒を開くことになる。モレンハウアーはこの理論的伝統に自らを接続させる。第五章の「教育解釈学への注釈」でも詳しく論じられていたように、シュライアマハーは解釈を「文法的」努力と「心理学的」努力の二段階に分けた。モレンハウアーは、前述の「方法的制御」の第一段階、すなわち、その時代その文化圏のシステムや構造や規則に準拠し対象を理解する段階を「文法的」努力に相当し、個性把握の第二段階を「心理学的」努力に相当すると考え、シュライアマハーの次の言葉を引用する。

「どんな発話も二重の関係を、すなわち言語全体への関係とその発話者の思考全体への関係をもつ。すべての理解もまた同様に二つの契機から成っている。すなわち発話を言語から取り出されたものとして理解する契機と、発話を思考の事実として理解しようとする契機とからである……。理解とは、この両契機（文法的契機と心理学的契機）の共在でしかない」（Schleiermacher 1977, S. 77 u. 79 aus Mollenhauer 1997, S. 249）。

3　図像解釈の特殊性

しかし、モレンハウアーは一般解釈学の大枠に準拠しつつも、そこにとどまるわけではない。理由は、シュライアマハーにせよディルタイにせよ、一般解釈学の対象が言語テクストに限定されるからである。ここで問題とすべきは図像の解釈である。そこには一般解釈学の枠に収まらない特殊性がある。

では、その特殊性とその把握はどう考えられるべきなのか。この問題を考えるときにまず参照されるのが、二〇世紀初頭アビ・ヴァールブルクにはじまり、その後エルヴィン・パノフスキーによって理論的彫琢を施された「イコノグラフィー（図像学）」および「イコノロジー（図像解釈学）」の理論伝統である。これは、現在では一般に、様式史と並んで美術史研究の支柱を成すとされる重要な研究法とされている。モレンハウアーが本書第二章の本文中で、シュルツェも前掲論文中で、詳しく解説しているように、パノフスキーは図像解釈を三つの次元に分節した。まず「前イコノグラフィー的記述」。これは眼に見える事物や人物の把握の、もっとも自然的な次元であり、たとえばある絵が「一人の若い女性が赤ちゃんを抱いている」と記述できるような段階である。次に、そのように観察された人物や事物が示す意味や寓意を、伝統的象徴法、物語、神話、宗教、歴史的文脈などを参照しながら解釈する「イコノグラフィー分析」がくる。この段階で先の絵はようやく幼子イエスとマリアの「聖母子像」であることが突き止められ、さらにその「聖母子像」自体がもつ個性が解明される。ここまでがふつう個別的美術史研究の中核を成している部分である。しかし、その先にさらに三段階目として「イコノロジー（図像解釈学）分析」が想定されている。この「イコノロジー」という術語自体は、シュルツェによれば（Schulze 2010）、ヴァールブルクが一九一二年ローマで行ったスキファノイア宮殿の壁画に関する有名な講演ではじめて使用された。この分析レベルが目指しているのは、イコノグラフィー分析のようにある個別作品の意味や意義の同定ではない。同時代のさまざまな図像表現やテクストとの関係を探るところからみえてくる時代精神や、同じ主題（たとえば「パトス」）に属する表現や視覚シンボルの変化・変遷に表れる精神や理念の変化である。換言すれば、イコノグラフィーでは個々の図像はそれ自体が解釈対象になるのに対し、イコノロジーでは個々の図像は意味や理念の担い手とみなされ、精神史的連関が考察されるのである。

しかしその後、とくに一九八〇年代に入ると、パノフスキーによって洗練されたこのイコノグラフィーおよびイコノロジーの方法論は、数多くの研究成果をあげたものの、ロゴス中心主義的であるとして批判されるようにもなる。絵画を理解するため言語資料に大幅に依存し解釈するからである。たとえば、画家でもあったマックス・イムダールは言語文献や概念的な認識枠組みに依拠する解釈によっては図像独自の意味構造の解明にはつながらないとした。イムダールは、図像の形式構造の厳密な把握を重視することで図像独自の意味を把握する直観方式を「イコーニク（Ikonik）」と名づけ、イコノグラフィーおよびイコノロジー研究に一石を投じることになる。これはパノフスキーが「前イコノグラフィー的記述」と呼んだ段階を重視することを意味する。モレンハウアーも八〇年代初期に出された本書で、もうすでにイムダールに依拠しつつ、このレベルの分析を行っている。具体的にそれは、ピエロの「キリストの鞭打ち」の解釈の第一段階でなされた分析（遠近法や平面幾何学に基づく画面構成の意味の記述分析）に相当する。言語資料に基づく解釈（「イコノグラフィー分析」）には還元できない図像独自の意味を把握するこの段階は、それゆえ、図像解釈の特殊性が際立つ段階である。シュルツェもこの段階を重視し、線状的に理解が進行せざるをえない言語テクストの読解と比較し、視点が部分と全体を縦横かつ循環的に往還し、形式の意味の更新が進行する動的過程にその特性をみる。シュルツェは、さらに、このレベルの記述分析に際し、留意すべき点を三つ挙げ、方法的洗練化を図っている。すなわち、「事物の意味」（描かれている対象の記述）、「表現的意味」（その対象の描画上の表現特性）、「形式の意味」（遠近法や場の演出法や光や配色の分析）である。これは具体的な方法的提案として重要である。もっとも、シュルツェも補足しているように、「事物の意味」の把握は、それを正確に実行しようとすればするほど、限りなくイコノグラフィー分析に接近していくため、「前イコノグラフィー的分析」でのもっとも特徴的な記述と分析は、対象がどのような感覚質や感情価をもって描かれているか、すなわち「演出＝インスツェニーレン（inszenieren）」されているかを記述する「表現の意味」の段階と、図像の構図や構造を決定している「形式の意味」に関する段階である、と考えた方が適切だと思われる。モレンハウアーは、この言語情報に還元できない図像解釈レベルで起きている事態を次のように述べている。

「図像を通して教育と陶冶について何かを知ろうとする者は、すでにカテゴリー的に整序された注意力、したがってその「悟性概念」にしたがう。そして、多くの場合、彼はイコノグラフィー的に具象的な図像記号を歴史的知識のもとに（「背景の鏡」は何を意味するのか）、そして概念的分類のもとに（鏡＝「アイデンティティ問題」に関係する）組み込もうとする。これに対し、現象学的眼差しは（これはセザンヌ以降の画家とおよそ時を同じくして生じた）、まずは図像を「図像」として理解しようとする。すなわち、教育学者に選び取るのが難しい回り道を試みるのである。この回り道、だが、かなり生産的かもしれないのだ。たとえば、美術史家のG・ベームとM・イムダールが示しているところによると、もし同時代の者が現象学的注意力をもって現代画家に対面するならば（たとえばBoehm 1993, Imdahl 1986）、自分自身の陶冶についても、それゆえ現代陶冶論の構成要素についても、新しいことを経験することができる。「現象学的」ということは、図像の「読解」の過程でその対象を解釈しながら向き合う者の感性活動に関し、何が生じているのかが解明されねばならないということを意味する。そのとき突如として、「子どもっぽい」なぐりがきのようなサイ・トゥオンブリの図像が第一級の陶冶論的資料になる。したがって、教育学的問題を、イコノグラフィー的解釈学と現象学的解釈学のあいだで、規定的悟性概念と反省的判断とのあいだで、たえず媒介させねばならないということ、このことはこの分野で研究しようとする者なら誰も避けて通れないと推測される」（Mollenhauer 1997, S. 254-255）。

言語テクストの理解をモデルにした一般解釈学、そしてその助力のもとで遂行されるイコノグラフィー分析、これらは図像解釈において重要な構成要素ではある。しかし、さらに重要なのは、図像の意味を図像自体から取り出す解釈であり、そのためには「現象学的眼差し」と記述が必要だというのだ。「イコノグラフィー的解釈学」と「現象学的解釈学」、カントの用語に換言すれば、「規定的悟性概念」と「反省的判断」のあいだを媒介するような方法的態度が求められる。これは図像の形式的側面の「濃密な記述（dichte Beschreibung）」（モレンハウアー）として現れる。すなわち、内容規定的な学問的術語や理論的枠組みを可能なかぎりいったん括弧にくくり、私が見ている事態と反省的に向き合うこと（比喩的に言えば「見ることを見ること」）、その上でその対象が分析者に及ぼす作用を適切に表現する言葉を探索しつつその内的過程を記述し、最後に、その成果を言語資料に基づくイコノグラフィー分析へ媒介すること。これは、現在、さまざまなかたちでなされているドイツにおける質的経験研究のもっとも成功した事例に現れている特徴でもある。そして、ここであらためて、教育研究を行う際にわざわざ芸術媒体を取り上げる理由もよりいっそうはっきりしてくる。すなわち、芸術媒体は、社会科学的な理論やターム（「規定的悟性概念」）に還元されない教育経験の質・様態を把握することを分析者に促すのである。そしてさらにそれが理論的分析と関係づけられることで、社会学や心理学の理論枠に収まらない相互行為としての教育を、より適切かつ客観的に「回想」することが可能になる。ところで、この「濃密な記述」の重要性への自覚は、われわれの学問でも学校教育においても著しく欠けているのではないだろうか。

4　教育学的図像解釈へ

さて、以上がモレンハウアーの拠って立つ図像解釈方法論の概要である。だが、もうひとつ最重要な問題が残されている。この図像解釈が教育研究に寄与すべき**教育学的図像解釈**であるための条件の考察、すなわち、どのような図像が解釈の対象とされ、どの程度集められ、どのように互いに関係づけられるべきかという問題である。モレンハウアーはこれについてもハンドブックのなかで詳細に検討している（Mollenhauer 1997, S. 253ff.）。まず、どのような主題の図像が解釈の対象とされるべきか、という問題について。モレンハウアーは三つのテーマ圏をあげている。⑴子ども、少年少女など若い世代の肖像、⑵若い世代と大人世代の関係（家族、母子関係、父子関係、教師－生徒関係など）を描いた図像、⑶大人自身の世界観や自己理解を描いた図像（肖像画、自画像、抽象画など）である。また、別の分類の仕方にしたがえば、人間の身体に関する図像（本書第四章のレンブラント「トゥルプ博士の解剖」がそうである）、相互行為に関する図像、教育関係に関する図像（たとえばSchulze 1997）、教示というテーマをもつ図像、となる。

子どもや世代間関係や教育関係、学校場面を描いた図像などは問題ないだろうが、おそらく違和感を感じさせるのは⑶の大人自身の世界観や自己理解をテーマとした図像であろう。たとえば、第二章のピエロの「キリストの鞭打ち」がこれに当たる。前掲論文では、フリードリヒ「海辺の僧侶」（一八一〇年）やマネの「フォリー・ベルジェールの酒場」（一八八二年）なども例として挙げられている。なぜこうした図像をあえて取りあげるのか。これはモレンハウアー教育学の本質的な点に深く関わってくる問題なので慎重に考えてみたい。まずモレンハウアーの言葉に耳を傾けてみよう。

「最後に、はっきりと教育的状況が描かれている図像のみが教育的関心をもっていると考えるべきではない。教育科学に属するものとして、教育する世代である大人が自分自身をどのように見ているかという問題もある。われわれは、教育する者として、自分なしに済ますわけにはいかないし、それゆえ必然的に自分自身の生の構想を持ち込まざるをえないのだ。このことに伴い、教育科学的分析にとって関心を引く図像の種類も拡大される。すなわち、われわれ教育する者が自分自身を好んで文化的文脈に位置づけるその仕方を（好まない仕方も）視覚形式で提案している図像もまた対象になるということである。その卓越した例が、C・D・フリードリヒの「海辺の僧侶」（一八一〇年）やマネの「フォリー・ベルジェールの酒場」(一八八二年) であり、小さい子どもと大人の領域のあいだの関係が表現されているO・ディクスの乳児の絵 (一九二七年) などもやはりそうである (D. Lenzen 1993が例示的解釈を施している)。こうした絵に描かれている大人の視線は、自分の世界だけでなく、後継世代にも向けられるのであるから、当時最新の図像が表す世界との取り組みは、教育科学研究の必然的な構成要素であるといってよいだろう。われわれの文化がわれわれに供給する図像形式を理解するならば、われわれはわれわれ自身をよりよく理解するだろう。われわれは図像制作者を理論家より軽視すべきではないのだ」(Mollenhauer 1997, S. 252-253)。

教育が世代間における文化伝達を主たる目的とする非対称的相互行為であるからには、その大人自身が文化実践や生活形式をどう営んでいたのか、その際の他者への眼差しや関わり方にどんな特徴がみられるのか、という問題は、教育科学的考察の前提を成すというわけである。そして、なによりも大人自身もかつて子ども・若者として社会のなかで自己形成してきた以上、その軌跡やその際の生の「構想 (Entwurf)」を教育する立場になってもその前提としているはずである (肯定するにせよ、否定するにせよ、意識的であれ、無意識的であれ)。したがって、厚みをもった教育研究を行うためには、この事態に関係する事柄を描いた図像をやはり取り入れねばならないとするのだ。これは、明らかに「陶冶論 (内容的に訳せば人間形成論ないしは自己形成論)」(Bildungstheorie) の伝統に立つ実にドイツ的な考え方である。

周知のように、近代的な意味での陶冶論は、キリスト教的伝統に由来する「イマーゴ・デイ (imago Dei)」や「キリストのまねび」に基づいていた形成論が、啓蒙主義以降、ヘルダーやヴィルヘルム・フンボルトらによって近代的主体の形成論に変換されることで成立した。それ以降、ドイツ教育学においては「陶冶 (自己形成）（Bildung）」と「教育（Erziehung）」は区別され、その上で関係づけられることになった（現代ドイツの教育学の入門書・教科書を検索してみればわかるように、教育学・教育科学入門と陶冶論入門は別立てとなっている）。この伝統にモレンハウアーも接続しているのだが、さらに『忘れられた連関』で明らかにされた重要な点は、この陶冶過程の軸となる「自己」や「アイデンティティ」や「個性」なるものが実体ないしは核として存在するのではないこと、事実として存在するのは行為主体（いわば主語）としての「私（Ich）」が世界と取り結ぶさまざまな関係性（行為、いわば動詞）だけであるとする点である。しかし、行為するためにはその複雑性を縮減する必要がでてくる。すなわち、これらの関係性をまとめあげる像が必要となる。これが自己の「構想」といわれるもので、「自己像」とも呼ばれる。こうした意味で自己や個性やアイデンティティは「フィクション」だとされるのだが、重要なのはこのフィクションこそが陶冶過程を作動させる点である。モレンハウアーは陶冶過程に関わる教育の営みと経験をよりよく回想することを教育学ないしは教育科学の課題としていた。そうすると、この課題を遂行するためには、この陶冶過程に**事実として組み込まれているフィクション（ないしは反事実性）としての自己**をもっともよくドキュメントしている自伝や日記や自伝的文学、そして図像を対象とする研究が必要になってくる。なぜなら、一九世紀以降、教育学を支配することになった「実証科学」（たとえば教育心理学や教育社会学）の精神は、当然ながら理念ではなく「事実」を解明しようとする基本的性格をもつので、この自己のフィクションをフィクションとして原理上扱えないからである。教育学の実証主義化の結果、陶冶過程は発達や学習の結果、事実へと還元され、発達研究や社会化研究に置き換えられていくことになった。これはこれで、いうまでもないが、教育研究の進展ではあるものの、そのことによって現実的条件と自己の「構想」との複雑な関係性は忘れ去られることになってしまった。モレンハウアーが一九八〇年代以降に取り組んだ問題は、実証科学的アプローチで忘れ去られたこの陶冶の本質部分を思い出すこと（Erinnerung）、しかしエッセイにとどまるのではなく（モレンハウアー自身はエッセイ風と自己規定しているが）、可能なかぎり客観性を担保できる学問的な手法で考察することである。教育学的図像解釈であっても、まずはこの大人の生と自己に関わる「構想」をドキュメントしている図像を考察対象の範囲に取り込むべきとするモレンハウアーの提案は、こうした背景があってのことである。

もちろん、最終的に教育研究に寄与するためには、こうした陶冶論的図像解釈が教育行為の問題と関係づけられねばならない。その意味では、本書第二章の「未知の領域を探検する」は、モレンハウアー自身認めているように、まだその途上にあるといわざるをえないかもしれない。ただし、その後の陶冶論的図像解釈、たとえば『忘れられた連関』のいくつかのものや、最終講義となった「個性と自律に関わるいくつかのフィクション――芸術作品による陶冶論的教示――（Fiktionen von Individualität und Autonomie. Bildungstheoretische Belehrungen durch Kunst）」（Mollenhauer 2000）では、この関係づけがよりはっきり出てきているように思われる。いずれにせよ、この問題のさらなる展開はわれわれに残された課題といってよいだろう。

さて、次に、どの程度の量の図像を集めなければならないか、という問題に移ろう。図像解釈の研究はあくまでも質的記述を目指すものであり、量的実証研究ではないので、大量の図像を対象にすることはない。しかし、もし、既存の仮説（たとえば「子ども期」の表象は近代になって成立するというアリエス以来の仮説）を反駁し、一三世紀にすでにその表象が誕生していたという新しい仮説を提示する場合、ひとつの図像の質的分析だけからでは、その客観性は保証されないし説得性を欠く。そこで、同じ時代、同じ地域、同じ主題（肖像画か、家族画か、教示場面の相互行為の絵か）、同じメディア、同じ使用目的の図像をなるべく多く集め、比較することが求められることになる。

シュルツェも他の図像との比較分析を重視し、この比較がとくにイコノロジー分析段階では重要になってくることを指摘している。シュルツェによれば、根拠を欠いた選択に基づく図像解釈を行う者は、いわば、猟銃の前に現れた獲物をとっさに撃つだけの「図像の森の未開人」であり、当たったものが狙いと違ったり、たとえ狙い通りだったとしても偶然に過ぎなかったりしてしまう。「教育学的イコノロジー」（シュルツェ）は、教育学的に重要な「主導表象」（諸表象をまとめあげる力をもつ表象のことで、シュルツェはこの形象化されたものを「イコン」と呼ぶ）が時系列的に示す展開過程を、さまざまな図像を対象とすることで方法的に把握するべく次の四段階をあげている。すなわち、⑴鍵となる人物像、鍵となるモチーフの確定、⑵時系列的展開過程の解明、⑶対抗図像による輪郭づけ、⑷より大きな連関への組み込みである。⑴は教育学的に重要な集合的主導表象（たとえば「子ども期」）に直接関係する具体的人物（たとえば「母親」と「子ども」）やモチーフ（たとえば両者の相互行為に現れる「指差し」や「眼差し」や「身振り」など細部のこと）を選び、さまざまな図像でそれを確認する段階である。⑵は集合的表象の歴史的展開を考察するため、特定の人物像やモチーフを共有する図像を時系列的に集め、鍵となる図像を中心に「鍵図像群」を形成する段階。⑶は⑵で形成されてくる展開過程の仮説をより説得的にする段階だが、それは、この仮説に矛盾するか、もしくは合わない図像を探し出し「対抗図像群」を形成し、その主導表象を明らかにすることで、間接的に「鍵図像群」の特徴づけを行うことである。だが、「鍵図像群」であっても「対抗図像群」であっても、そのなかの個々の図像は互いにゆるやかに結びつけられているに過ぎない。このゆるやかな連関を強固にするため、当該図像の制作に関する情報や当時の教育学的言説、理念、実践との結びつきが探られる。これが⑷の段階である。ここでようやく「教育学的イコノロジー」は終わる。

(4)まで至った(すなわち「教育学的イコノグラフィー」ではなく「教育学的イコノロジー」まで至った)例としては「教育的カップルのイコノロジー的考察(Ikonologischen Betrachtungen zur pädagogischen Paargruppe)」(Schulze 1993)をはじめとするシュルツェ自身による諸研究やレンツェンの研究が挙げられるだろうが、そう数が多いわけではない。たとえば、本書第四章「実見された肉体―レンブラントの解剖画とそれにかかわるいくつかの問題」では、レンブラント「トゥルプ博士の解剖学講義」を、それに先行する同じ主題をもつアンドレアース・ヴェサリウスの解剖学書の挿絵や当時の解剖学劇場の版画、さらには図像ではないもののゲーテ『ヴィルヘルム・マイスターの遍歴時代』の解剖場面とを比較分析し、レンブラントがデカルト的な科学的身体観と異なる身体観をもっていたことが結論として述べられてはいた。しかし、この身体観が当時の教育論や教育思想とどう関係していたかについては、最後にコメニウスとの関係が示唆されるにとどまっているだけである(もっとも、その後この絵の解釈はミヒャエル・パーモンティエに引き継がれ、コメニウス教育思想との関係がより深く追求されている)。教育学的図像解釈は、したがって、多くの場合、互いに独立している星々を現在の地球から「星座」として描くのと似た試みにとどまらざるをえないものなのかもしれない。星々の実際の関係を説得的に展開することはかなり幸運なケースでのみ可能なのかもしれない。

いずれにせよ、しかし、このように、教育学的図像解釈はそのエッセイ風の外見とは異なり、実は用意周到な準備を必要とする骨の折れる精神史的試みなのである。

5　おわりに

最後に、もう一度冒頭に触れたドイツ教育科学研究の現状と図像解釈研究との関係に戻り、このコメンタールを終えることにしたい。

二〇一二年三月一一日から一四日の期間、オランダ国境に近いヴェストファリア条約ゆかりの地オスナブリュックでドイツ教育科学学会（Deutsche Gesellschaft für Erziehungswissenschaft）の大会が開かれた。ＤＧｆＥの大会は二年に一度の開催のため大規模な大会となるが、今回も参加者二〇〇〇名以上、企画（一般発表、ワークショップ、シンポジウム、講演、研究部門・部会の集会、公開討論など）も二〇〇を越えた。大会テーマは「教育科学の越境（Erziehungswissenschaftliche Grenzgänge）」。ヨーロッパ通貨統合や新自由主義を背景に一九九〇年代後半はじまった大学改革および科学振興政策の推進、二〇〇一年「ＰＩＳＡショック」に連動するさまざまな教育改革の試みやそれを背景とした教育科学研究の構造変化を反省的に捉え返し、これからの方向性を模索する大会となった。「教育科学研究の構造変化」をここで具体的に示すことは差し控えるが、このテーマにあるようにさまざまな方法論や隣接学問（社会学や心理学）からの影響の下、「経験的研究」への傾斜を強めてきていると総括できる。また、日本と同様、教育科学の隣接学問でさえなかった脳科学や神経科学など「エヴィデンス・ベイストゥ」な「量的研究」が教育研究にも参入し政策決定に大きな影響力を及ぼしている事実も教育科学学会内部に大きな変化を促した背景となっている。ＤＧｆＥは、教育史、一般教育学、比較教育学、実証的教育研究、学校教育学、特殊教育学など一三の専門部門（Sektion）に分かれているが、教育哲学研究、教育思想研究、陶冶論研究を領域とする第二部門（一般教育学）でさえ、生活誌研究など「質的経験研究」が主流となりつつある。これは、古典的テクストを教育学的ないしは陶冶論的観点から現代的に解釈するといった従来の研究から、生活誌的資料（自伝、自伝的文学、書簡、日記など）、授業プロトコール、インタヴューなどを対象とした、行為者の意味世界における解釈範型を再構成することへと移行している結果とみることができる。

もっとも、この傾向はすでに七〇年代半ばから始まってはいた。これは、その後、研究の「現実主義的転換」とか「日常への転換（Alltagswende）」と呼ばれていたもので、相互行為過程における行為主体の解釈範型、行為の方向定位、現実の相互行為の構造などを解明しようとしたものだった。その方法的中核を成す概念が「理解」概念である。具体的には、理解社会学、知識社会学、シンボル的相互行為論、現象学、批判理論、エスノメソドロジーなどの方法論に刺激を受け展開された。したがって、精神科学的教育学の解釈学的伝統との親和性も低くはなく、この伝統はこれらの社会科学的思考によってふたたび生気づけられる結果となったともいわれる（Friebertshäuser/Langer/Prengel 2010）。この観点からすると、モレンハウアー、ヴュンシェ、シュルツェの世代によって切り開かれた教育学的図像解釈は、大きくいえば、この戦後ドイツ教育科学の展開のなかに位置づけられるるのだが、先にも述べたように、その過度な社会科学化を批判する形で展開されたものでもあった。これに対し、最近の一般教育学の質的経験研究への変化は、これもすでに述べたように、一九九〇年代後半以降の教育学・教育科学を取り巻く環境変化、すなわち、大学改革に伴う教育学部再編問題や政策決定における量的実証研究の優勢という新たな状況下で進められており、こうした風潮に対する教育科学および陶冶論からの防衛的対応という性格を強くもっているように思われる。つまり、モレンハウアーたちの世代とはまた少々異なる環境下で教育学的図像解釈が展開されているのではないだろうか。この違い、どのようにみたらよいか。

まず、指摘されねばならないのは、質的な経験研究一般が活況を呈しているとはいっても、そのなかに位置づけられる教育学的図像解釈が必ずしも同じように盛んに展開されているわけではない点である。今回の大会では、たしかに、二日目（一二日）の午後、一般教育学部門に属する研究グループが「絵画と写真における教育学的反省（Pädagogische Reflexionen in Malerei und Fotografie）」と題し、五組の研究発表を行っていたが、これは図像解釈研究の活況とすぐ結びつくわけではないようなのだ。図像解釈研究の近年の動向について報告しているラルフ・ボーンザック（Bohnsack 2003）によれば、質的経験研究のほとんどが言語テクスト資料を対象とするもので、図像解釈研究は、写真やフィルムの分析も含めたとしても、決して多いとはいえないという。この研究分野自体、すでに教育科学研究のなかで市民権を得ているのではあるが、まだまだ少数派なのだ。

ボーンザックはこの言語テクスト中心主義の背景に、言語による世界構成という「言語論的展開」以降の認識論的前提が大きく関与しているとみる。しかし、認識が図像イメージに媒介されてもいる（ないしは、されていた時代もあった）ことがさまざまな研究によって明らかにされつつある現在、「図像イメージを通した認識」の特殊性を承認することが教育研究においても急務であるとする。いわゆる認識論における「イコニック・ターン」（G・ベーメ）、「ピクトリアル・ターン」（ウイリアム・ミッチェル）の問題である（もっともこの標語の意味するところはさておき、その受容のされ方は、インターネットなどＩＴ技術によって画像がこれまでになく膨大に流通し、かつアーカイヴ化され続けている現代的メディア状況を背景にしているため、一過性のスローガンという印象が拭えないが）。ボーンザックは、ウムベルト・エーコとロラン・バルトの記号学的考察にしたがいながら、言語記号とは異なる図像記号の意味作用の特殊性を指摘し、教育科学の質的経験研究の分野における図像解釈研究の重要性を述べる。では、ボーンザックがいう「特殊性」とは何か。これは基本的にはモレンハウアーとシュルツェが指摘した「前イコノグラフィー的分析」段階で明確になるものとほぼ同じである（ボーンザック自身もパノフスキーと

図1　アルブレヒト・デューラー「自画像」1500年

イムダールに言及し、関連づけて述べてもいる）。しかし、記号学のタームでこれを「デノテーション・レベル」で生じる「意味」「メッセージ」と規定する。これは「コノテーション・コード」の発見とそれに基づく解釈（これはイコノグラフィー分析段階）の前段階にあたる。このレベルの意味を把握することで、言語テクストや言語的に分節された意味には還元できない図像独自な意味作用が把握されることになる。バルトによれば、言語記号は明確な差異関係・対立関係に基づき、指示作用が明確で一義的な記号である。これに対し、図像の意味作用は、言語的には対立するはずの意味が共存するような、言語基準でみれば「あいまいな意味」（バルト）である。たとえばバルトが示す例をあげれば、映画『戦艦ポチョムキン』のある老女の「泣いているように見える老女」と言語的に表現できる一場面は、言語情報なしで図像を見た場合、「悲劇的」だけでも「喜劇的」だけでもなく、**両者の意味が共存しているような意味**として現れてくる。これが図像独自の意味作用である。別の例としてデューラーの一五〇〇年の自画像

（図1）を取りあげてみよう。この自画像にはイコノグラフィー的分析から「キリストのまねび」が指摘できるが、同時にこれはニュルンベルクの市民的服装をまとい画家としての自負と不安を見せるデューラー自身と重ね合わされ描かれている。この自画像の意味はしたがって、この二重性そのものにある。すなわちキリスト教的人間形成観とルネサンス的人間形成観が同時に描き込まれているところにある。この異なる意味の共存の同時提示こそが絵画の意味作用の特性なのである。イムダールも「対立を越えた意味の複合性」が図像独自の意味作用だと述べている。図像は、上でモレンハウアーもカントに依拠しつつ指摘していたように、「規定的悟性概念」の層に還元されない意味を探索する「反省」へと、言い換えれば、**鑑賞者自身の陶冶活動**へと誘うのだ。

だが、この経験が単なる鑑賞ではなく、研究にどのような意義をもたらすのだろうか。ボーンザックによれば、図像制作者は、とくに言語的意味をただ例示するだけではない図像制作者の場合、その時代、その文化で「何（was）」が教育や陶冶や生活で問題になっているかだけでなく、「どのように（wie）」問題となっているのかを示してみせる（演出してみせる）のだという。もちろん、一般的にいって、ある身振り、ある表情だけが理解されることはありえない。つねに言語によって媒介されているか、言語的に表示できる世界が同時に描かれている。だからこそ、「何」が描かれているのかをわれわれは理解する。しかし、図像独自の意味作用もこの言語記号特有の意味作用と同時にはたらき、言語の意味作用に「いかに」を重層させることでいわば屈折をもたらす。たとえば、先のデューラーの自画像の場合、キリスト教の伝統とルネサンスが人間形成に関してどのような微妙な関係を具現していたかが示されている。そこには教育や陶冶に関するその時代その社会特有の言語化＝意識化しにくいハビトゥスが現れている。ボーンザックはマンハイム知識社会学やブルデュー再生産論にも接続しながら、図像表現にハビトゥスの「ドキュメント」としての価値をみて、この解明に図像解釈の意義をおく。

ボーンザックの論稿から推察するに、おそらく現在の図像解釈研究は、モレンハウアーらがかつて行った以上に社会科学的性格の強いものとなっている。さらに現在における質的経験研究分野における図像解釈研究では、絵画や版画だけでなく写真やフィルムなども対象とし、無意識的な教育ハビトゥスを解明しようとしている。たとえば、ウルリケ・ミーツナーとウルリケ・ピラルチクが行った写真分析による八〇年代の若者文化研究などは、もっとも成功した図像解釈研究のひとつといえよう（Pilarczyk/Mietzner 2005）。彼女らは、若者が自分たちを撮ったという意味ではドキュメント的、すなわち社会実践的性格をもつが、写真展に入賞したという意味では芸術的性格も合わせもつ写真（「青少年写真コンクール Jugendfotopreis」受賞作品）を資料とし、上記に述べたような方法論を駆使することで、若者の自己理解と自己形成への身振りやハビトゥスを明らかにした。しかし、ここで気になるのは、こうした研究が社会学分野でなされている生活誌研究や美術史分野でなされているイコノロジー／イコノグラフィー研究とどう違うかという点である。ミーツナー自身も述べているように、方法は他領域でなされているものと変わるわけではない。しかし、「関心」や課題意識が異なる。教育学的・陶冶論的関心があってこそ図像解釈研究は社会科学研究でも美術史研究でもなく教育学研究となる。では、その課題意識とは何か。このとき、ふたたびモレンハウアーの『忘れられた連関』が思い起こされる。モレンハウアーは教育学の課題を、個人的集団的教育経験の「回想」を助け、その回想のなかで何が次世代に伝達されるべき価値あるものなのかを探り出すこと、そして可能ならば教育行為の原理を探り出すことにあると規定していた。もちろん、これが直接的に個別研究へあらわれてこなければならないというわけではない。だが、これが研究を推進する基本的関心となっていなければ、それは教育学研究ではなく、社会科学的な社会化研究にかぎりなく近接していくだろう。モレンハウアーは六〇年代後半から七〇年代にかけ社会科学的思考をそれまでの教育学研究に導入した。しかしその後、先にも述べたように、これと同じような問題に気づき、自伝や自伝文学や図像を対象とする研究へ向かったのだった。したがってこれは文学研究や美術史研究への単なる「亡命」ではなかったのである。すなわち、自己形成を作動させる「自己像」というフィクションと現実の入れ子関係をよりよく考察するための、そして理論と実践を媒介するための「大廻りの回り道」であり、そうした意味での「未知の領域への探検」だったのである。このことの意味をもう一度、質的経験研究が活況を呈している現在、われわれは「回想する」必要があると思われる。かつてアビ・ヴァールブルクが語っていたように、国境警備隊を恐れず「越境」を試みることは学問的営みが発展するために必要なことである。しかし、同時にそれが「亡命」となり故郷を「忘れて」しまわないためには、つねに自分の出自を思い起こすことが求められるのではないだろうか。モレンハウアーは先の自伝的回想を、理論も実践もそれが教育（学）的であるためには、「いかにして若者は自己形成へと歩みはじめるのか」という問いが中心になければならない、と結んでいる。われわれはどうやらモレンハウアー『回り道』と『忘れられた連関』からまだ多くを学ばねばならないようである。

〈引用参考文献〉

Bennewitz, Hedda 2010: Entwicklungslinien und Situation des qualitativen Forschungsansatzes in der Erziehungswissenschaft. In: Friebertshäuser, Barbara/Langer, Antje/Prengel, Annedore（Hrsg.）, Handbuch Qualitative Forschungsmethoden in der Erziehungswissenschaft, Weinheim und München（Juventa）.

Bohnsack, Ralf 2003: Qualitative Methoden der Bildinterpretation. In: Zeitschrift für Erziehungswissenschaft. Vol. 6, No. 2., S. 239–256.

Friebertshäuser, Barbara/Prengel, Annedore（Hrsg.）1997: Handbuch Qualitative Forschungsmethoden in der Erziehungswissenschaft, Weinheim und München（Juventa）.

Friebertshäuser, Barbara/Langer, Antje/Prengel, Annedore（Hrsg.）2010: Handbuch Qualitative Forschungsmethoden in der Erziehungswissenschaft, Weinheim und München（Juventa）.

Hellekamps, St.（Hrsg.）1998: Ästhetik und Bildung. Das Selbst im Medium von Musik, Bildender Kunst, Literatur und Fotografie. Weinheim und München（Juventa）.

Krüger, Heinz-Hermann/Deppe, Ulrike 2010: Erziehungswissenschaftliche Biographieforschung. In: Friebertshäuser, Barbara/Langer, Antje/Prengel, Annedore（Hrsg.）, —Handbuch Qualitative Forschungsmethoden in der Erziehungswissenschaft, Weinheim und München（Juventa）.

Lenzen, Dieter 1985: Mythologie der Kindheit, Reinbek Hamburg.

Mollenhauer, Klaus 1983: Vergessene Zusammenhänge, Über Kultur und Erziehung, Weinheim/München（Juventa）.［クラウス・モレンハウアー『忘れられた連関』今井康雄訳、みすず書房、一九八七年。］

Mollenhauer, Klaus 1986: Umwege, Über Bildung, Kunst und Interaktion, Weinheim und München（Juventa）

Mollenhauer, Klaus 1997: Methoden erziehungswissenschaftlicher Bildinterpretation. In: Friebertshäuser, Barbara/Prengel, Annedore（Hrsg.）, Handbuch Qualitative Forschungsmethoden in der Erziehungswissenschaft, Weinheim und München（Juventa）

Mollenhauer, Klaus 2000: Fiktionen von Individualität und Autonomie. Bildungstheoretische Belehrungen durch Kunst. In: Dietrich, Cornelie/Müller, Hans-Rüdiger（Hrsg.）, Bildung und Emanzipation. Klaus Mollenhauer weiterdenken, Weinheim und München（Juventa）.

Mollenhauer, Klaus 2006（1998）: Ego-Historie: Sozialpädagogik 1948–1970. In: Micha Brumlik/Benjamin Ortmeyer（Hrsg.）, Erziehungswissenschaft und Pädagogik in Frankfurt —Eine Geschichte in Portraits, Frankfurt am Main.

Parmentier, Michael 1991: Die Anatomie des Dr. Tulp. Interpretation einer Unterrichtsszene. In: Rittelmeyer/Wiersig（Hrsg.）: Bild und Bildung, Wiebaden 1991.

Pilarczyk, Ulrike/ Mietzner, Ulrike（Hrsg.）2005: Das reflektierte Bild. Die seriell-ikonografische Fotoanalyse in den Erziehungs- und Sozialwissenschaften, Bad Heilbrunn（Klinkhardt）.

Schulze, Theodor 1993: Ikonologische Betrachtungen zur pädagogischen Paargruppe. In: Herrlitz, Hans-Georg/ Rittelmeyer, Christian（Hrsg.）, Exakte Phantasie. Pädagogische Erkundungen bildender Wirkungen in Kunst und Kultur, Weinheim und München（Juventa）.

Schulze, Thoedor 2010: Bildinterpretation in der Erziehungswissenschaft. Im Gedenken an Klaus Mollenhauer. In: Friebertshäuser, Barbara/Langer, Antje/Prengel, Annedore（Hrsg.）, Handbuch Qualitative Forschungsmethoden in der Erziehungswissenschaft, Weinheim und München（Juventa）.

Wünsche, Konrad 1998: Das Foto: Notar und Geständnis. In: Hellekamps, St.（Hrsg.）, Ästhetik und Bildung. Das Selbst im Medium von Musik, Bildender Kunst, Literatur und Fotografie, Weinheim und München（Juventa）.

訳者あとがき

本書は、Klaus Mollenhauer, Umwege. Über Bildung, Kunst und Interaktion, Weinheim und München（Juventa Verlag), 1986 の全訳である。モレンハウアーの著書を訳した経験をもつ今井康雄、野平愼二、そして眞壁が主著『忘れられた連関』の姉妹編である本書の翻訳を思い立ち、出版に至るまでかなりの時間が経過してしまった。訳の作業に思いのほか時間がかかったこともあるが、何よりも版権が Juventa Verlag から再版を計画した別な出版社に移り、さらにその出版社が倒産してしまったという特殊事情のせいで、翻訳権を獲得するのに時間がかかったためでもある。最終的には、モレンハウアー夫人から直接承諾を得ることができ、出版にたどり着くことができた。『忘れられた連関』（今井康雄訳、みすず書房、一九八七年）、『子どもは美をどう経験するか――美的人間形成の根本問題』（眞壁／今井／野平訳、玉川大学出版部、二〇〇一年）に引き続き、モレンハウアーの主著の一冊を日本の読者に紹介できることを訳者一同大変うれしく思っている。

しかし、この原著は出版からすでに二〇年以上も経っている。この事情に鑑み、モレンハウアー教育学の意義やこの著作の意義について何らかの解説が必要だと考え、モレンハウアーの最後の弟子であるハンス＝リューディガー・ミュラー教授（オスナブリュック大学）の「日本語版へのまえがき」（これはドイツで再版計画があったとき、そのまえがきとして執筆された文章に加筆したものである）と、眞壁の「『回り道』の方法論へのコメンタール」を付すことにした。これらを読んでいただけると、陶冶と教育の問題を文化的営みとの関係で考察するこの著作を、今日だからこそ日本の読者に紹介する意義があることがわかっていただけると思う。

翻訳分担は、まずミュラー教授の「日本語版へのまえがき」と第一章および第七章を野平が、第三章と第六章を今井が、そして残りの「まえがき」、第二章、第四章、第五章を眞壁が担当した。その上で、眞壁が表記、訳語、訳文の統一と最終チェックを行った。したがって訳に問題があるとすれば眞壁の責任である。この本の性格上、頻出する美術史や文学史関係の専門用語や記述などに不適切な訳が見られるかもしれない。読者諸兄諸姉のご教示を賜りたいと思う。

訳語に関して一つだけ述べておきたい。ドイツ教育学やドイツ哲学の著作を訳す場合、いつも問題になるBildung《ビルドゥング》についてである。この語は現代ドイツでは一般に「教育」と訳して問題ない場合が多い。しかし、思想史的、歴史的な文脈では、教育と区別して、「教養」、「人間形成」、「自己形成」、「陶冶」と訳す場合が少なくない。普通、教育はドイツ語でErziehung《エアツィーウング》である。これは、先行世代が後継世代に対して行う（とくに学校における制度的な）意図的文化伝達的営みを指す。しかし、こうした教育と区別しBildung《ビルドゥング》が使われる場合がある。すなわち、制度化された学習に限定されない、文化的営みのなかでの経験や反省から成る「自己形成プロセス」自体を指す場合である。こうした場合、教育との違いを意識して「自己形成」「人間形成」「陶冶」と訳す必要が出てくる（このプロセスの結果、身につけたものを強調する場合は「教養」と訳すことになる）。本書のまえがきでモレンハウアー自身が強調しているように、この著作では意識的に教育と差別化し、Bildung《ビルドゥング》を使用しているので、基本的に「陶冶」と訳し分けることにした。「人間形成」「自己形成」でもなく「陶冶」としたのは、「人間形成」では漠然としすぎるし、「自己形成」では自己の実定的部分を強調する恐れがあったためである。モレンハウアーは「自己形成」の「自己」をフィクショナルな部分を含んで形成される「像」と捉えているので、少々古めかしいが、陶器制作イメージを痕跡としてもつ「陶冶」が適切だと判断した。
最後に、教育研究としては反時代的な性格をもつこの本の出版を快く引き受けて下さった玉川大学出版部と、編集を担当して下さった成田隆昌氏には心よりお礼を申し上げたい。とくに翻訳権の問題ではいろいろご面倒をおかけしたことと思う。感謝する次第である。

二〇一二年九月

訳者を代表して　眞壁宏幹

□著　者

クラウス・モレンハウアー（Klaus Mollenhauer）
1928年ベルリンに生まれる。1958年ゲッティンゲン大学にてDr. Phil. 取得。ゲッティンゲン大学社会科学部教育学ゼミナールの教授を長年務める。1998年没。著書：『忘れられた連関』（みすず書房、1987年）『子どもは美をどう経験するか』（玉川大学出版部、2001年）ほか。

□訳　者　　執筆分担

眞壁宏幹（まかべ・ひろもと）　まえがき、第二・四・五章、解説、訳者あとがき
1959年生まれ。慶應義塾大学大学院社会学研究科教育学専攻博士課程単位取得退学。慶應義塾大学文学部教授。著書：『子どもたちの想像力を育む』（共著、東京大学出版会、2003年）
今井康雄（いまい・やすお）　第三・六章
1955年生まれ。広島大学大学院教育学研究科博士課程単位取得退学。東京大学大学院教育学研究科教授。1982-84年、モレンハウアーのもとで学ぶ。教育学博士。著書：『メディアの教育学』（東京大学出版会、2004年）
野平慎二（のびら・しんじ）　日本語版へのまえがき、第一・七章
1964年生まれ。広島大学大学院教育学研究科博士課程単位取得退学。富山大学人間発達科学部教授。教育学博士。著書：『ハーバーマスと教育』（世織書房、2007年）

回り道
——文化と教育の陶冶論的考察

2012年11月25日　初版第1刷発行

著者——クラウス・モレンハウアー
訳者——眞壁宏幹・今井康雄・野平慎二
発行者——小原芳明
発行所——玉川大学出版部
〒194-8610　東京都町田市玉川学園6-1-1
TEL 042-739-8935　FAX 042-739-8940
http://www.tamagawa.jp/introduction/press
振替00180-7-26665
装幀——渡辺澪子
印刷・製本——藤原印刷株式会社

乱丁本・落丁本はお取替いたします。

ISBN978-4-472-40458-0 C3037 / NDC371